KB199872

삶의 질 향상을 위한 길잡이

나남출판

나남신서 · 474

삶의 질 향상을 위한 길잡이

김 상 균 편

나남출판

A Guide to Improving
Quality of Life

Edited by

Kim, Sang –Kyun

NANAM Publishing House

발 간 사

《삶의 질 향상을 위한 길잡이》는 대통령자문 정책기획위원회의 사회·복지분과 위원들이 95년도에 수행했던 연구의 결과를 책으로 엮은 것이다.

정책기획위원회는 '89년 6월에 창설된 21세기 위원회를 전신으로 한다. 당시 21세기 위원회는 국가발전의 장기 비전과 장기 전략을 수립하는 것을 목적으로 설립되었다. 그리고 동위원회는 5년에 걸친 작업 끝에 국가발전의 장기 비전을 정리하여 담은 《21세기의 한국》이라는 책자를 '94년에 발간함으로써 소기의 목적을 달성하였다.

그러나 시간이 경과함에 따라 곧 장기적인 안목에서의 비전과 전략 구상 이외에도 국가의 중·단기 발전전략 및 정책평가의 필요성이 제기되었고, 이에 따라 21세기 위원회는 '95년 6월에 현재의 정책기획위원회로 명칭을 바꾸고 새롭게 출발했다. 정책기획위원회는 발족과 동시에 정치·행정, 경제·노동, 과학·환경, 사회·복지, 문화·여성 등 5개 분과위원회를 구성하였으며 각 분과는 곧바로 국가발전의 중·단기 전략을 각 영역별로 수립코자 '중점과제연구'에 착수하여 작년 말에 각기의 연구보고서를 완성하였다.

이 정책보고서는 원래 일반공개를 목적으로 집필된 것이 아니기에 막상 출판을 앞두고 주저되는 바가 많았던 것도 사실이다. 그럼에도 불구하고 정책기획위원회에서는 국가발전 전략을 수립하고 수행하는 데 있어 국민들의 적극적인 참여의 필요성을 절감하였다. 따라서 그 내용을 일반 국민들에게도 널리 공개, 홍보하는 것이 필요하다는 판단 아래 출판을 결정하였다. 이 책자가 국가발전의 장기 비전과 중·단기 전략수립 사이에 존재하는 간극을 좁히는 데 조금이라도 보탬이 되고 또 국가정책 수립과정에 국민들의 이해와 동참을 도모할 수 있게 되기를 기대하는 마음 간절하다.

이 책의 완성을 위해 그동안 심혈을 기울인 사회·복지분과 위원들과 원고의 최종편집을 맡아 수고해 주신 사회·복지분과 위원장이신 김상균 위원, 그리고 특히 이 책과 연관되어 집필을 하거나 자문회의에 참석해서 좋은 의견을 제시해 준 많은 외부 인사들에게도 깊은 감사를 드린다. 본 연구서는 사회·복지분과 위원회의 연구결과물이며, 따라서 정책기획위원회의 공식적인 견해와 반드시 일치하지 않을 수도 있다.

끝으로 정책기획위원회는 이 책을 포함하여 《세계화를 지향하는 한국정치》, 《21세기 한국경제의 새로운 지평을 향하여》, 《과학기술이 여는 21세기》, 《정보화시대의 문화·여성》 등 5권을 출간했음을 밝혀 둔다. 또 우리 위원회의 정책평가 기능을 수행하기 위한 지침서인 《정책평가를 위한 새로운 모형》, 《한국의 선진화 지표》도 함께 발간하였다.

1996년 6월

위원장 서진영

서 문

정보화, 세계화, 지방화로 요약되는 후기 산업사회의 여러 가지 특성들이 점차 우리 앞에 엄연한 현실로 다가오면서부터 미래에 대한 우리의 불안감은 그 도를 더해가고 있다. 예상되는 세계 자본주의의 체제개편이 우리 한민족에게 행복과 번영을 가져다 줄 것인지, 아니면 재앙과 쇠퇴를 초래할 것인지.

한 가지 위안을 삼을 수 있다면, 그것은 이와 같은 세기말적 고민을 우리만이 하고 있지 않다는 것이다. 오히려 지금까지 선진국으로 인정받던 나라들이 더 초조해 하고 있다. 18세기 이후 20세기까지 위세를 떨쳤던 산업혁명과 복지국가를 주도했던 구시대의 문명국들이 과거의 영화를 더 이상 유지하기 힘들게 된 반면, 새로운 방향정립이 여의치 않기 때문이다. 그러는 가운데, 과거에는 별로 주목받지 못한 민족과 그들의 문화가 21세기 신문명의 중심이 될 수 있다는 가능성이 높아지고 있다.

이제 신문명의 중심 국가라는 공통의 목표를 향해 50여개의 나라들이 숨가쁜 경쟁을 벌이고 있는 것이 오늘을 바라보고 있는 지구촌의 형세이다. OECD 국가들은 지금까지 자신들이 누릴 수 있었던 기득권을 놓치지 않으면서 그들 사이의 순위바꿈을 도모하는가 하면, 신흥공업국들은 1차적으로 OECD에 가입한 후 다음 세기에는 최소한 15위권 안으로 진입하려는 야심을 갖고 있다.

국가간 무한경쟁의 결과가 어떤 모습으로 나타나게 될지를 장담할 수 있는 사람은 아무도 없다. 그저 모두가 최선을 다할 뿐이다. 모든 것이 불투명하고 불확실한 상황임에도 불구하고 분명한 사실이 하나 있다. 그것은 다름 아니라 다음 세기의 세계 중심국가는 삶의 질이 상대적으로 높은 문화선진국이 될 것이라는 점에 대해 지구공동체의 공감대가 형성되었다는 것이다.

우리는 이 책을 통해 두 가지를 시도해 보았다. 첫째, 앞에서 언급한 문명사적 격변에 대한 적절한 대응책의 하나로, 왜 우리는 사회·교육·복지의 개혁 및 한민족의 통합을 우선적으로 고려하지 않으면 안되는가에 대한 인식을 공유하자는 것이다. 둘째, 관련부문에 대한 제도와 국민의식 등을 중심으로 그간의 왜곡된 현실을 변화된 시대의 요구에 부응하도록 하려면 어떠한 내용과 형태로의 전환이 우리에게 적합한가에 관한 전략을 탐색하는 것이다.

모두 6개의 장으로 구성된 이 책의 장별 내용과 필자를 소개하면 다음과 같다.

제 1 장은 김상균 위원이 세계화 대두의 역사적 배경과 세계화 시대의 국가목표 및 발전전략, 그리고 사회·교육·복지 개혁의 위상과 기능에 대한 논의들을 간략하게 정리하였다.

제 2 장에서 송 복 위원은 21세기 지구촌의 이상향은 시민사회가 아니며, 전통사회로의 복귀는 더욱 더 아니라는 주장과 동시에 대안으로 시민공동체 사회를 제시하였다.

제 3 장의 집필자는 문용린 위원인데, 그는 교육의 국가잠재력 확대 기능에 주목하면서, 교육에 대한 국가재정의 확충과 지속적인 지원으로 GNP 대비 7% 이상이 되어야 함을 주장하고 있다.

이어서 사회통합 및 한민족 공동체의 활성화에 관한 현황분석 및 발전목표와 전략이 제 4 장에서 다루어졌다. 전자에 관해서는 김태현 위원이 집필하였으며, 한민족 공동체 부분은 외부 집필자인 한경구 교수가 수고하였다.

제 5 장은 삶의 질 향상을 위한 복지정책을 양봉민 위원과 김상균 위원이 공동 집필했는데, 양 위원이 보건·의료와 환경 분야를 다루었고, 김 위원은 사회복지 부문을 썼다.

끝으로, 제 6 장에서는 현재의 세계적 위기상황을 위기로만 파악하지 말고 오히려 도약의 기회로 삼는 적극적 자세가 요구된다는 주장이 제기되었는데, 필자는 김상균 위원이었다.

부족함이 많지만 이 책이 발간되어 이 분야의 전문가들과 공부하는 학생들 및 국가발전에 많은 관심을 가진 일반국민들에게 조금이나마 도움이 되기를 바란다.

끝으로, 오늘의 이 책이 독자들 앞에 모습을 드러내기까지에는 많은 분들의 도움이 있었지만, 지면관계상 몇 분만을 소개하도록 한다. 아낌없는 격려와 재촉을 해주신 서진영 위원장님, 집필에 관여하신 사회·복지분과 위원님들과 외부 인사들 그리고 책 만들기의 전과정을 일선에서 관리하신 황명희 연구원에 대해 심심한 감사의 뜻을 표한다.

1996년 6월

사회·복지분과

집필대표

나 남 신 서 · 4 7 4

삶의 질 향상을 위한 길잡이

차 례

표목차

그림목차

1장
세계화시대, 무엇이 달라지나

1. 역사적 배경

지금 지구촌에는 문명사적 대전환기의 회오리바람이 거세게 불고 있다. 그런데 이 전환기의 격동이 우리의 관심을 끌고 있는 까닭은 이것이 결코 지난 19세기, 20세기의 근대적 세계질서와 문명사의 단순한 연장선상에서 이루어지고 있는 것이 아니기 때문이다. 이러한 변화의 기저에는 근대문명의 성과와 한계 위에서 그것을 넘어 새로운 문명을 창조하려는 역사적 흐름들이 낡은 흐름들과 대결하는 과정에서 발생하는 격변의 소용돌이가 자리잡고 있는 것이다(세계화 추진위원회, 1995. 3). 요컨대 21세기를 앞둔 현재는 근대를 이끌어 왔던 긍정적·부정적인 경향들이 전면화되면서 새로운 가능성과 폭발적인 위험이 교차하는 전환기인 것이며 우리가 현재의 시기를 위기인 동시에 도약의 계기로 바라보아야 하는 이유도 바로 여기에 있다.

　이러한 전환기는 바라보는 이들이 강조하고자 하는 특징들과 두드러진 경향들에 따라, 포스트모던(*post-modern*)의 시대, 후기산업사회(*post-industrial society*), 후기자본주의(*post-capitalism*), 정보화 사회(*information society*), 지구촌의 시대(*era of globe*) 등으로 다양하게 묘사되고 있지만, 이들 사회가 우리 인류에게 제시하는 청사진과 미래에 대해서는 크게 두 가지의 흐름으로 대별할 수 있을 것 같다. 그 하나는 이들 사회가 인류에게 행복과 번영을 가져다 주리라는 낙관적인 기대를 견지하고 있는 미국을 중심으로 한 일단의 미래학자들의 견해이고(Toffler, 1981; 1990), 다른 하나는 인류의 삶을 둘러싼 부정적인 경향들을 강조하며 우울한 사회를 예견하고 있는 유럽 중심의 중도좌파 학자들의 견해들이다(Hirsch, 1983; Jessop, 1993; Taylor-Gooby, 1994; Rifkin, 1994).

　세계화란 개념은 바로 이러한 문명사적 전환기의 혼란과 애매모호함에 대한 분명한 자각을 그 전제로 하고 있다.

　첫째, 이러한 전환의 시대가 갖는 가장 중요한 함의는 이제 더 이상 우리가 국가발전의 준거틀로 삼을 수 있는 전형화된 전략이 존재하지도 않으며 존재할 수도 없다는 것이다. 지금 존재하는 선진국과 후진국의 구별은 과거의 문명사와 발전전략들이 형성하고 규정했던 것들이며 이러한 모습들은 개별 국가와 민족들의 잠재역량과 앞으로 그들이 선택할 전략에 따라 얼마든지 변화가능한 것이다. 따라서 지금 이 시대가 우리에게 요구하고 있는 것은 전체 인류와 민족의 발전을 조화시킬 수 있는 새로운 발전모델을 창조하는 데 우리 스스로가 주체가 되어야 한다는 것이다.

　둘째, 이러한 역사적 격변기에 우리의 생존 및 발전전략은 변화하는 문명사의 조건에 가장 효과적으로 대응해 나갈 수 있는 것이어야 한다. 이를 위해서는 우리가 가지고 있는 모든 잠재역량을 현재화·극대화할 수 있는 발전목표를 설정하고 이를 실체화할 수 있는 제도적 틀을 갖추어야 하며 이들을 뒷받침할 수 있는 국민적 합의를 이끌어 낼 수 있어야 할 것이다. 결국 세계화는 우리의 발전목표, 제도 및 국민의식 전반에 걸쳐 '우리가 생각하는 방식, 우리가 살아가는 방식'에 대한 전면적 성찰과 발상의 전환없이는 추구할 수 없는 개념적 실체인 것이다. 지난 시대 우리가 취했던 발전전략은 집중화·통제화·규격화 등을 주내용으로 하면서 국가와 민족을 단위로 하였던 이른바 불균형 발전이론(*theory of unbalanced growth*)에 근거한 압축성장 전략이었다. 그 결과 우리는 일정 정도의 경제성장을 성취하였으나 반면에 지속적으로 이러한 성장을 지원하고 보장할 수 있는 사회적 하부구조(*social infrastructure*)의 왜곡과 저성장을 동시에 초래하였다. 이 책이 세계화시대가 요구하는 사회, 교육, 복지부문의 발전전략을 중점적으로 모색하며, 아울러 한민족의 통합을 강조하고자 하는 이유가 바로 여기 있다. 왜냐하면 작금의 문명사적 전환기가 요구하고 있는 21세기 미래사회의 특징은 지난 시기 우리가 상대적으로 낮은 우선순위를 두었던 영역들을 가장 중요하게 부각시키는 방향으로 전개되고 있기 때문이다.

  우리는 이 글에서 두 가지 점을 강조하고 싶다. 첫번째의 쟁점은 경제적 무한경쟁 혹은 국경없는 전쟁으로 상징되는 세계화(삼성경제연구소, 1994)에 대한 대응이 왜 우리에게 사회, 교육, 복지의 개혁, 한민족의 통합을 가장 우선적으로 사고하게 하는지에 대한 인식을 공유하자는 것이다. 둘째는 우리사회의 하부구조인 사회, 교육, 복지부문과 한민족 공동체의 목표, 제도적 형태, 관련 국민의식 등을 중심으로 그간의 왜곡된 모습을 극복하는 동시에 변화된 시대가 요구하는 내용과 형태로 전환하는 방법론을 모색하고자 하는 것이다.

1) 세계화의 의미와 본질

세계화시대가 요구하는 국가발전의 목표와 전략을 모색하기 위해서는 무엇보다도 먼저 이 문명사적 전환기를 왜 세계화의 시대로 부르며, 왜 세계화란 개념을 새로운 문명창조와 국가발전의 비전으로 삼으려고 하는 것일까에 대한 구체적인 해답을 제시할 수 있어야만 한다. 이 질문에 대한 출발점이자 궁극적인 해답은 바로 이러한 문제를 진단하고 풀 수 있는 '단위'(unit)가 근본적으로 달라졌다는 것에서 구할 수 있을 것 같다. 과거에는 주로 국가와 민족을 단위로 하여 문제를 사고하고 해결방법도 그 단위 안에서 생각하는 것이 지배적이었다. 뿐만 아니라 그 단위들간의 관계와 질서도 비교적 단선적이고 평면적이었다. 그러나 세계화시대는 주요한 행위단위가 고도로 분화되어 복합·중층적인 질서를 만든다는 점에서 이전 시대와는 확연히 구별된다. 즉 지구촌(globe)이라는 단위, 유럽·미주·아시아 등의 지역(region) 단위, 국민국가(nation)라는 단위, 지방(locality)이라는 단위, 나아가 기업(corporation)과 개인(individuality)이라는 단위들이 제각기 행위의 주체가 되어 중층적인 연결망과 체계를 형성하고, 과거에 국가라는 단위가 가졌던 중요성 못지않게 다른 단위들의 중요성이 커지면서 각 단위들간에는 어느 하나로 환원될 수 없는 중층적 질서를 형성하는 것이 오늘의 세계인 것이다.

세계화의 본질을 이해하는 데 중요한 또 하나의 맥락은 이러한 단위의 변화와 아울러 '영역'(field)의 변화가 동시에 사고되어야 한다는 것이다. 과거의 패러다임 속에서는 정치, 경제, 사회, 교육, 문화, 그리고 복지와 같은 제반 사회의 영역들이 저마다의 고유한 범위(scope)와 특성(attribution)을 가지면서 상대적으로 독자적인 위치를 점유하고 있었다. 뿐만 아니라 이렇게 구별되는 개별영역들은 각각의 영역들 사이의 전후 연관관계(forward or backward linkage effect) 혹은 위계관계

(*hierarchical relationship*)를 중심으로 사고되었다. 따라서 이러한 패러
다임에 기초한 과거의 발전전략은 당연히 불균등발전론, 선성장·후
분배론, 경제결정론 등과 같은 성격의 근대화론일 수밖에 없었던 것
이다.

  그러나 세계화의 흐름이 요구하고 있는 변화된 패러다임은 각 영역
들 사이의 경계를 허물어 각각의 고유한 독자성과 특성을 수렴해 나가
고 있을 뿐만 아니라 경제와 복지, 정치와 교육 등이 가졌던 기존의
관계에 대한 전면적인 수정을 요구하고 있다. 즉 기존의 수직적·불균
형적 관계를 수평적·균형적 관계로 설정하기를 요구하고 있다. 더 나
아가서는 인간안보(*human security*)나 삶의 질(*quality of life*)과 같은 복
지개념을 사회공동체의 최우선 과제로 설정한다든지 또는 기존의 경제
결정론으로부터 문화우위론·환경결정론으로 패러다임을 변화한다든
지 하는 것과 같이 기존의 영역별 불균형과 저성장을 극복하기 위한
긍정적 위계·불균형(*affirmative hierarchy or positive unbalance*)개념의
설정이 요구될 수도 있는 것이다(정규현 외, 1994 ; 신용하, 1995). 그만
큼 오늘의 세계화는 복합체계화되고 있으며 이 복합성에 대한 면밀한
이해가 세계화시대의 국가 발전전략 설정에 있어 결정적인 중요성을
차지한다.

  2) 세계화시대의 특성

  반복하지만 세계화 과정은 단선적이고 일면적인 과정이 아니다. 그
것은 중층적이며 복합적인 과정이다. 또한 세계화는 여러 가지 딜레마
와 난제를 안고 각 영역간·인종간·지역간·나라간 불균등한 발전
속에서 진행된다. 따라서 이처럼 복잡 중층적이며 불균등하게 전개되
는 세계화를 입체적으로 파악하기 위해서는 그 성격을 다면적으로 이
해할 필요가 있다. 현재의 변화들을 과거문명사의 특징들과 커다란 차

별점을 보이는 장기적인 구조의 변화를 중심으로 고려할 때, 세계화시대는 크게 다음과 같은 흐름과 특성이 교차하고 있는 것으로 볼 수 있을 것 같다.

(1) 지식정보 문명의 시대

극소전자 혁명을 중심으로 한 정보기술의 발전은 과거 근대 산업주의에 기반한 문명에서 지식과 정보에 기반한 문명으로의 일대 전환을 가져오고 있다. 이러한 지식기반 문명은 무엇보다도 우리의 삶의 모습을 크게 변화시킨다. 고도의 통신 네트워크를 통해 사회의 모든 부문·집단·개인들의 관계가 혁신되고 있다. 정보통신 혁명은 시간과 공간을 결정적으로 압축시키고 있고, 그 결과 모든 분야와 사람들을 국경 너머로 직접 연결시키고 서로 대화할 수 있게 만드는 쌍방향적 통신시대를 열고 있다. 뿐만 아니라 이런 지식정보 문명하에서는 부 (wealth)의 원천 그 자체가 달라진다. 육체노동, 자연자원과 토지, 화폐자본 등의 생산요소에 기초했던 산업문명과는 달리 지식정보가 기반이 된 문명은 정보와 지식, 문화, 지적 생산의 담당자로서의 인간자원에 국가적 부의 원천을 두고 있다.

(2) 상호의존과 무한경쟁의 교차

세계가 단일한 시장경제로 통합되면서 기업들의 초국적화가 이전과 비교할 수 없을 정도로 빠르게 진행되고 있다. 세계시장을 목표로 하는 경영체제를 갖춘 기업들은 조직을 고도로 분화시켜 경쟁력이 있는 곳이면 어디든지 찾아들고 있다. 따라서 과거에는 경제가 국제화되더라도 경제적 영토에 대한 주권은 국가에 귀속되어 있었으나 세계화시대에는 경제적 영토주권의 개념이 크게 희석되고 있는 실정이다. 이는 국민경제의 상호의존성과 통합성을 증대시킨다. EC통합, NAFTA, APEC 등이 지역적 수준의 상호의존과 통합을 가리킨다면 WTO는 범

세계적 수준의 상호의존성을 표현하는 것이다. 그러나 여기서 중요하게 지적되어야 하는 것은 이 상호의존은 경쟁을 배제하는 것이 아니라 오히려 경쟁을 조건으로 하고 또 심화시킨다는 것이다. 그동안 경제적 국경내에서 국가라는 국경감시자의 보호 아래 안주해 온 경제 주체들로 하여금 전세계를 상대로 하여 자유경쟁에 뛰어 들 것을 요구하고 있다. 이 경쟁에서 이길 수 있는 힘, 즉 경쟁력을 키우라는 것이 시대적 정언명령이 되고 있는 것이다.

(3) 분권화와 자율화시대

세계화시대의 모든 조직의 기본적인 변화방향은 분권화와 자율화이다. 지난 시대 조직원리의 주류를 이루던 중앙집권적·관료적·통제적 경영보다는 권한과 책임의 이양에 기초한 분권적·자율적 조직경영이 요구되고 있는 것이다. 세계화시대에서는 어떤 사회적 영역에서든 권력집중은 효율성을 떨어뜨리고 삶의 질을 효과적으로 향상시키지도 못한다.

따라서 분권화와 자율화에 근거한 지방의 경쟁력 제고를 통해 국가경쟁력을 극대화하는 전략이 필요해진다. 국가경쟁력이라는 차원에서 볼 때 중앙정부는 지방정부 혹은 기업과 개인의 상위에서 통제하는 주체가 아니라 이들이 스스로의 창의에 의해서 발전할 수 있도록 효율적 서비스를 제공하는 역할을 담당해야 한다는 것은 이제 부정할 수 없는 시대적 흐름이 되고 있다. 전반적으로 교육수준이 높아지고 지식정보에 대한 자유로운 접근이 가능하며 다양성과 개성이 중시되는 사회에서 자율과 분권에 대한 요구가 대단히 높아지는 것은 자연스러운 사실이며, 이러한 시대에 행정 특히 지방행정을 관료독점적으로 수행한다는 것은 거의 불가능하다. 다시 말하여 '고객중심의 원칙'이 적용되는 생활정치의 중요성이 증가하고 있다. 즉 교통, 환경, 주택, 복지 등 일상생활의 문제해결에 최우선의 가치를 두어야 하는 동시에 이런 문

28

제들을 시민들의 광범위한 참여 속에서 시민과 함께 풀어가야 한다는 것을 의미한다.

(4) 문화우위시대

새로운 21세기의 시대는 문화의 중요성이 더욱 커지는 시대가 되고 있다. 자아실현에 대한 욕구와 문화적 욕구가 확대되면서 문화는 삶의 부차적인 영역이 아니라 중심적 영역으로 부상하고 있다. 즉 문화가 경제적 문제 못지않은 아니 삶의 질을 결정하는 데 있어 보다 중요할 수도 있는 핵심적 요소가 되어 가고 있는 것이다. 여기서 중요하게 인식되어야 할 것은 21세기 세계문화 시대에서는 문화적 다양성과 개별 문화의 정체성에 대한 요구가 약화되는 것이 아니라 오히려 강화된다는 점이다. 개인과 집단의 사회적 삶에서 문화적 욕구가 다양화되고 개성을 추구하는 경향이 뚜렷해지고 있으며 자신의 민족적·집단적 정체성을 문화에서 찾고자 하는 경향도 커지고 있다. 이러한 맥락에서 세계문화란 단일하고 획일적인 문화를 의미하는 것이 아니라 다원적인 민족적·국지적 문화들의 열린 각축의 장을 의미하는 것이다. 특히 문화가 부의 원천 및 생산의 자원으로 여겨지는 상황을 고려한다면 '가장 '한국적인 것이 가장 세계적인 것'이라는 명제를 깊이 생각해야 될 것이다.

2. 국가목표와 발전전략

1) 전략의 철학적 기초

이렇듯 지난 시대와는 현격히 구별되는 변화의 시대에 우리 민족이 선택하고 구축해야 될 발전전략은 반드시 '세계화'를 그 중심개념으로 하는 전략이어야 할 것이다. 즉 한마디로 말하여 이는 21세기 국가발전을 위한 '세계화전략'으로 지칭할 수 있을 것이다. 이러한 세계화전략은 반드시 지난 시대 문명사의 성과와 과오를 딛고 미래의 신세기를 준비할 수 있는 철학적 기초 위에 서 있어야 한다. 그 이유는 다음과 같다. 첫째, 세계화전략의 철학적 기초와 원리들은 우리가 향후 구체적인 발전전략을 추구해 나가는 데 있어 항상 나아갈 방향을 제공해 주는 나침반의 역할을 할 것이기 때문이다. 즉 발전전략의 선택, 수행, 평가, 환류의 전과정에 있어 우리는 세계화전략의 철학에 근거해서 판단하고 행동해야만 하는 것이다. 둘째, 이러한 세계화전략의 철학적 기초와 원리를 분명히 하고 또한 대·내외적으로 천명함으로써, 내적으로는 세계화전략에 대한 국민적 합의와 열의를 집결시켜 그 역량을 극대화할 수 있으며, 대외적으로는 세계의 모든 국가와 민족들에게 우리가 선택한 발전전략의 정당성과 합리성을 주장할 수 있기 때문이다. 그렇다면 우리의 세계화전략은 어떠한 철학적 토대 위에 근거해야 하는가? 크게 다음과 같은 세 가지 기초를 들 수 있다.

세계화전략의 첫번째 철학적 기초는 인본주의(人本主義, humanism)이다. 21세기 시대에 정립되어야 할 가장 중요한 철학적 원리는 자유와 평등, 그리고 복지라는 세계 보편가치의 회복과 재발견을 그 내용으로 삼아야 하며, 이것은 다름아닌 인본주의의 최우선적 고려를 의미하는 것이다. 계몽주의 이후 세계를 주도했던 근대적 이성은 사회개발과 경제적 성취, 그리고 민주정치의 구현이라는 중요한 근대적 과제를 성취하였다. 그러나 그와 동시에 근대적 성취에 취해 있는 바로 이 시점에서 물신주의에 의한 인간소외 현상, 공동체적 규범의 상실, 개발이란 명분으로 추진된 자연파괴, 날로 격화되는 남북문제 등의 심각한 후유증이 우리 앞에 나타난 것이다. 세계화전략의 첫번째 철학적 기초가 인본주의여야 하는 이유가 바로 여기에 있는 것이다. 즉 지난 시기 근대화의 후유증은 인간존엄의 재발견, 공동체적 가치의 복원, 자연과 인간의 조화라는 새로운 발전지향점을 제시해 주고 있다. 물질적 번영 못지않게 정신과 인성이 중시되는 사회를 건설해야 하며 이러한 사회의 가장 기본적인 원리는 바로 인본주의이다. 여기에서 무엇보다도 우리는 동양문명적 자산, 특히 대인관계에서 따뜻한 인정(人情)을 중시하는 한국적 가치의 현대적 계승과 발전에 관한 당위성과 가능성을 볼 수 있다. 보다 야심적으로 한국적 인본주의의 세계화 또한 진지하게 고려해 볼 만한 것이다.

두번째 세계화전략의 철학적 기초는 합리주의(合理主義, *rationalism*)이다. 우리의 세계화전략은 한국과 한민족을 위한 국가 장기발전 목표와 계획을 지칭하는 것에 다름 아니다. 한마디로 우리 사회의 모든 부문을 세계 최고수준으로 끌어 올리자는 것이다. 그런데 이러한 세계화전략의 추진에는 필연적으로 타민족, 타국가와의 경쟁과 도전, 그리고 협력이라는 냉엄한 현실세계의 실체인 게임규칙을 준수할 수밖에 없다. 따라서 이와 같은 현실세계에서 우리는 배타적으로 우리 민족의 규범적 목표만을 추구하는 극단적 민족이기주의나 국수주의를 경계해야 될 것이지만, 더욱더 중요하게 견지해야 할 것은 변화하는 시대의 흐름과 냉엄한 국제질서 속에서 우리의 운명과 이익을 지켜나가는 합리주의적인 사고와 행동의 철학이다. 뿐만 아니라 작금의 세계화시대가 격변과 혼란으로 대변되는 대전환의 시기(*the era of great transition*)라는 점과, 그 결과 우리의 발전목표가 장기적인 비전과 전망속에서 이루어져야 한다는 점을 고려한다면 목표의 설정과 선택, 집행, 평가라는 전과정은 철저히 객관적이고 합리적으로 결정되어야만 할 것이다. 뿐만 아니라 우리의 합리주의는 절차적 합리주의 또한 포함하는 것이다. 지난 시기 강자만을 중심으로 한 중앙집중적, 배타적, 불투명한 절차를 통한 의사결정은 그 결과가 아무리 좋다고 하더라도 이제 더 이상 그 정당성을 인정받기는 힘들다. 이런 맥락에서 우리의 합리주의는 민주주의적 의사결정의 원리를 동시에 함축하고 있는 것이다.

마지막으로 지구공동체주의(地球共同體主義, *global communitarianism*)를 들 수 있다. 이 지구적 민족주의는 지난 시기의 세계주의, 민족주의, 계층주의, 그리고 개인주의를 동시에 품어내는 21세기의 이념적, 철학적 기반이다. 지난 세기의 근대 철학의 사고가 세계, 국가, 계층, 그리고 개인을 상호 배타적으로 인식해 온 것이라면 오는 21세기의 탈근대적 세계화시대의 철학은 세계, 국가, 계층, 개인을 상호배타적인 것이 아니라 상호포용적으로 인식하는 발상법에 기초하여야 한다. 단선적으로 자국의 이익만을 추구하는 배타적인 민족주의(*nationalism*)나 구체적인 사고의 주체나 논의의 대상이 없는 공허한 지구주의(*globalism*)는 더 이상 21세기를 준비하는 데 적합하지 않다. 즉 개별 민족의 이익과 번영을 존중하되 이를 전체적인 지구공동체의 기반 위에서 추구하고 결정해 나가야 한다는 것이다. 요컨대 지구적 민족주의의 관점에서 볼 때 우리 민족은 세 가지 중첩된 과제를 안고 있다. 분단을 해소하여 통일을 성취하고 그 과정에서 아시아 지역의 평화와 공존을 위한 선구적인 역할을 해야 하며 나아가 세계화시대의 새로운 지구문명의 창조에 있어 중심적 역할을 해야 한다는 것이다.

2) 정책과 전략

이렇게 변화될 시대에서 우리의 국가비전과 발전목표는 무엇이 되어야만 하는가? 우리의 국가비전과 발전목표는 당연히 우리가 가지고 있는 바람직한 것과 관련된 '규범적인 목표'와 현실 사회가 요구하고 있는 제반 여건에 가장 잘 적응하고 살아남을 수 있는 '현실적인 목표'의 적절한 조합이 되어야 할 것이다. 물론 이러한 시대적 조건하에서 지금은 무엇보다도 장기적인 비전과 발전전략에 대한 구상이 필요한 때이다.

한마디로 언급해서 우리가 지향하는 21세기 국가목표는 세계 중심국가, 세계 모범국가이다. 과거의 세계사적 주변국가로부터 각종 범인류적 문제의 논의상대가 되는 세계 조정국가로, 그리고 더 나아가서는 지구촌 공동체의 운명을 주도하는 세계 중심국가로 발전하는 것이 우리의 목표이다. 이 세계 중심국가로 발전하는 과정에 우리는 민족의 통일을 위치짓고 그 방향도 설정해야만 한다. 세계 중심국가로 진행하는 과정으로서의 통일, 세계 중심국가를 위한 남북간 협력과 분업의 장으로서의 통일이 되어야 하는 것이다. 그러나 이러한 우리의 국가목표의 설정과 추진전략이 변화된 시대의 본질과 흐름에 일치·부합하지 않는 것이라면 그 목표달성은 기대하기 힘들 것이다. 통일된 세계 중심국가라는 국가목표는 그에 합당하는 발전전략을 요구하게 된다. 이러한 발전전략은 위에서 논의한 바와 같이 변화된 세계사적 패러다임에 가장 잘 적응할 수 있는 내용을 가진 것이어야 할 것이다.

우리의 첫번째 국가발전 전략은 '신생산성'(new productivity)의 전략이다. 여기서 말하는 신생산성이란 과거 산업화시대의 기능·노동집약적 생산성과는 달리 고도 지식정보 사회가 요구하는 지식집약적 생산성을 의미한다. 또한 여기서 말하는 신생산성에는 몇몇의 기업, 특정의 산업, 특정의 계층만이 관여하는 것이 아니라, 우리 사회의 모든 부문과 조직의 잠재력을 극대화하지 않으면 안된다는 총력전의 개념이 내포되어 있다. 이를 위해 정부는 물론 사회의 각 부문이 지식정보화를 적극적으로 활용하고 재창조하여 지적 생산성을 극대화하여야 한다. 이제 국가의 부의 수준, 삶의 질의 수준은 국민 개개인들 속에 내재화되어 있는 지식정보와 기술 등 지적 자산 수준에 의해 결정될 것이기 때문이다.

두번째 국가발전 전략은 '유연성'(flexibility)과 '자율'(autonomy)이다. 유연성이란 중앙집중적 통제와 관료주의적 수직성에 의존하던 조직원리를 분권적이고 수평적인 조직원리로 바꿈을 의미한다. 과거의 지시, 명령과 위계서열에 기초한 조직은 그 경직성 때문에 불확실성과 복합성이 증가할 뿐만 아니라 시시각각 변화하는 상황에 탄력적으로 대응할 수 없다. 따라서 사회와 조직의 하위단위들은 보다 큰 책임을 가지

고 주어진 목표를 보다 효율적으로 성취하기 위해서 상황에 순발력있
게 대응해야 한다. 이러한 순발력있는 대응을 위해서 반드시 요구되는
것이 바로 행동주체에게 주어진 자율인 것이다. 물론 이러한 자율과
아울러 각 부문간·단위간에는 수평적인 협력의 관계망이 설정되어
있어야 한다. 이 전략적 원리는 지난 시대 우리의 발전원리가 중앙집
중식 국가 주도형이었다는 것을 고려할 때 가장 큰 변화와 개혁의 역
점이 주어져야만 하는 것이다.

세계화시대의 국가 발전전략의 세번째 항목은 '공정'(justice)과 '정당
성'(legitimacy)이다. 세계화시대의 국가발전 목표를 달성하고 균형적
발전을 이루기 위해서는 신뢰할 수 있는 공정한 경기규칙이 만들어지
지 않으면 안된다. 이를 위해서는 법과 제도가 무엇보다도 공정하고
투명해야 하며 개인의 권리 및 자유와 공공성의 가치 사이에 조화가
있어야 하며 공정한 질서하에 민간의 발전잠재력이 발현될 수 있어야
국가발전이 가능한 것이다. 이와 함께 정당성의 원리가 관철되어야 한
다. 세계화를 위한 발전의 동력이 민간부문과 시민사회, 그리고 지방
에 있음을 분명히 인식하고 모든 조직과 활동에 있어 시켜서 하는 일
이 아니라 스스로 알아서 하는 일이 되도록 하기 위해서는 이들 조직
과 행위의 저변에는 분명한 정당성이 원리로서 관철되어야 한다. 정당
성에 근거한 자율은 사회구성원의 지적 잠재력을 극대화하고 사회를
수직적 권력에 의해서가 아니라 유기적 시스템으로 움직이게 하는 데
필수적이다.

우리가 국가발전의 원리로 삼아야 할 마지막 항목은 '수준높은 공
존'(coexistance with high quality of life)이다. 우리가 추구하는 21세기 한
국사회는 수준높은 공동체, 구성원 모두가 행복한 삶을 구현할 수 있
는 누구나 살아보고 싶어하는 국가이다. 이러한 미래 공동체는 그 구
성원 개개인이 타인의 존재를 자신의 존재조건으로 인식하는 공존의
원리를 중심으로 이루어져야 할 것이다. 이기주의와 독단주의, 패자에

대한 고려가 전혀 없는 경쟁, 그 결과 만연된 배금주의와 향락주의 등, 지금 우리 사회에서 나타나는 반공동체적 요소의 만연은 바로 이러한 타인에 대한 공존의식의 부재에 기인하는 것이다. 세계화시대에서 우리가 추구해야 할 사회의 원리는 근대적 합리성에 기초한 계약문화와 우리 공동체의 전통적인 관습과 인정의 조화 속에 이루어지는 수준높은 시민문화와 시민의식에 다름아닌 것이다. 특히 국경없는 무한경쟁으로 드러날 21세기 국제사회 질서 속에서 각국이 치러야 할 경쟁은 단지 경제적 능력, 군사적 능력, 문화적 능력 등의 개별 능력으로 승리할 수 있는 성격의 것이 아니라 해당 국가의 총체적 능력, 즉 그 공동체의 총체적 우위성으로 결정될 것이다.

즉 21세기 사회는 자신을 둘러싼 자연적, 사회적 환경에 순응하여 진보할 수 있는가(Environmentally Sound and Sustainable Development, ESSD)라는 질문에 적절히 대답할 수 있는 공동체만이 살아남을 수 있을 것이다.

3. 사회, 교육, 복지개혁의 위상과 기능

이 책의 첫머리에서 천명한 바와 같이 이 책의 주된 관심은 세계화시대의 국가발전 전략을 사회, 교육, 복지분야를 중심으로 모색해 보고자 하는 데 있다. 이 글에서 사회, 교육, 복지분야를 상대적으로 강조한다고 해서 21세기에 적합한 국가발전 전략을 모색하는 과정에서 정치, 경제, 법률, 외교 등과 같은 타분야가 중요하지 않다고 하는 것은 아니다. 오히려 이와 같은 분야의 지속적이고 효율적인 발전을 약속하고 공고히 하기 위해서 사회, 교육, 복지분야를 강조하고 개혁하고자 하는 것이다.

21세기의 세계화시대가 요구하는 사회·교육·복지의 개혁은 이들 영역이 한 사회에서 차지하고 있는 위치와 역할을 일반적으로 규명하고, 이들 일반적 역할을 지금의 시대적 상황과 한국적 현실을 고려하여 우리의 특수성으로 전화함으로써 도출가능하다. 대체적으로 한 사회에서 사회·교육·복지부문이 차지하는 위치와 역할은 다음과 같다. 한 사회의 경제적·사회적 자원 및 그에 의한 생산물의 교환과 분배를 결정하고 이들 관계에 대한 정치적·법적 제도와 관행을 규율하는 것이 경제·정치·법률이라면, 사회·교육·복지부문은 이들 경제와 정치·법률분야를 지탱하는 기반조성의 역할을 담당한다. 즉 한 사회 공동체의 유지에 필수적인 보편적인 가치와 윤리를 창조·재생산하며, 물적 자원과 결합하여 부가가치를 창출해 낼 양질의 인적 자원을 지속적으로 교육·재생산한다. 그리고 이들 모든 개별 사회구성원들의 삶의 질을 보장하고 이들을 사회적 위험으로부터 해방시켜 나가는 것이 바로 이들 영역들인 것이다. 따라서 정치·경제·법률이 한 사회의 상부구조라면 사회·교육·복지는 바로 이 상부구조를 지지하고 있는 하부구조인 것이다.

그런데 작금의 상황은 우리로 하여금 한국 사회에서 사회·교육·복지의 위상과 역할을 전격적으로 수정하기를 요구하고 있다. 우선적으로 앞서 논의한 바와 같이 그간 우리 사회를 지배했던 패러다임은 압축적인 경제성장을 절대목표로 한 국가주도의 불균형성장 전략이었다. 따라서 이와 같은 전략하에서는 사회·교육·복지의 문제는 부차적인 문제로 다루어질 수밖에 없었다. 이들 영역에 대해 우선순위를 낮게 부여한 결과, 현재 이들 분야에 대한 저성장과 왜곡은 전체 사회의 존립을 뒤흔들 수 있는 지경에까지 이르게 되었다. 경제성장 위주의 합리주의를 약화시킨 공동체 의식과 윤리는 압축성장에만 기능적인 가치와 교육을 재생산해 내었고, 이것들이 사회적 불평등과 결합, 증폭되면서 한국 사회는 총체적 난국의 상태로 접어들고 있다. 반인륜범죄의 만연, 연속되는 대형참사, 소쩍새마을 사건, 부녀복지시설 참사

등과 같은 복지 관련 문제 등이 바로 이러한 난국의 편린들이다. 이 현상의 기저에는 바로 이들 영역에 대한 저투자와 왜곡으로 인한 하부구조의 약화문제가 잠복해 있었고 각종 사회적 문제의 빈발은 바로 이러한 불균형적 하부구조가 더 이상 이 사회를 지지할 수 없는 한계치에 도달한 것을 알리고 있다.

그러나 역설적이게도 작금의 세계화의 본질과 특성에 기초하여 볼 때, 세계화가 우리에게 가장 크게 변화를 요구하고 있는 부분도 바로 사회 · 교육 · 복지이다. 왜냐하면 신생산성과 유연성, 공정과 자율이라는 세계화의 본질은 정치적, 사회적, 경제적 분열과 갈등, 그리고 반목을 줄이고 진정한 국민적 통합이 가능할 때만 이루어질 수 있기 때문이다. 또한 국민적 통합 역시 권위주의적인 방식이나 다양성을 무시하는 형태로 이루어질 수 없으며 이루어져서도 안된다. 국민적인 통합은 법과 제도의 공정성, 자율적이고 자발적인 참여, 그리고 소외계층에 대한 세심한 정책을 통해서 이루어져야 하는 것이다. 즉 의식과 관행이 선진화되어야 한다는 것이다. 불합리하고 폐쇄적인 의식과 관행은 과감히 고쳐야 한다. 세계시민으로서의 소양과 마인드를 가져야 하기 때문에 권리와 의무에 대한 명확한 관념, 관용의 정신, 질서의식, 문화적 교양이 우리 사회의 발전수준을 나타내는 매우 중요한 지표가 될 것이다. 이러한 공정성과 자발성은 바로 사회공동체의 윤리와 의식개혁, 그리고 이의 제도화로서의 사회개혁과 복지개혁이 없고서는 달성될 수 없는 것이다. 뿐만 아니라 교육은 세계화 전략의 어금니에 해당한다. 세계화의 중요한 추동력 중의 하나가 바로 극소전자 · 정보화에 기초한 신과학기술의 전면적 등장이며 제반 세계화현상이 이와 관련하여 변화하는 삶의 제반 영역을 의미하는 것과 다름아니라면 지금 우리에게 가장 절실한 것은 바로 이러한 변화를 인식하는 능력, 변화에 적응하는 기술을 습득 · 함양하는 것을 중점으로 한 교육의 세계화인 것이다. 결국 세계화는 우리로 하여금 지난 시대 우리에게 있어 성장이 가장 덜 되었으며 왜곡된 부분을 가장 혁신적으로 개혁할 것을 요구하고 있는 것이고, 이것이 바로 지금 우리가 무엇보다도 사회·교육·복지의 개혁에 주력해야 하는 이유인 것이다. 아울러 사회의 여러 분야 가운데는 단기간에 추진될 수 없고 장기간을 설정해서 접근해야 할 전략이 있다. 또 당장에 성과가 나타나기보다는 상대적으로 긴 시간이 지나서야 효력을 발휘하는 전략들도 적지 않다. 사회, 교육, 복지 등이 바로 이러한 분야의 예이다. 이러한 분야의 개발은 오랜 기간 많은 투자가 필요하고 상당한 인내를 요구하는 것이기 때문에 쉽게 포기될 수 있고 또한 우선순위에서 밀릴 수도 있다. 이미 우리 주변에는 그동안 눈앞의 이익에 급급한 개발지상주의나 성장제일주의적 사고방식에 의해 적체된 문제점이 곳곳에서 표출되고 있다. 만일 관성화된 기존의 발전양식을 따라 긴 호흡이 필요한 분야들의 발전을 간과한다면 마치 단기적 이익을 좇아 결국 장기적 이익을 갉아먹고 몰락하게 되는 것과 다를 바 없게 된다.

1) 사회개혁의 비전

세계 최고수준의 삶을 보장하는 새로운 한국 사회를 창출하기 위해서는 우리 사회의 모든 부정적, 비효율적 의식·제도·관행들에 대한 일대 혁신을 필요로 하며 나아가 새로운 의식과 제도, 그리고 관행의 창출이 요구된다. 이것이 바로 세계화시대가 요구하는 사회개혁의 본질이다. 달리 말하자면, 21세기의 한국형 공동체의 확립과 정착이라고 할 수 있을 것이다. 우리가 전통적으로 가지고 있었던 공동체는 씨족 공동체이며 농촌 공동체였다. 그러나 이 공동체도 일제 식민지시대를 경험하면서 일제에 의한 수탈과 친일 등에 의한 민족내부의 분열에 의해 완전히 왜곡되기 시작했고, 더욱이 해방을 맞고 6·25를 겪으면서 동족상잔과 이데올로기 대립으로 그 파괴는 가속화되었다. 그리고 결정적으로 60년대 이후 산업화과정에서 가장 치열한 개인주의적 자본주의 사회의 경쟁에 돌입하면서 철저히 약화되었다. 어떻게 보면 이 지구상에서 체제의 변혁을 경험하지 않고서 가장 급속한 공동체의 와해를 경험하고 있는 국가와 민족들 중의 하나가 바로 우리가 아닌가 한다. 그러나 이제 우리는 상호의존과 무한경쟁이 교차하는 시대의 한복판을 가로지르려 하고 있고 이 변화의 시대에 걸맞은 공동체의 건설을 초미의 과업으로 부여받고 있다.

즉 우리가 당면한 문제는 와해된 우리의 전통적 공동체의 위치에 새로운 현대적 공동체를 융합·건설하여야 하는 것이다. 여기서 분명히 해야 할 점은 세계화가 요구하는 무한경쟁이 약육강식, 또는 만인에 대한 만인의 투쟁으로 치달을 수 있다는 점이다. 세계화의 또 다른 특징인 상호의존은 경쟁이 일정한 한계내에서 이루어지길 요구한다. 경쟁을 상호의존의 틀과 조화시킬 수 있는 새로운 규칙이 필요하다는 것에 대한 광범위한 인식과 자각이 일어나야 한다.

실제로 경쟁에 대한 외부장벽이 제거되어 나감에 따라 대폭 넓어진 공간에서 펼쳐지는 경쟁의 게임규칙에 대한 경제주체들의 합의가 어느 때보다도 중요해지고 있다. 이 게임규칙은 제로 섬(zero-sum)이 아니라 포지티브 섬(positive-sum)으로 설정되어야 한다. 사회·경제적 강자만의 이익이 배타적으로 추구되고, 사회·경제적 약자의 이익이 무시되는 게임이 아니라 말 그대로 공존번영을 위한 자극으로서 경쟁이 위치지워져야 하는 것이다.

이러한 맥락에서 우리에게 사회개혁이 절실히 요구되는 것이며, 이러한 사회개혁의 목표와 내용은 바로 건전하고 생산적인 공동체(community) 건설과 함께 모든 공동체 구성원의 행복을 보장하며 그들의 합의에 기초한 공동체의 규범과 질서를 구축하는 것이다.

2) 교육개혁의 비전

교육개혁은 세계화개혁의 중심고리이자 관건이다. 우리는 교육개혁에 최우선을 두는 세계화 전략을 펼쳐야 한다. 교육개혁은 세계화시대의 교육일류국가를 만들고, 평생학습사회를 실현하며, 수준높은 시민사회와 도덕공동체의 기반을 형성한다는 장기적 비전 아래 진행되어야만 한다. 따라서 교육개혁의 기본정신은 자율과 개방, 창의와 경쟁에 입각한 교육체계와 세계화·정보화 시대에 걸맞은 창의적 인재와 세계시민을 양성하는 쪽으로 교육의 큰 물줄기를 새로이 설정하는 것에 두어져야 한다. 뿐만 아니라 지식정보 문명하에서는 사회 전체의 학습능력이 그 사회의 발전에 가장 중요한 요소가 된다. 부가가치의 원천이 바뀜에 따라 새로운 지식, 새로운 정보에 대한 요구는 폭발적으로 높아지고, 이러한 요구들은 반드시 사회 각 분야에 걸친 변화와 혁신의 속도를 빠르게 한다. 변화를 관리하고 혁신을 수행하려면 각 조직과 개인은 끊임없이 학습하고 깨우치지 않으면 안된다. 평생학습사회와 자율적·창의적 교육이 강조되는 이유가 여기에 있다.

무엇보다도 지식과 정보가 폭증하고 그 생성과 소멸의 주기가 짧은 시대에 걸맞는 교육을 하기 위해서는 다양하고 질높은 교육의 기회가 근원적으로 많아야 하고 교육체계가 사회나 개인의 교육적 수요에 민감하게 반응할 수 있도록 설계되어야 하며 동시에 국가경쟁력의 강화에 대비하여 경쟁력을 갖춘 인재를 양성하고자 하는 목표를 가져야 한다. 그리고 지구적 차원에서 생각하고 행동할 수 있는 교양과 문화적 식견 및 의사소통 능력을 두루 구비한 세계시민을 양성하는 교육과 민족적 전통성을 지켜 나가도록 우리의 전통에 대한 교육을 강화하여야 한다. 특히 앞으로의 시대에서는 지방화가 세계화의 중요한 특성인 것을 고려하여 지방화시대에 부응할 수 있는 교육자치가 더욱 활성화되어야 하며 교육이 보다 자율화되고 다양화되어야 한다.

3) 복지개혁의 비전

다가오는 21세기에 우리가 추구하여야 할 국가의 모습은 대외적으로는 세계의 존경을 받을 수 있는 모범국가이며 대내적으로는 국민 개개인의 삶이 풍요롭고 살기가 편한 나라, 즉 선진 복지국가이다. 그러나 우리의 경우 삶의 질의 향상을 위한 각종 제도의 골격은 갖추었으나 아직 내실화되지 못하였고, 노인, 여성, 장애인, 아동 등 사회취약계층의 복지수준도 경제발전 수준에 비해 낙후된 상태로 남아 있는 등 전반적인 삶의 질의 수준에 있어 개선의 여지가 많다. 이제 우리나라도 1인당 국민소득 1만 달러 시대에 접어들었고 지방자치제도가 실시됨에 따라 날로 다양화, 세분화되고 있는 국민의 복지에 대한 욕구와 관심은 삶의 질의 세계화에 대한 강력한 추진을 더 이상 미룰 수 없게 만들고 있다. 특히 날로 격화되고 있는 전지구적 차원의 경쟁을 고려한다면, 삶의 질을 높여 국가경쟁력의 가장 중요한 원천인 국민들의 근로욕구와 생산성을 높임으로써 경제에 대한 하부구조 구축의 원동력이 되도록 해야 한다. 세계화시대는 성장과 복지가 대립적인 관계가 아니고 상호 상승적이고 보완적인 관계로 인식되고, 나아가 각 부문의 고른 성장과 삶의 질을 높이는 발전이 국가발전의 방향이 되어야 한다.

〈김상균〉

참 고 문 헌

삼성경제연구소. 《21세기를 향한 한국의 국가경쟁력》. 1994.

세계화추진위원회. 《세계화의 비전과 전략》. 1995.

신용하. 《21세기 한국과 최선진국 발전전략》. 지식산업사. 1995.

정규현 외. 《21세기 한국의 사회발전전략》. 나남. 1994.

Hirsch, J. *The Fordish Security State and New Social Movement.* Kapitalistate.
    10 / 11. 1983.

Jessop, B. "Toward a Shumpeterian Welfare State ? : Preliminary Remarks on
    Post-Fordist Political Economy." *Studies in Political Economy*
    40 (Spring, 1993).

Rifkin, J. *The End of Work.* 1994. 이영호 역. 《노동의 종말》. 민음사. 1996.

Taylor-Gooby, T. "Postmodernism and Social Policy : A Great Leap Back-
    wards?" *Journal of Social Policy.* Vol. 23 (1994).

Toffler, A. *The Third Wave.* 유재천 역. 《제3의 물결》. 학원사. 1981.

———. *Power Shift.* 이규행 편역. 《권력이동》. 한국경제신문사. 1990.

2장

시민공동체 사회 : 그 형성과 전개

1. 바람직한 사회

헤겔은 역사를 '진보의 과정'으로 보았다. 헤겔의 후예들은 그 진보
과정의 종착역이 어딘가를 끊임없이 상정했다. 공산주의를 마지막 귀
착점으로 본 맑스가 그 대표적 예라 할 수 있다. 그런데 최근 미국 랜
드(Rand) 연구소의 프란시스 후쿠야마(Francis Fukuyama)는 우리가 이
미 그 '진보의 종점'에 서 있다고 주장하는 내용의 논문1)을 발표해서
세인들의 입에 널리 오르내렸다. 그가 말하는 '진보의 종점'은 자유주
의이고 자본주의이다. 긴 역사의 진행과정에서 우리가 드디어 다다른
그 마지막 종착역의 이름은 맑스가 예언한 대로 공산주의가 아니라 맑
스가 '필연적으로' 붕괴된다고 예언했던 자본주의이고 자유주의라는 것

---

1) Francis Fukuyama, "The End of History?," *The National Interest*, 1989, pp. 3
 ~18. *The End of History and the Last Man* (New York : Free Press, 1992).

44

이다.

 과연 우리는 이 '진보의 종점'에 서 있는가. 후쿠야마 말대로 우리가 누리는 그 종점의 정치적 형태는 자유민주주의이고, 사회적 형태는 시민사회이며, 경제적 형태는 자본주의이다. 그렇다면 자유민주주의는 통치의 최종형태이고, 시민사회는 생활양식의 최종형태이며, 자본주의는 경제적 존재양식의 최종형태가 된다.

 이 장은 자유주의 자본주의의 사회적 존재양식인 시민사회에 대한 따짐에서 출발한다. 자유주의 자본주의가 진보의 최종형태라면 시민사회 또한 진보의 최종형태가 된다. 자유주의 자본주의를 터전으로 하지 않는 시민사회가 있을 수 없고, 시민사회를 사회적 기본바탕으로 하지 않는 자유주의 자본주의가 존재할 수 없다면, 어느 하나의 최종형태는 동시에 다른 하나의 최종형태가 된다. 더구나 후쿠야마는 그 진보의 과정에 규범 혹은 당위로서의 '가치'를 개입시키고 있다. 역사의 진행과정에 가치라는 것이 개입되는 한 자유주의 자본주의는 역사적 실제로서의 진보의 종점만이 아니라 역사적 당위로서의 진보의 종점도 함께 된다. 시민사회 또한 역사적 현실로서의 시민사회뿐만 아니라 역사가 마땅히 그렇게 진행돼 가야 한다는 규범으로서의 시민사회인 것이다. 이는 곧 우리가 마땅히 지향해 가야 하는 방향으로 지향해 왔고, 마땅히 서 있어야 하는 자리에 우리가 서 있다는 의미이다.

 과연 시민사회는 진보의 최종형태인가. 그것은 정녕 가장 바람직하다고 생각되는 '최종의 사회'인가. 20세기를 넘어 다음 세기도 계속 지향해 가야 할 사회가 지금의 이 시민사회인가. 이 장의 출발은 이에 대한 논의에서 비롯된다. 그리고 이 장의 기본 목적은 우리가 참으로 지향해 가야 하는 사회는 어떤 사회인가를 밝히는 데 있다. 따라서 이 장에서는 시민사회는 결코 진보의 최종형태가 아니라 진보과정2)에 있

---

2) '진보과정'을 가치가 개입된 규범적 용어로 본다면 대신 '진행과정'이란 용어로 바꿀 수도 있다.

는 사회로 보는 것이다. 시민사회 역시 역사의 많은 사회형태 중 그 어느 하나일 뿐이라는 것이다.

그렇다면 우리가 다음 지향해야 하는 사회로는 어떤 사회를 상정할 수 있는가. 그것은 지금까지의 경험에 비추고 그 경험을 종합해 볼 때, 아마도 '시민공동체 사회'라는, 시민사회와는 아주 다른 사회를 내세워 볼 수 있다. 그러한 면에서 '시민공동체 사회'는 현재의 OECD 국가군 중에서는 그 어디에서도 준거를 찾아 보기 어려운 것이 된다.

사회발전 단계에 기준해서 본다면 OECD에 속해 있는 나라들은 모두 시민사회에 속하는 나라들이다. 이 나라들은 적어도 '바람직한 사회'라는 측면에서는 우리가 현재나 장차 이루어야 한다고 생각하는 나라들은 아니다.

'시민공동체 사회'가 OECD국가들이 형성하고 있는 시민사회와 어떤 차이가 있는가는, 시민사회는 물론 시민사회 이전에 있었던 전통사회와 서로 비교해 봄으로써 보다 명료히 규명해 볼 수 있다. 그 비교의 기준은 세 가지로 나눌 수 있다.

① 자아의식과 ② 행위규범과 ③ 신뢰범위가 그것이다. 이 세 가지는 어느 시대나 가장 기본적인 문제로 제기되는 ① 나는 누구인가, ② 나는 어떻게 행동해야 하는가, 그리고 ③ 나 밖의 타자(他者)는 나에게 어떤 존재인가 하는 물음이다. 어느 시대나 제기되는 이 가장 기본적인 문제들을 중심으로 위의 세 사회를 비교해 봄으로써 '시민공동체 사회'의 특성과 개념을 정립해보기로 한다.

2. 전통사회의 특징

이러한 기준에서 전통사회의 가장 중요한 특징으로는 ① 집단주의 ② 관계윤리 ③ 연고주의를 들 수 있다.

1) 집단주의

집단주의는 하나의 집합체로서 집단만 있고, 거기서 분리된 개인이 없는 상태다. 즉 집단을 구성하고 있는 개인들이 그 집단과 자기를 분리해서 생각하는 개인의식이 없고, 그 집단으로부터 자기의 독자적인 권리를 주장하는 권리개념이 없는 것을 이른다. 동양사회나 서양사회 그 어디든 전통사회에서는 이같은 집단주의가 거의 공통적으로 지배한다. 그 이유는 농업적 생산방식이 갖는 특성에서 풀이해 볼 수 있다.

농업적 생산방식의 가장 중요한 특징은 협동사회이다. 어느 사회나 높은 생산성을 찾는 것이 사실이라면, 농업사회에서 가장 높은 생산성을 보장해 주는 것은 협동이다. 농업은 그 산업의 속성상 계절산업에서 벗어날 수 없다. 한 계절이 다른 계절로 바뀌기 전에 생산에 총력하지 않으면 생산할 수 있는 시간은 곧 지나가 버린다. 실기(失期)하지 않고 그 짧은 시간대내에 최고도로 생산할 수 있는 길은 오직 협동하는 길뿐이다. 모두가 한 마음으로 힘을 합할 때 계절내 생산이라는 것이 가능해진다.

이 협동에서 가장 중요한 것은 '화'(和)지향이라 할 수 있다. 和가 이루어질 때 협동은 최대한으로 높아진다. 이때 和는 사람들간의 마음을 화합하는 인화(人和)와 사람들간의 관계를 조정하고 일을 조절하는 조화(調和)의 총칭이다. 협동은 이 인화·조화의 결과라 할 수 있다[3]. 그런데 이 和를 최고도로 높여주는 것, 따라서 협동을 최대한으로 기해주는 것, 그것은 모두가 '평균인 - 보통사람'이 되는 것이다. 즉 '평균인 - 보통사람' 지향이다.

이 '평균인 - 보통사람'은 두 가지 속성을 갖는다. 그 하나는 가운데를 지향하는 것, 곧 중간지향이다. 남보다는 너무 앞서도 안되고 너무

---

3) 농업사회의 바이블(Bible)이라 할 수 있는 《논어》(論語) 전체를 일이관지(一以貫之)하는 것이 곧 '화'(和)라 할 수 있다.

뒤서도 안된다. 앞서면 앞선 것만큼 和를 깨뜨리고 협동을 무너뜨린
다. 뒤서면 뒤선 것만큼 또한 和를 깨고 협동을 방해한다. 누구나 다
크고 작음, 빠르고 느림이 비슷비슷한 중간지향, 더 나아가서는 좌로
도 치우치지 않고 우로도 기울지 않는 중도지향(中道志向), 그것이 和
에 가장 유리하고 협동에 가장 효과적인 것이 된다[4]. 다른 하나는 남
과 같이 되는 것, 곧 같음(sameness)의 지향이다. 남과는 다른 것, 남
과 차이·차별성을 이루는 것만큼 和도 깨지고 협동도 이루어지지 않
는다. 남과 같이 사고하고, 남과 같이 행동하고, 남과 같이 좋아하고,
남과 같이 싫어한다. 남과 같은 색깔의 옷을 입고, 남과 같은 모양의
얼굴을 하고, 그리고 남과 한치도 틀리지 않는 삶을 산다. 모두가 동
질적이 되는 것이다. 이질적인 것은 모두 추방·소외·절교의 대상이
된다[5].

　이 중간지향, 중도지향의 '평균인 - 보통사람'이 되는 것, 그리고 같
음, 지향·동질성추구의 '평균인 - 보통사람'이 되는 것, 거기에는 남
과 차이나는 '내'가 있을 수 없고, 다른 사람과 다름을 고집하는 '나'라
는 존재가 있을 수 없다. 전체 속에서 '나'라는 특수성, 집단 속에서
'나'라는 독자성이 주어질 수 없고 허용되지도 않는다. 전체 혹은 집단
의 일부가 아니라, 그 전체·집단 속에 용해된 나일 뿐이다. 나는 누
구인가, 나는 남과 어떻게 다른가, 나는 무엇을 실현하려고 사는가의
자아의식은 일어나지도 않고 설혹 일어난다 해도 거추장스럽기만 할
뿐이다. 이러한 전통사회에서 집단성·집단주의가 지배하는 것은 거
의 자동적이라 할 수 있다.

---

4) 《논어》에서 (中庸大德)이라 한 것, 그리고 《중용》(中庸)을 사서(四書)의 하
　나로 하는 것도 이 이유라 할 수 있다.

5) Emile Durkheim, *Division of Labor*〔New York : Free Press, 1947 (1893)〕에서
　전통사회의 mechanical solidarity의 기본을 organic solidarity의 difference와
　대별된 sameness를 본 것 역시 같은 맥락, 같은 과정이라 할 수 있다.

48

2) 관계윤리

전통사회에서 사회윤리 - 행위규범은 사람과 사람 간의 지위관계에
초점이 주어져 있다. 예컨대 상하관계, 장유관계, 동료관계 등에서와
같이 각 지위간에 어떻게 행동해야 하는가가 주된 내용이 된다. 이 전
통사회에서 지위는 일반인들에겐 나이가, 공직자에겐 위계(位階)가 중
심이 된다. 특히 나이가 사회적 행동의 근간이 된다6). 즉 나는 어떻
게 행동해야 하는가의 행위지침은 거의 대다수가 나이에 맞춰 이루어
진다.

이 또한 앞서의 和지향 - 협동증대의 맥락에서 그 이유를 캐볼 수
있다. 농업사회에서 역할은 현대 산업사회에서와 같이 그렇게 전문적
인 것이 못된다. 농경작업은 매일매일 하는 일상의 일처럼 지극히 단
순하고 반복적이다. 단순하고 반복적인 것만큼 특별한 지식이나 창의
력이 요구되지 않는다. 중요한 것은 그 단순 반복에 얼마나 젖어 있느
냐 얼마나 익숙해 있느냐다. 이른바 '근면'이다. 얼마나 부지런하냐,
얼마나 꾸준하고, 얼마나 성실하냐가 일의 시작이며 일의 끝이다. 오
직 '근면'만이 개인적으로나 사회적으로 생산성을 최대한 보장해 줄 수
있을 뿐이다7).

이같이 특수한 전문지식, 높은 창의력이 요구되지 않는 사회에서8),
그리고 근면 성실성이 그 무엇보다 생산성을 보장해주는 사회에서는,
일은 개인적으로 늘 몸에 배인 습관이 되어야 하고, 사회적으로는 관
습 관행으로 정착되어야 한다. 전통사회에서 습관, 관습과 관행, 풍습

---

6) '朝廷莫如爵 鄕黨莫如齒'라는 말이 이를 잘 나타내준다.
7) 이 '근면'의 사회화는 전통사회의 행위규범서인 《명심보감》(明心寶鑑)에서 잘
   찾아 볼 수 있다. 그 대표적 훈시가 '勤無價之寶'이다.
8) 《논어》의 '述而不作'이라는 공자(孔子)의 가르침(전해 오는 것은 기술만 할
   뿐이지 새로운 것을 짓지는 않는다)이 잘 말해 준다.

및 이 모든 것의 총집결체인 전통이 중요시되고, 끝내는 그 전통이 모든 사회적 행위의 지배원리로 등장하는 것 또한 이러한 이유에서 설명할 수 있다. 중요한 것은 행위규범이며, 그 행위규범을 지배하는 사람이 이 사회에서는 누구인가 하는 것이다. 그것은 말할 것도 없이 그 사회의 전통에 가장 익숙해 있는 연장자이고, 그 연장자의 경험세계와 가르침이다. 그 연장자가 가족·친족 등 사적 영역에서는 말할 것도 없고, 국가·사회 등 공적 영역에서도 윗사람이 되고, 그 윗사람의 전고(典故)에 따른 지시가 행위지침이 된다.

이리하여 전통사회에서 '윤리'(倫理)는 글자 그대로 '차례의 원리'로 사회화한다. 나이 든 사람과 나이 젊은 사람, 바로 그것의 연장인 윗사람과 아랫 사람이라는 수직관계(차례 - 서열)에 익숙하고, 그 수직관계에 맞춰 행동하는 것이 가장 바람직한 행동이며 사회적 기대치에 가장 부합하는 행동이 되는 것이다. 가풍(家風)이 있는 집에서 잘 자란 사람, 좋은 스승 밑에서 잘 배운 사람, 혹은 스스로 몸을 잘 닦아 수기치인(修己治人)할 수 있는 사람은 모두 이 수직관계의 차례 - 서열에 밝은 사람들이며, 그에 따라 자기 행동을 자유로이 조절·조정할 수 있는 사람들인 것이다[9]. '나는 어떻게 행동할 것인가'. 이 차례 - 서열에 꼭 맞추어 하는 행동, 그것이 집단의 요구에 순응하는 행동이고, 전체적으로는 和를 기약하는 행동이며, 협동을 만들고 증대하는 행동이 된다. 이것이 또한 역할의 전문화나 창의성을 요하는 산업사회의 사회윤리와 기본적으로 차이를 드러내는 것이라 할 수 있다[10].

---

9) 우리 속담에 건방지고 버릇없이 구는 사람을 '어른 없는 데서 자랐다'고 말한다. 이는 곧 나이 든 사람이 없는 데서 자란 사람의, 차례-서열을 익히지 못한 행동을 이른 것이다.

10) 국가(state) 아닌 정체(政體, polity)로 구성됨으로써 동양사회에 비해 그 지배구조가 훨씬 다양하고 다층적이었던 서구 중세사회도 전통과 관습에 의해 지배되었던 것이 사실이고, 따라서 이들 사회의 윤리 역시 연령에 따른 차례-서열의 지킴이 기본이 될 수밖에 없었다. 이는 영어의 ethics가 그리스어의

3) 연고주의

이는 '특정인 소수'로 구성된 연줄망(*particularistic network*)에 의한 행위 유형이다. 다른 말로 연줄망으로만 구성되는 나와 타자와의 관계 유형이다. 나는 나 밖의 타자와 같이 산다. 이 타자가 나에게 어떤 존재인가 하는 것은 이 타자와 나는 어떤 관계망을 이루고 있고, 그리고 그 관계망내에서 얼마만큼 믿음체계를 같이 하고 있는가로 요약된다. 중요한 것은 그들이 이루는 사회관계망이다. 전통사회에서 이 관계망은 특정 緣에 의해서 이루어지는 연줄망 이상이 되기 어렵다. 따라서 그들간의 믿음체계도 이 연줄망 안에서 이루어지고 타자에 대한 신뢰의 범위도 이 연줄망의 크기만큼 커질 수밖에 없는 것이 된다.

그렇다면 전통사회에서 타자에 대한 '신뢰범위'는 결코 넓어질 수도 확대될 수도 없다. 그것은 그들이 기본적으로 和를 지향하고 협동을 증대시킬 수 있는 범위가 너무나 한정되어 있기 때문이다. 비록 사회 전체적으로는 종교나 가치관이 같은 동질성 사회라 해도 지역적으로 상호의존도가 낮은 독립적 생활단위를 이룰 수밖에 없는 상황에서는 그들의 사회관계망은 친족, 학교, 종교 및 지역단위의 범위를 벗어나기가 지극히 어렵다. 따라서 그들의 타자에 대한 신뢰범위 역시 친족집단, 동창(동문수학)집단, 종교집단, 지역집단과 같은 '특정인 소수'에 한정될 수밖에 없고, 마침내는 혈연, 지연, 학연, 교연(敎緣 : 같은 종교 종파에 의해 맺어진 인연)이라는 '緣 집단'(연줄망) 형성으로 자동적으로 이어질 수밖에 없다. 그리고 이러한 '연 집단'이 다른 성격의 그어떤 집단보다 그들 내부의 정의(情誼)를 보다 두텁게 하고, 합의를 보다 쉽게 끌어내고, 和를 보다 촉진시키며, 결국 협동을 증대시킴도

---

ethos에서 나왔고, 이 ethos는 고향 혹은 공동체의 관습을 의미한다는 데서도 잘 나타나 있다. 고향 혹은 공동체내의 관습은 어디든 연령에 따른 행동이 기본이다.

사실이다.

이런 緣에 의한 사회관계망과 행위양태의 구성을 현대사회에서는 연고주의, 특수주의 혹은 족벌주의(nepotism)로 규정하지만, 전통사회에서 그같은 사회관계망 및 신뢰범위의 형성은 지극히 자연적인 것이고 불가피한 것이다. 현대사회에서 보는 '불특정인 다수'(시민 혹은 대중)를 상대로 하는 사회관계망 구축은 그들의 생활세계에서는 상상할 수도 없고 만들어질 수도 없다. 그들의 생활세계에서는 혈연, 지연, 학연, 교연으로 이루어지지 않는 '불특정인 다수'란 있을 수도 없고 있을 필요도 없다. 이유와 필요가 없는 것만큼 그들에게는 緣으로 맺어지지 않는 사회관계망의 개념도 없다. 오로지 연줄망으로만 연결된, '특정인 소수'로만 짜여진 관계망 속에서 그들은 서로 관계하고 신뢰하는 것이다. 그만큼 '불특정인 다수'는 그들에게는 생소한 존재이고, 거부시되는 존재이고, 부정적인 존재이며, 동시에 배타적이 될 수밖에 없는 존재이다.

전통사회에서의 이상과 같은 세 개의 특징들은 모두 和 지향 - 협동증대의 사회구조에서 나왔고, 동시에 이 특징들은 전통사회에서 和 지향 - 협동증대에 없어서는 안되는 가장 중요한 요소들로 작용한다. 이런 이유에서 전통사회는 기본적으로 구조 자체가 현대사회와는 정반대로 '화해구조'(和解構造)의 성격을 띤다고 할 수 있다. 전통사회에서도 반목, 알력, 갈등은 상존한다. 개인 영역에서 타자의 견제와 간섭이 가중되고, 개인만이 가질 수 있는 비밀스런 영역도 잠식된다. 경우에 따라서 질식을 느끼는 개인도 얼마든지 나올 수 있다.

그러나 설혹 그렇다 해도 그것은 어디까지나 그 사회의 반경향(counter-tendency) 내지 부수적 경향(minor-tendency)이지, 주경향(major-tendency) 내지 지배적 경향은 아니다. 주경향 혹은 지배적 경향은 어디까지나 和 지향 - 협동증대의 '화해구조'라는 것을 부인할 수 없다. 이것이 다음의 시민사회와 결정적 차이라 할 수 있다.

3. 시민사회의 전개

현재 대다수 국가들이 추구하고 있고, 또 정착시키려 노력하는 사회형태가 바로 이 시민사회다. 이 시민사회는 앞서의 후쿠야마 주장대로 진보의 최종형태로 많은 사람들에 의해 생각되고 있고, 설혹 그렇게 생각지 않는 사람들도 이 시민사회에 대해 별다른 의혹이나 거부감 혹은 심각성을 느끼고 있지 않는 것이 사실이다. 이러한 시민사회의 주요 특징으로는 앞의 전통사회와 대비해서 ① 개인주의 ② 책임윤리 ③ 보편주의를 들 수 있다.

1) 개인주의

개인주의는 집단주의와 대비되는 개념이다. 나는 누구인가라는 물음에 대한 개인주의 입장에 따르면 나는 나 밖의 타자와 철저히 구분·구별되는 독자적 존재라는 의식이다. 내 얼굴 모습, 내 퍼스낼리티의 특성만큼 남과 차이나는 나 특유의 의미를 지닌 존재라는 의식이 개인주의이고, 이 존재는 남으로부터 혹은 사회적으로 얼마든지 존중되고 대접받을 수 있는 권리를 지닌 존재라는 의식이 개인주의이며, 그런 면에서 자기라는 개체에 인간으로서의 권리를 최대한 부여할 수 있다는 권리의식이 또한 개인주의이다.

이러한 개인주의는 세 가지 특성을 갖는다. 첫째로 집단과 자신의 분리의식이다. 자신이 태어나 살고 있는 집단, 즉 공동체와 자신을 분리해서 사고하는 것이다. 이 공동체와 자신의 분리는 공동체라는 집단은 물론 이 공동체라는 집단이 갖는 규범에 대한 비판의식이다. 전통사회에서처럼 공동체의 규범을 무비판적으로 받아들이면서 공동체와 기계적 일체감을 이루며 사는 것이 아니라, '공동체는 공동체이고 나

는 나'라는 의식, 즉 공동체와 나는 얼마든지 대립할 수도 있고 갈라
질 수도 있는 별개의 존재라는 의식이다. 여기서 공동체는 내 삶을 영
위해 가는 생활터전이면서 내 행위를 관할 견제해가는 관습, 관행, 전
통 등의 규범체계를 가진 통제제도이다. 이러한 생활터전과 통제제도
로서의 집단 즉 공동체에서 자신을 분리시키면서, 그 공동체를 때로는
공격·투쟁의 대상으로, 또 때로는 해체·변화의 대상으로 삼는 것이
개인주의이다. 이같은 개인주의는 시민사회 바로 직전의 전통사회에
서는 상상할 수도 예견할 수도 없는 강언덕 저편의 피안의 세계다. 이
세계의 등장이야말로 파천황적 대변화라 할 수 있다.

   둘째로 '주체의식'이다. '주체의식'은 인간이 '으뜸'이라는 의식이다.
신도 왕도 공동체도 도덕률도 아니고 바로 인간이 으뜸이며, 개인 자
신이 으뜸이라는 의식이다. 그리고 자신의 주인은 오로지 자신만이 될
수 있다는 자아의식이다[11]. 개인주의는 바로 이 '주체(subject)의 탄생'
이라는 말로 요약할 수 있다. 이 '주체의 탄생'은 데카르트, 로크, 칸
트 등 근대 서구 사상의 가장 중요한 특징이기도 하다. 그때까지의 인
간은 아리스토텔레스적 존재론에 철저히 입각해 있는 존재에 지나지
않았다. 오직 공동체 속에서 그 공동체의 도덕을 통하여 완성되는 예
속적 존재―결코 홀로는 될 수 없는 존재였다. 그러나 '주체의 탄생'
은 공동체와 그 공동체의 도덕으로부터 인간을 독립시켰다. 그리고 그
공동체가 갖는 신분과 계급, 지위와 특권, 전통과 관습의 맥락에서 인
간을 분리시켰다. 그리고 그러한 존재기반들과는 전혀 별개의 독립·
독자적 존재로 인간을 보게 했다. 인간은 그들이 속한 집단에서 분리
돼 얼마든지 자체적으로 규정될 수 있는 존재라는 것이다. 그 어느 것
에도 절대로 종속될 수 없는 '절대적 존재'가 인간이며, '절대적 개인'

---

11) 전통사회에서 주체는 군주의 몸, 즉 왕 한 사람만을 말하고, 군주 외의 전국
    민은 객체로서 신민 즉 적자(赤子)가 된다. 따라서 전통사회에서는 '으뜸'은
    오로지 왕 한 사람일 뿐이다.

이 바로 '나'라는 것이다.

이 '주체의 탄생'이 '절대적 존재'로서의 인간, '절대적 개인'으로서의 자아를 탄생시켰다. 그 탄생의 뒤에서는 데카르트의 사유(*cogitans*)와 칸트의 이성(*pure reason*)이 있었다. 이 사유와 이성은 '절대적 존재' '절대적 개인'을 구성하는 핵심요소들이라 할 수 있다. 이 요소들로 하여 인간은 그리고 개인들은 '절대적'이 될 수 있는 자격을 입증받는 셈이라 할 수 있다. 인간은 '독립'할 수 있고, '으뜸'이 될 수 있고, 마침내 '절대적'이 될 수 있는 충분한 사고력과 냉철한 이성을 지녔다는 것이다.

셋째로 자유의식이다. 자유의식은 단순히 '방해받지 않으면 자유롭다'가 아니라, '자기결정으로서의 자유'(*freedom as self-determination*)에 대한 의식이다. '자기결정'은 자기의 의사와 행동을 자기 스스로 결정한다는 면에서 자율적(*autonomous*) 행동이고, 이러한 면에서 자유의식은 또한 자율의식이기도 하다. 이러한 자유의식은 다음 두 가지 내용을 포함한다. 하나는 '선택의 자유'이고, 다른 하나는 '경쟁의 자유'이다. 선택의 자유는 개인의 선택행위에 대한 국가권력의 개입과 같은 제한의 철폐이며, 따라서 선택권의 보장이다. 이에는 종교·사상의 선택, 거주지 직업의 선택은 말할 것도 없고, 통치형태와 통치자의 선택에 이르는 제반 선택의 자유가 다 내포된다. 경쟁의 자유는 자유로운 경쟁에 의한 영리의 추구다. 특히 시민사회 초기에는 지위획득보다 영리추구, 즉 사적인 특수이익의 추구가 자유경쟁의 핵이 된다.

'세계의 역사는 이 자유의식의 진보과정'이라는 헤겔의 말처럼 시민사회와 개인주의는 자유의식의 성장과정이라고 할 수 있다. 그러나 이 자유의식은 자유주의적 전통과 맑스주의적 전통 간에 큰 차이를 드러낸다. 우선 선택의 자유에서 자유주의적 전통은 선택권에 대한 제한의 철폐라는 좁은 의미의 선택에 초점을 두는 반면, 맑스주의적 전통은 개인행위자에게 주어지는 선택권보다는 인간능력의 발전에 장애가 되

는 것(예컨대 임금노동 상황)의 제거라는 보다 넓은 의미의 선택에 핵심
을 둔다. 따라서 자유주의적 전통에서 선택권의 주체(선택자유의 주체)
는 어디까지나 개인이며 개인의 행동이다. 반대로 맑스주의적 전통에
서는 개인이 아닌 집단이며 집단의 통제가 된다. 자유주의적 전통에서
는 개인의 자유와 다양한 개성의 구현은 오직 개인들의 자유로운 선택
행위에 의해서만 가능하다. 그러나 맑스주의적 전통에서는 집단적 통
제나 공동체의 구현 없이는 그러한 개인의 자유 다양한 개성의 실현은
불가능하다고 본다.

　이는 경쟁의 자유, 즉 자유경쟁 개념에서는 더욱더 확연한 차별성을
드러내주고 있다. 자유주의적 전통(특히 아담 스미스)에서는 상업활동
(이익추구)의 증대와 자유의 확대는 선순환한다고 보았다. 방해나 간섭
받지 않는 상업활동은 그만큼 개인의 자유를 확대시키고, 개인자유의
증대는 상업활동을 그만큼 번창시킨다는 것이다. 이에 반해 맑스주의
적 전통에서는 자유경쟁이야말로 '모든 개인자유의 가장 완벽한 박탈'
을 가져다 준다고 생각했다[12]. 그러나 시민사회는 처음부터 개인주의
를 바탕으로 한 자유의식의 실현이기 때문에 이 자유의식에 대한 맑스
주의적 전통은 시민사회비판의 주요 관점으로 작용될 수 있을 뿐이다.

　2) 책임윤리

　전통사회에서 사회윤리 - 행위규범이 지위관계를 기초로 이루어져
있다고 한다면, 시민사회의 그것은 그 지위에 따른 역할수행에 초점이
주어져 있다 할 수 있다. 지위와 역할은 동전의 안팎과 같다. 지위가
있으면 반드시 그 지위에 결부된 역할이 있고, 역할이 있는 곳에는 그
역할을 수행하는 자리가 있다. 지위는 있는데 역할이 없거나, 역할은

12) Karl Marx, Grundrisse, "The Most Complete Suspension of All Individual
　　Freedom," *Notebook*. VI. (Harmodsworth : Penguine, 1973), p. 652.

있는데 지위가 주어지지 않는 경우는 아주 드물다. 그렇다 하여 이 둘이 반드시 동시적으로 이루어지는 것은 아니다. 지위유지나 승진이 역할의 책임있는 수행에서 반드시 오는 것도 아니고 반대로 역할의 책임있는 수행이 지위유지나 승진을 반드시 보장하는 것도 아니라는 것이다. 이 둘은 늘 결합돼 있다 해도 사회에 따라서 우선적으로 추구하는 것이 서로 다르다. 즉 어떤 사회는 지위에 더 역점을 두고, 어떤 사회는 역할에 더 역점을 둔다. 이 둘은 어느 사회든 그 사회구성과 사회행위의 기본이라는 점에서, 이 둘 중 어느 것을 보다 우선시하느냐에 따라 그 사회의 가치지향 - 행위규범이 다르고 사회를 전체적으로 통제해가는 윤리의 방향이 다르다 할 것이다.

시민사회가 전통사회 - 농업사회와는 달리 지위보다는 역할에 초점을 두고[13], 이 역할의 책임성있는 수행에 사회윤리의 근간을 두는 것 (책임윤리)은 시민사회가 본질적으로 상업사회 및 산업사회에 바탕하기 때문이다. 서구 시민사회의 초기는 거의 대다수가 상업사회의 성격을 띠고 그 다음 산업사회로 탈바꿈한다. 상업사회와 산업사회는 비록 그 구조적 형태는 다르다 해도 삶의 양식 및 가치지향은 근본적으로 같은 원리 위에 서 있다. 그것은 두 사회가 다 전통사회 - 농업사회와는 정반대로 '다름', 즉 '차이'를 기반으로 하고 있다는 점이다. 다양한 시스템, 서로 차이나는 시스템을 지지하고 선호하고 그리고 지향해 가는 것이 상업사회며 산업사회다.

그 이유는 상업사회든 산업사회든 이 다양한, 차이나는 다른 가치체계를 매개로 해서 이윤을 얻기 때문이다. 이들 사회에서는 똑같은 상품도 장소에 따라 값이 다르다. 이것은 5~6천 년 전의 상인자본주의 시대(특산품을 운반하는 원격지 무역이 그 전형적인 예다)나 상업자본주의가 나타나는 17~8세기나 현대의 후기산업사회나 전혀 변함이 없

---

13) 여기서 역할은 가족이나 친족집단 혹은 마을공동체와 같은 1차 집단 내에서의 역할이 아니라 기업 회사와 같은 2차 집단 내에서의 역할(role)을 말한다.

다. 그렇다면 인간에게 공기, 고기에 있어 물처럼 상업사회와 산업사
회는 '차이를 먹고 사는 사회'라 할 수 있고, 따라서 거기서 유래한 시
민사회야말로 철저하게 차이를 기반으로 해서 만들어진 사회라 할 수
있다.

이 '차이'를 기반으로 한 사회 — 시민사회에서 서로간 가장 크게 차
이나게 하는 원동력은 분업이다. 분업은 차이의 시작이며 차이의 진행
자·촉진자다. 분업화하면 더 큰 차별성을 불러오기 위해 역할을 전문
화한다. 그리고 남과 다른 새로운 것의 창출을 위해 끊임없이 기술을
혁신한다. '같음'을 기반으로 하는 단일 가치체계의 사회에서는 이같은
기술혁신이 결코 일어날 수 없다. 거기에는 남과 차이나는 이질적인
것, 지금과 다른 새로운 것, 그 자체가 곧 단일 가치체계를 깨뜨리는
결정적 요소가 되기 때문이다. 그러나 단일이 아닌 복수의 다른 다양
한 새로운 가치체계를 끊임없이 지향해가는 다름 - 차이를 기반으로 하
는 사회에서는, 살아 남는 가장 결정적인 요소는 남과 계속 차별성을
가져오게 하는 새로운 것의 창출이며 낡은 것의 혁신이다[14].

이러한 사회에서 '나는 어떻게 행동할 것인가', '내 행위지침 - 행위
규범은 어떤 것이어야 하는가' — 그것은 말할 것도 없이 내가 하는 일,
즉 내 역할을 어떻게 할 것인가, 내 역할을 어떻게 수행하고, 개발하
고, 그리고 남과 얼마나 차이나게 발전시킬 것인가가 사회적으로 요구
되고, 개인적으로 수혜를 최대한 높여주는 것이 된다. 창의와 개발과
혁신 — 그것이 크면 클수록 나는 남과 차별성을 이루고, 남으로부터

---

14) 창의·혁신과 반대되는 지향이 곧 상고주의(尚古主義)다. 상고주의는 가능한
한 먼 과거를 준거로 해서 거기로 돌아가는 것이다. 예컨대 요순(堯舜)시대
나 은(殷)의 탕(湯), 주(周)의 문왕(文王)시대, 가까워도 한(漢)의 경제(景
帝), 문제(文帝)시대가 된다. 한국 근대사회사라고도 할 수 있는 '渚上日月'
(註解 : 朴成壽)에서는 혁신을 반사회, 반윤리적인 것으로 기록해 당시의 인
식을 잘 나타내주고 있다.

평가되고, 그리고 남보다 더 큰 대가를 지불받는다. 이러한 역할지향 사회에서는 나이나 위계에 따른 지위가 결코 개인의 수혜를 보장해주지 못한다. 나이는 오히려 개발·창의·혁신의 장애요소가 되고, 지위는 업적을 내고 생산성을 올리는 데 거꾸로 저해요인이 되기 일쑤다. 나이와 지위에 따른 서열은 하루아침에 얼마든지 뒤집혀질 수 있다.

따라서 이 사회의 기본윤리는 자기역할을 자기가 얼마나 책임지고 수행할 수 있느냐의 책임문제로 환원된다. 내 역할의 책임을 다하고 있느냐가 개인행동에서나 사회적 기대에서나 일차적 요구가 된다. 그것이 곧 내 행위와 의식, 그리고 사회생활의 중핵을 이루고, 나머지는 주변적인 곳으로 처진다.

중요한 것은 이 책임윤리와 전통사회에서의 관계윤리와의 차이다. 전통사회에서의 관계윤리는 집단적인 和를 목표로 하고 있는 데 반해, 시민사회의 책임윤리는 집단적인 和와는 얼마든지 상치될 수 있는 개인능력의 차별화에 초점이 주어져 있다. 내가 얼마나 내 역할에 충실할 수 있고 그 책임을 다할 수 있느냐는 그것이 철저히 자기의 수혜 혹은 보상과 관계되는 한 그 역할의 이행은 단순히 그것의 이행에만 그치는 것이 아니라, 보다 생산성 높은 업적지향의 역할개발로 나아가게 하는 것이 된다. 그러한 한 그 역할개발은 언제나 변화지향적이고 창의지향적이고 혁신지향적이 된다.

그렇다면 이러한 지향은 집단주의지향 혹은 집단적 和의 문제가 아니라 순전히 개인주의적인 차별성의 문제가 되는 동시에 개인능력에 입각한 개인간 치열한 경쟁의 문제로 귀착된다. 그것은 한편으로는 집단의 발전을 가져오게 하면서 다른 한편으로는 집단의 和 — 집단의 통합을 무너뜨리는 소지가 된다. 이러한 의미에서 책임윤리는 사회 자체를 기본적으로 화해구조가 아닌 갈등구조로 바뀌게 하는 주요인이기도 하다. 전통사회와는 달리 시민사회가 예외없이 이 갈등구조를 이루는 것은 이 개인적 차별성을 토대로 하고 있다는 점에서다.

3) 보편주의

이는 전통사회의 연고주의에 대칭되는 말이다. 연고주의가 '특정인 소수'간의 행위유형인 것과 대조적으로 보편주의는 '불특정인 다수'간의 행위유형이다. 아직까지 한번도 사회관계를 맺어 본 일이 없는 불특정인 다수에 대해서 나는 어떻게 관계를 맺어야 하는가가 보편주의의 출발이다. 보편주의는 이 관계맺음에서 연고를 가진 특정인 소수에게나 연고가 전혀 없는 불특정인 다수에게나 사회관계의 무게를 똑같이 하자는 지향이다. 이는 법적으로는 누구에게나 평등하게 적용되는 통일된 규칙과 원칙의 제정 및 시행을 의미한다. 예컨대 모든 사람은 법 앞에 평등하다거나 또는 모든 사람은 평등한 기회를 가져야 한다거나 하는 것은 이 보편주의 이념의 표현이다.

이러한 보편주의는 제도적으로 두 가지 속성을 갖는다. 하나는 일원적(一元的)인 법의 지배이고, 다른 하나는 평등권의 부여이다. 즉 하나는 현실적으로 적용되는 규칙이나 원칙이 반드시 하나의 법체계로 통일되어 있다는 것이고, 다른 하나는 모든 시민이 출신이나 계급·재산에 관계없이 평등하게 권리를 부여받는다는 것이다. 전통사회는 일원적인 법의 지배가 아니라 다층적인 지배구조다. 특히 서구 전통사회는 한국사회의 그것과는 달리 국가가 아닌 지역 분리성의 정체(polity)에 의해 지배됐다. 따라서 정체 고유의 공동체성을 바탕으로 한 전통과 관습, 문화와 언어를 갖고 있었고, 그에 따라 그들 공동체 각각의 법과 도덕률을 가지고 있었다.

시민사회(혹은 근대국가)는 그러한 지역주의적 문화와 권력기반 그리고 세습화된 신분적 특권을 파괴하고 보편적인 법질서를 구축하는 데서 이루어진다[15]. 보편적인 법질서는 사회관계 측면에서 보면, 신

---

15) 이러한 시민사회 혹은 근대국가의 모습을 가장 본격적으로 드러내던 때가 루이 14세 치하의 프랑스라 할 수 있다. 강력한 왕권을 바탕으로 봉건사회의

뢰의 범위를 특정인 소수에서 불특정인 다수로 확대하는 것이다. 다른 말로 사회관계를 맺는 사람에 대한 신뢰의 비중을 연고를 가진 사람이나 갖지 않은 사람이나 꼭같이 평등하게 배분한다는 것이고, 더 나아가서 직접적이 아니라 간접적으로 관계하는 사람(일반시민)에 대해서까지도 신뢰의 범위를 최대한 확대하려고 한다는 것이다.

이러한 보편주의는 다음 세 가지 원리가 늘 작용함으로써 실제 생활과정에서 구현된다 할 수 있다. 이는 곧 시민사회 성립의 요건인 동시에, 시민사회와 전통사회 차별의 요인이기도 하다. 첫째로 공식주의원리이다. 공식주의는 모든 행위규칙을 표준화(standardization)하고 공식화(formalization)하는 것이다. 표준화는 표준이 되는 행위규칙을 만들어서 누구든 거기에 준거해서 행동하도록 하는 것이고, 공식화는 그러한 표준이 되는 행위규칙을 공식적으로(고의적으로 의식적으로) 제정해서 누구나 다 인지할 수 있도록 널리 천명하는 것이다. 누구에게나 표준이 되는 행위규칙은 특정인의 특수사정은 결코 수용하지 않는다는 것이고, 모든 사람을 공식대상으로 제정·선언된 행위규칙은 어느 누구도 그 적용에서 제외될 수 없다는 것이다. 그 공식규범에서 벗어나는 사람은 누구나 일탈자로 치죄(治罪) 대상이 된다는 의미다.

둘째로 관료주의 원리다. 관료주의 혹은 관료제 원리는 이념적으로는 공식주의의 한 하위개념이다. 현실적으로 관료제 원리는 시민사회 지탱의 원리라 할 수 있다. 시민사회는 시민이 주체가 되는 사회이고, 시민은 합리적 계산에 따라 행동하는 사람들이다. 관료제의 주요기능은 예측 가능한 결과를 도출해내는 것이고, 그러기 위해서는 무엇보다

지역주의를 파괴하고, 다양한 권위와 권력체계를 정리하고, 상호모순된 행정체계를 개혁하고 재편성한 것이 곧 보편적 질서의 구축이다. 나폴레옹 법전의 제정은 이 보편적 질서 구축의 절정이라 할 수 있다. 시민사회는 아이러니컬하게도 절대왕정에 의해서 이룩되고 그리고 그 절대왕정을 무너뜨리는 과정을 밟아간다.

행위의 계산성(calculability)을 가장 필요로 한다. 계산되지 않은 행동
(정책)은 결코 입안해서도 안되고 실행에 옮겨서도 안된다. 그런데 이
계산에 가장 저해되는 행동은 사랑, 증오, 분노, 흥분과 같은 인간적
감정에 의해서 행동하는 것이다. 그러므로 '분노도 흥분도 없이'(sine
ira ac studio)의 원칙에 관료는 늘 순종해야 한다16). 이는 곧 탈인간화
의 원칙이며 행동이다. 계산을 가장 불명료하게 하는 변덕성 많은 인
간의 마음을 관료는 언제나 최소화해야 한다는 것이다.

　셋째로 시장주의 원리이다. 시장은 신분에 관계없이 같은 상품엔 같
은 가격으로 판매한다. 신분평등(levelling)의 원리가 가장 철저하게 준
수되는 곳이 시장이다. 시간에 따라서 공간에 따라서 값이 다르다 해
도 그 시간, 그 공간에서는 누구에게나 같은 값으로 사고 판다. 신분
이 고귀하다고 싸게 팔고 비천하다고 비싸게 받지 않는다. 돈이 많은
사람이나 가난한 사람이나 값은 언제나 한가지다. 이 시장주의 원리에
서 가장 금기시되는 것은 동정심이며 자비심이다. 여기서 가장 중요시
되는 것은 이익을 한푼이라도 더 남기려는 이기심이다. 시장의 번영은
인간적 자비심이 아니라 이기심에서 온다. 시장은 인간 이기심의 가장
적나라한 노출장이며 각축장이다. 시장에서의 성공은 냉정한 마음 냉
철한 이성에 의해서만 보장된다.

　공식주의, 관료주의, 시장주의는 모두 이성주의, 합리주의에 입각
해 있고, 그리고 탈인간화를 기본으로 하고 있다. 그렇다면 보편주의
는 이성주의와 합리주의인 동시에 탈인간주의다. 시민사회의 이 기본
원리들은 누구에게나 꼭 같은 무게와 꼭 같은 비중의 '신뢰'를 보내면
서 사회관계를 확대해 가지만, 그 기저에는 차디찬 마음과 차디찬 이
성의 세계, 곧 탈인간화의 세계가 굳게 자리잡고 있다.

---

16) Max Weber, From Max Weber, *Essays in Sociology*, Trans. by H. H. Gerth,
　& C. W. Mills(New York : Oxford University Press, 1946), Bureaucracy부
　분.

그렇다면 이러한 보편주의와 앞서의 개인주의 및 책임윤리는 어떤 관계에 있는가. '절대개인'에 기반하고 있는 책임윤리, 그리고 이 보편주의는 서로 나눠질 수도, 서로 외면할 수도 없는 불가분리의 관계에 있다. 그것은 보편주의에 의거하지 않는 개인주의와 책임윤리의 성취를 상정할 수 없고, 개인주의와 책임윤리를 전제하지 않은 보편주의의 실현을 기대할 수 없음에서이다. 이 3자는 이념적으로도 삼위일체여야 하고, 실제적으로도 삼위일체가 되어 서로 맞물려 작동하고 있다. 시민사회는 이 3자가 톱니바퀴처럼 서로 맞물려 삼위일체로 작동하며 일궈가는 사회다. 그런데 이 시민사회를 일궈가는 이 3자의 공통 역시 모두 탈인간화다. 개인주의도 책임윤리도 모두 나 밖의 타자관계에서는 탈인간주의 지향이다. 시민사회는 그만큼 '뜨거운 마음'을 금물로 하는 '차가운 사회'이고, 냉정한 이성을 사고와 행위의 기저로 삼는 '비정한 사회'이다.

4. 시민공동체 사회의 도래

1) 시민사회 비판

이제까지 논의한 대로 시민사회는 이념적으로도 탈인간주의 사회이고, 사회관계 과정 역시 탈인간화를 지향해온 사회이다. 긍정적인 측면에서 시민사회는 이성주의·합리주의 사회다. 가치와 사고 및 규범 그리고 일상생활 세계에서의 모든 행위는 이 이성주의·합리주의에 기준해 있다. 이 이성주의와 합리주의에 의거해서 개인해방이 주창되고, 그 해방의 실현을 위한 사회관계망과 사회질서 체계가 만들어져 왔다. 이 이성주의·합리주의에 의해 전통사회와는 비교할 수 없이 커진 인구규모, 복잡하기 이루 말할 수 없는 사회관계구조가 조정되고

통제돼서 사람들간의 공존이 보다 용이해질 수 있었다. 그리고 이 이
성주의·합리주의적 사고에 의존해서 새로운 창의와 혁신이 일어나고
새로운 조직들(2차 조직)이 무수히 생겨나서 생활이 편리해진 것은 말
할 것도 없고, 소비생활이 풍요로워진 것 또한 사실이다.

　그러나 이것은 모두 시민사회가 인류역사 전반에 걸쳐 발전시켜 온
'생산양식'에서 대대적 성공을 거두었다는 의미다. 그 성공은 '생산양
식'이 목표로 하고 있는 '삶의 양식'에서도 성공을 거두었다는 의미는
결코 아니다. '삶의 양식'의 중심 내용은 '질적 삶'이다. '질적 삶'은 인
간다운 삶이다. 그것은 탈인간화가 아니라 인간으로의 귀환이다. 물론
여기에는 '양적 삶'도 큰 부분을 차지한다. 중요한 것은 이 '양적 삶'이
'질적 삶'의 한 부분이라는 것이지 그것이 곧 인간다운 삶은 아니다.
시민사회의 '생산양식'은 이 '양적 삶'을 해결하는 데 지대한 공헌을 했
다. 다른 말로 시민사회의 이성주의·합리주의는 이 '양적 삶'을 해결
하는 데 더할 수 없는 좋은 무기가 됐다. 그러나 다른 한편에선 '질적
삶'의 큰 한 부분을 파괴하는 데도 너무나 크게 기여했다. 이성주의·
합리주의가 양적 삶을 높은 수준에서 개선해준 것은 사실이지만, 질적
삶에서는 오히려 저해요인으로 작용한 부분이 더 컸고 말할 수 있다.
요약하면 시민사회는 '생산양식'에서는 대단히 성공했지만 '삶의 양식'
에서 대단히 실패했다. 그것은 무엇보다 이성주의·합리주의가 가져
다 준 탈인간화에서 기인한다.

　'삶의 양식'은 머리와 가슴으로 구성된다. 인간유기체가 머리와 가슴
을 가장 핵심부분으로 해서 활동하는 것과 다르지 않다. 인간의 삶은
이성과 감성이 함께 작용함으로써 이루어진다. 정확한 계산 — 계산이
밝은 삶도 중요하지만 그 계산을 모호하게 하는, 계산에서 해방된 삶
도 중요하다. 양적 삶은 머리로 얼마든지 일궈낼 수 있지만, 질적 삶
은 머리만 가지고는 절대로 되지 않는다. 사람은 머리와 가슴이 늘 함
께 살아 움직이는 존재다. 머리만 있고 가슴이 없는 삶은 공허한 삶이

64

고, 가슴만 있고 머리가 없는 삶은 맹목적 삶이다. '질적 삶'은 공허해
서도 안되고 맹목적이 돼서도 안된다. 그런데 시민사회는 탈인간화함
으로써 공허한 삶으로 사람들의 삶을 전락시켰다. '현대인은 가슴이
텅 비어 있다'— 이것은 시민사회 사람들의 삶의 모습을 가장 상징적
으로 표현한 말이다.

여기서는 이러한 시민사회의 삶의 특징을 먼저 조명함으로써 우리
가 지향해 가야 할 삶의 양식을 이념적 차원에서 새로이 정립해 보기
로 한다. 이것은 시민사회의 대강(大綱)을 첫째로 경제주의에로의 환
원과, 둘째로 공적 영역에 의한 사적 영역의 침탈 및 와해로 집약해
규명함으로써 보다 잘 설명할 수 있다.

(1) 경제주의로의 환원

시민사회에서 모든 것은 경제문제로 환원된다. 홉스와 로크에서 시
작되어 아담 스미스와 맑스에서 집대성되는 근대 서구사상은 거의 모
두가 경제사상이다. 모든 공적인 문제는 말할 것도 없고 사적인 문제
역시 모두 경제문제로 되어 있다. 다른 말로 물질주의 혹은 물질문제
로의 환원이다[17].

시민사회에서 물질은 모든 문제의 척도다. 그 어떤 문제든 물질의
양이며 질로써 설명된다. 사람의 값어치는 물질의 양과 질에 기준해서
정해진다. 예컨대 얼마만큼 물질을 생산할 수 있는 생산성(업적)을 가
졌느냐와 그 대가로 얼마만큼 소득을 올리고 있느냐로 그 사람의 능력

---

[17] 아리스토텔레스의 zoon politikon(인간은 정치적 동물)은 인간만이 동물과 달
리 경제적 필요에서부터 해방돼서 인간 특유의 삶 — 인간다운 행위를 할 수
있고 한다는 데서 .나온 것이다. 여기서 경제적 필요는 다른 동물들도 공유하
는 사적인 삶, 즉 가계의 일이고, 거기서 자유로워진 삶 — 그것은 인간 외의
동물은 결코 할 수 없는 공적인 삶이며 그것이 곧 정치라고 한다. 그런데 시
민사회의 삶은 아리스토텔레스의 고대 그리스시대와는 정반대로 동물적 삶과
공유하는 삶, 즉 경제문제가 모든 문제의 기본이 되어 있다.

과 사회적 지위, 그 사람의 인격 그리고 그 사람에 대한 존경도가 결정된다. 시민사회에서는 이 세속적 물질 — 속물로 물화(物化)한 사람 외에 정신적 측면에서의 성자는 없다. 시민사회에서는 이 물질의 생산과 그 물질적 대가에서 유리된 은둔자는 아주 희귀하다.

시민사회에서 도덕의 척도는 전통사회와는 정반대로 사람관계에 초점이 있는 것이 아니라 이해관계에 초점이 있다. 예컨대 전통사회에서 보는 부모와 자식관계, 형제관계, 나이든 사람과 젊은 사람의 관계, 남녀관계, 이웃관계, 동료관계, 윗사람과 아랫사람의 관계, 이같은 사람들간의 관계보다는 물질적 생산과 소비, 교환, 분배관계의 규약에 얼마나 맞게 행동하느냐, 거기에 얼마나 익숙하느냐에 도덕적 사고의 중심이 주어져 있다. 따라서 시민사회에서 도덕적 인간은 첫째로 물질적 생산(직접적이든 간접적이든)이라는 자기직분에 얼마나 충실하고 있느냐와, 둘째로 그 물질을 자기 생산의 범위내에서 얼마나 갖느냐, 그리고 셋째로 그 물질 — 특히 자기 몫으로 배당된 그 물질을 남에게 얼마나 나누어주며 살아가고 있느냐로 평가된다. 자기의 몫을 남에게 나누어 주는 것, 그것을 시민사회에서는 희사(喜捨)라고 표현하고, 그리고 시혜(施惠)라고 표현하고, 그리고 '베푼다'고 말한다. 그것은 모두 물질을 통해 은혜를 준다는 것이다. 시민사회에서 은혜 — 시민사회에서 '베풂'은 마음이 아니라 물질이다. 설혹 마음으로 그지없이 베푼다 해도 물질을 통해 가지 않으면 그것은 베푸는 것이 아니라 오히려 위선자로 낙인되기까지 한다. 시민사회에서 '넉넉한 마음의 소유자'는 모두 물질을 넉넉하게 베푸는 사람이다. 시민사회에서 '이해심이 많은 사람' 혹은 '관용심이 큰 사람'이라는 칭호는 명시적이든, 묵시적이든, 직접적이든, 간접적이든 대개가 물질과 연관돼서 주어진다. 즉 남에게 물질적 소비를 얼마나 많이 해주느냐에 그 기준이 주어진다.

이같이 시민사회에서 인간의 문제, 보다 구체적으로 사회문제화한 인간의 문제는 거의 모두가 경제의 문제다. 그런데 오늘날 그 어느 사

회이든 선진화한 시민사회이면 일수록 모두 경제문제의 늪에 빠져 있
다. 그들은 경제문제를 보다 낮게 해결하고 있는 것이 아니라 그 경제
문제라는 수렁의 늪에 더 깊이 빠져들어 가고 있다. 이는 모두 선진화
한 시민사회의 초미의 급무로 늘상 한결같이 부상되고 있는 문제들을
짚어보면 보다 명료히 증명할 수 있다. 그것은 다음 네 개의 '현안 과
제'로 나눠 볼 수 있다.

① 조 세

선진 시민사회일수록 조세부담률이 높다. 조세부담률이 높다는 것
은 국가가 경제적으로 아주 '큰 정부'를 지향하고 있다는 의미다. 크고
힘쎈 정부에 대항해서 '작은 정부'의 건설을 끊임없이 희구해 온 시민
사회가 거꾸로 '큰 정부'를 만들고 있는 것은 시민사회 자체가 처음부
터 경제주의로 환원한 이율배반적 모순에서다. 그것은 잡을 수 없는,
정반대 방향으로 달리는 두 마리 토끼를 동시에 노린 것이다.

〈표 2-1〉에서와 같이 시민사회로의 역사가 오래된 사회일수록 조세
부담률은 높다. 설혹 국가의 조세부담률이 낮은 국가에 비해 높다 해

〈표 2-1〉 조세부담률의 비교

(단위 : %)

	한국 1992	미국 1990	영국 1991	독일 1991	프랑스 1991	일본 1990
순조세부담률	19. 1	20. 5	30. 0	25. 4	24. 8	22. 4
사회보장부담률*	0. 9	8. 6	6. 5	13. 3	19. 4	9. 4
조세부담률	20. 0	29. 1	36. 5	38. 7	44. 2	31. 7

출처 : 한국은행, 《경제통계연감》, 1993.
　　　OECD, *National Accounts* 1960~1991, Paris, 1993.
　　　──, *Revenue Statistics* 1960~1991, Paris, 1992.
　* 보험과 연금기여금

도 이를 가감한 순조세 부담률에서 예외없이 높다는 것을 계산하면,
그리고 이런 나라일수록 정부의 재정적자 누적이 심하다는 것을 고려
한다면, 경제주의로의 시민사회의 지향이 정부든 개인이든, 궁극적으
로는 말할 것도 없고 이 시점에서도 이 양자에게 결코 도움이 되지 않
는다는 것(적어도 그 부담률만큼)은 자명하다. 그것은 국가 자체를 앞
으로 논의할 '초거대 가족' — 그것도 탈인간화한 '초거대 가족'을 만드
는 데 기여할 뿐이다.

②불평등

시민사회에서의 두 개의 축은 자유와 평등이다. 자유와 평등은 시
민사회를 운행하는 두 개의 수레바퀴다. 물론 평등은 결과의 평등이
아니라 기회의 평등이다. 그런 만큼 결과적으로는 불평등은 피할 수
없다. 그러나 이 불평등의 정도 역시 시민사회의 역사가 오래된 서구
국가들의 경우 〈표 2-2〉에서와 같이 그 역사가 훨씬 짧은 아시아 국
가들에 비해 월등히 높다는 것 또한 경제주의의 한 결과이다. 그리고
이러한 나라들일수록 세대내 이동이든 세대간 이동이든 계급의 상승이
동은 거의 정체돼 있다. 계급재생산이 반복적으로 일어나고 있다 할
만큼 한 계급내에서 다른 계급으로의 이동은 거의 이루어지지 않는
다[18]. 시민사회에서 계급간 벽이 이처럼 두텁다는 것은 사회구성원들
의 사회에 대한 정체의식, 성원의식 그리고 충성심이 그만큼 떨어지
고, 반대로 계급간 성원간 적대의식이 그만큼 증폭돼서 사회분열과 갈
등을 그만큼 또한 증대시키는 결과를 낳게 된다.

---

18) 이는 19세기 미국의 Horatio Alger's reality(계급의 세대내 이동)가 오늘날
Horatio Alger's myth(계급이동은 현실이 아니라 신화)로 바뀐 데서 알 수 있
다.

〈표 2-2〉 5분위별 소득분포

(단위 : %)

연 도		5분위별 소득분포									배율
		I		II		III		IV		V	
한 국	1988	2.8	4.6	5.7	6.6	7.6	8.7	10.0	11.8	14.6	27.6	5.70
일 본	1988	11.7		15.8		19.0		21.4		30.6		2.61
싱가포르	1982 ~1983	5.1		9.9		14.6		21.4		48.9		9.59
대 만	1992	7.4		13.2		17.5		23.2		38.7		5.24
독 일	1988	7.0		11.8		17.1		23.9		40.4		5.76
스 웨 덴	1981	6.6		12.3		17.2		25.0		38.9		5.89
불가리아	1992	10.4		13.9		17.3		22.2		36.6		4.41
영 국	1988	4.6		10.0		16.8		24.0		44.6		9.63
프 랑 스	1989	5.6		11.8		17.2		23.5		41.9		7.48
미 국	1985	4.7		11.0		17.4		25.0		41.9		8.91
캐 나 다	1987	5.7		11.8		17.7		24.6		40.2		7.05
이탈리아	1986	6.8		12.0		17.9		23.5		41.0		6.03
뉴질랜드	1981	5.1		10.8		16.2		23.2		44.7		8.67
호 주	1985	4.4		11.1		17.5		24.8		42.2		9.59

출처 : 한국은행, 《세계 속의 한국경제》, 1994.
*한국은 10분위소득분포

③ 범 죄

시민사회는 곧 '범죄사회'라 할 만큼 시민사회의 역사와 범죄율의 크
기는 비례하고 있다.

〈표 2-3〉에서와 같이 서구국가들의 경우 인구 10만 명당 강력범 비
율은 시민사회의 역사가 짧은 아시아국가들 보다 훨씬 높다. 앞의 조
세부담률에서 보듯 이들 서구국가의 보험과 연금기여금 등 사회보장
부담률은 시민사회의 역사가 짧은 나라들 보다 훨씬 높다.

〈표 2-3〉 범죄율 : 강력범 기준(1987년)

(범죄율 : 인구 10만 명당)

	총 범 죄	살 인	강 도	절 도	사 기
한 국 ('93)	2149 (3080)	1.3	7.8	241.5	108.6
일 본	1239.9	1.3	1.5	1117.8	57.1
싱가포르	1594.7	1.9	64.3	1021.1	95.6
호 주	6638.5	2.3	53.6	5352.3	843.0
뉴질랜드	13137.5	1.9	41.1	4292.4	813.9
이탈리아	3299.5	1.9	54.5	2082.4	48.6
프랑스	5712	4.1	75.2	3589.0	99.6
독 일	7268	4.0	46.0	4570.0	683.0
스웨덴	12995.1	6.3	46.8	7742.0	1200.4
캐나다	11533.5	6.1	87.9	5221.3	492.3
미 국	5550.0	8.3	212.7	4940.3	-
네덜란드	7500	1	70	5642.0	-

출처 : 치안본부, 《'87외국범죄통계》, 1989.

법무연수원, 《범죄백서》, 1994.

〈표 2-4〉 경찰 1인당 주민 수(1987)

(단위 : 명)

	한 국	일 본	미 국	독일(서독)	프랑스
경찰관 수	65,998	256,546	681,793	195,335	215,298
경찰관 1인 당 주민 수	630	552	357	313	258

출처 : 치안본부, 《'87외국범죄통계》, 1989.
　　　법무연수원, 《범죄백서》, 1994.

다른 말로 개인들에게 주어지는 경제적 혜택은 훨씬 크다. 그럼에
도 그 혜택이 훨씬 작은 나라들보다 범죄율이 높다는 것은 경제주의가
탈인간주의를 촉진하고 재촉하고 있기 때문이라 설명할 수 있다. 이같
은 범죄율의 증가에 따라 인구비례당 경찰관 수도 이들 시민사회가 훨
씬 높다(〈표 2-4〉 참조). 독일의 경우 한국의 2배, 프랑스의 경우 3
배, 일본에 비해서는 각기 1.8배와 2.1배나 된다.

④ 소 비

소비는 곧 에너지 소비이다. 경제주의가 가장 적나라하게 가장 직접
적으로 들어가는 곳이 바로 이 에너지소비 부분이라 할 수 있다. 〈표
2-5〉에서와 같이 서구국가들의 경우 1인당 GNP가 그들보다 훨씬 높
은 일본에 비해서도 높은 에너지 소비량을 보이고 있다. 반면 이들 국
가의 대 GNP비율 국민저축률은 〈표 2-6〉에서와 같이 놀라울 정도로
낮다.

서구국가들의 경우 대개 20% 이하에서 14% 정도이고, 이 역시 시
민사회의 역사가 긴 나라의 경우 더욱 두드러지게 줄어들어 있다. 소비
가 많으면 저축이 줄어든다는 것은 경제주의의 피할 수 없는 법칙이다.

문제는 시민사회 자체가 소비욕구의 자극체계라는 데 있다. 가지고
있는 모든 것은 소비하도록 사회심리를 만들어가는 데 이 사회의 함

〈표 2-5〉 1인당 에너지 소비량(1990)

	1인당 에너지 소비량 (석탄량으로 환산 : kg)		1인당 에너지 소비량 (석탄량으로 환산 : kg)
한 국	2, 495	스 위 스	3, 924
일 본	4, 164	영 국	5, 000
싱가포르	5, 607	프 랑 스	3, 979
네덜란드	7, 257	미 국	10, 034
노르웨이	6, 932	캐 나 다	10, 337
독 일	5, 576	호 주	7, 629
스 웨 덴	4, 746	뉴질랜드	5, 039

출처 : 한국은행, 《세계 속의 한국경제》, 1994.

〈표 2-6〉 국민저축률(대 GDP 비율)

	저축률(대GDP비율)	백분위 점수
한 국	34.9%	120. 4
미 국	14.5%	100. 0
일 본	33.6%	119. 1
독 일	20.4%	105. 9
프 랑 스	18.7%	104. 2
영 국	12.8%	98. 0
스 웨 덴	14.1%	99. 6

출처 : OECD, *OECD Outlook*, 1994.

정이 있다. 소비가 많은 것만큼 쓰레기도 많고 환경오염도 심화된다. 이들 나라의 쓰레기 생산량을 포함한 '무질서의 경제적 비용'은 언제나 GNP의 2.7%를 상회한다[19]. 시민사회의 방대한 GNP를 감안한다면 그 비용은 천문학적이라 할 수 있다. 시민사회가 이처럼 소비가 많고 저축이 갈수록 줄어든다는 것은 이 사회가 그만큼 현재집착적이 되어 있다는 것이고, 동시에 '소비양식'이 그만큼 왜곡돼 있다는 것이다. 그리고 미래가 절대로 밝지 않다는 의미이며 그러한 전조이기도 하다.

(2) 사적 영역의 침탈

인간이 사는 곳을 둘로 나누면, 그 하나는 '사적 영역'이고 다른 하나는 '공적 영역'이다. 이 두 영역은 서로 다른 삶의 양태를 가지고 있다. 하나는 내밀한 삶이고, 다른 하나는 공개된 삶이다. 하나는 정과 사랑을 나누는 삶이고, 다른 하나는 냉정과 이지(理智)를 요하는 삶이다. 하나가 감성과 주관을 중요시하는 삶이라면, 다른 하나는 이성과 객관을 기본으로 하는 삶이다. 하나가 그때그때의 행위방식을 '정해 가면서' 사는 삶이라면, 다른 하나는 이미 '정해진' 행위방식(법규, 규칙, 규정 등) 위에서 사는 삶이다.

현실적으로 이 두 삶이 모든 부문에서 그렇게 명확히 대비되고 또 그렇게 명확히 구분되는 것은 아니라 해도, 그 중심축만은 그처럼 명확히 분리되어서 매일같이 진행되는 사람들의 삶을 그같이 다른 모습으로 나누어 놓고 있는 것이다. 인간은 이 두 다른 삶 양태의 유기적인 연결 위에 살고 있다. 인간은 이 두 다른 삶 양태의 중심축을 하루도 빠짐없이 오가며 살고 있다. 인간의 삶에서 이 두 삶 양태의 어느 하나의 결여는 인생에 있어 중요한 큰 한 부분의 결여가 아니라 삶 그 자체의 상실이라 할 만큼 이 두 부분의 적절한 배분과 배합은 누구나

---

19) KDI부설 '국민경제연구소,' 《무질서의 경제적 비용에 관한 연구보고서》, 1996. 1. 17.

의 삶의 가장 기본이 된다.

그런데 현대 시민사회에서 이 두 삶의 양태가 완전히 균형이 깨어져 버렸다. 단순한 균형와해 ― 균형상실의 정도를 넘어 사적 영역은 거의 사라졌다 할 만큼 축소되고 왜소화되었다. 시민사회에서 사적 영역은 공적 영역의 한 반영에 지나지 않는다. 공적 영역에 완전히 침탈되어서 어디서도 독립적이고 독자적인 사적 영역은 찾아보기 어렵다. 심지어는 사적 영역의 전형이며 핵심인 가족마저도 '공가족주의'(公家族主義, public familism)라는 용어를 상용할 만큼[1] 사적 영역은 공적 영역의 지배하에 들어 있다. 이제 시민사회에서 사적 영역은 공적 영역에 완전히 의존하고 예속된 하위개념으로 전락한 것이다. 더 리얼하게는 공적 영역이 사적 영역을 완전히 예속화해서 식민지를 만들어버린 것이다. 결과적으로 시민사회에서 더 이상의 사적 영역은 없다할 만큼 가장 비밀스러운 부분인 사랑마저도 공적 영역의 통제를 받고 있다. 그 가장 적나라한 보기가 아기의 생산이다. 아이를 낳을 것인가 낳지 않을 것인가, 낳으면 몇을 낳을 것인가는 시민사회에서는 부부 단독의 내밀스런 독자적 결정에 의해 이루어지지 못한다. 그것을 결정하고 '명령'하는 것은 '공공'부문이다. 곧 공적 영역이다. 공공부문에서의 경제적 상황과 그 공공부문에서의 본인들의 경제활동여력, 세금, 주택 등 국가의 제반 사회정책과 장차의 학교진학 등 교육문제, 이 모든 것이 공공부문에 따라 결정된다. 모든 부부들의 결정은 오로지 이 공공부문을 거울처럼 반영한 것에 지나지 않는다. 어느 지역에 거주할 것인가, 어떤 집을 살 것인가, 어떤 직업을 택할 것인가도 내 독자적 결정영역이 아니라, 공적 영역을 주시하면서 그 영역의 '흐름'을 타고 반

20) Alan Wolfe, Whose Keeper, *Social Science and Moral Obligation*(Berkeley : University of California Press, 1989). Wolfe는 이 책에서 스칸디나비아의 사회정책을 언급할 때, 그 정책들이 'public family'를 만들고 있다는 데서 이 말을 쓴 것이다.

영하며 결정해야 한다. 어느 대학 어느 학과를 선택할 것인가도 내 소
질 내 소망에 맞춰 택하는 것이 아니라 공적 영역의 기류에 따라야 한
다. 어떤 취미 어떤 스포츠를 즐길 것인가도 사적 영역이 아니라 공적
영역에서 제공하는 편의시설을 먼저 쳐다봐야 한다.

시민사회에서는 그 어느 것도 내 독자적으로 결정할 수 있는 것은
없다. '사생활'을 신성시하고 '사생활 침해'를 금기시하면서도, 시민사
회에서 사생활은 절대로 존재하지 않는다. 사적 영역에서의 그 어떤
생활도 공적 영역으로 노출되어 있다. 은행원과 읍·면·동 관리가
필요하면 언제든 내 모든 것을 속속들이 공개할 수 있도록 나에 관한
모든 파일을 갖고 있다. 심지어는 지위가 올라가면 내 재산은 물론 나
에게서 분가한 자식들의 재산까지도 낱낱이 밝혀야 하고, 그리고 그것
을 실사하는 더 높은 기관이 있다. 그러한 한, 사적 영역에서의 그 어
떤 작업도 공적 영역의 지배를 받지 않고는, 그리고 그들의 손을 거치
지 않고는 속수무책이다. 가장 비밀스런 부부생활의 공적 영역으로의
예속으로, 모든 '사생활'은 사실상 종결되었다.

현대 시민사회의 라이프 스타일에서 사적 영역이 이같이 침탈된 데
는 복합적으로 상호작용하는 수많은 요인들이 있다. 이 상호작용하는
요인들을 몇 개의 주요 요인으로 압축시킨다면 그것은 공적 영역에서
는 '국가의 초거대 가족화'이고, 사적 영역에서는 '가족의 약체화·무
력화'를 들 수 있다.

① 국가의 초거대 가족화

이는 전통사회에서 가족이 하던 것을 현대 시민사회에서는 국가가
하고 있다는 것을 의미한다. 무엇보다 이를 입증해주는 것이 국가 예
산에서의 복지부문 세출비율 증대이다. 전통사회의 복지는 가족복지
다. 복지의 절대부분을 가족이 점유한다. 이와 극히 대조적으로 현대
시민사회, 특히 서구 시민사회에서는 국가가 점유한다. 확실히 전통사

회와 시민사회는 복지에 있어 양극화 현상을 이룬다. 앞의 경우는 가족이, 뒤의 경우는 국가가 복지의 주체가 된다. 따라서 전통사회는 국가가 가족 기능의 연장선상에 있고, 반대로 시민사회는 가족이 국가기능의 연장선상에 있다. 전통사회에서는 가족이 국가기능의 수행자고, 시민사회에서는 국가가 가족기능의 수행자다.

이를 증명해주는 것이 서구 시민사회의 연금지출, 가족급여 (*family benefit*) 및 의료보장이 차지하는 세출비율이다. 프랑스, 독일, 이탈리아에서 연금에 대한 정부지출비가 GNP 대비 각기 10%, 13.3%, 12.1%나 된다. 이에 비해 일본은 4.2%, 한국은 거의 전무한 상태 (0.005%)다.[21] 가족급여도 한국과 일본은 없는데 프랑스, 독일, 영국은 GDP대비 각기 3.8%, 1.2%, 그리고 1.3%가 되고[22], 의료보장비도 프랑스, 독일, 이탈리아, 영국이 역시 GNP 대비 6.7%, 6.1%, 5.9%, 그리고 5.8%인 데 반해 한국은 0.35%, 부국 일본도 4.8%에 불과하다.[23] 이와 함께 서구 시민사회에서 국가는 사실상 고용기계가 돼 있다. 덴마크와 스웨덴의 경우 30%의 노동력을 국가가 고용하고 있다.[24] 서구 시민사회에서는 이처럼 한때 가족의 가장 기본적 임무였고 권리였던 가족 서비스가 국가에 맡겨짐으로써 국가는 초거대 가족화한 반면, 가족은 지속적으로 국가에 의존하고 종속해가는 것이 되고 있다.

---

21) IMF, *Aging & Social Expenditures in Major Industrial Countries*, 1980~2025, Occasion papers 47, 1986.

22) 위 자료.

23) 위 자료.

24) G. Esping Anderson, *The Three Worlds of Welfare Capitalism* (Cambridge : Polity Press, 1990), p. 149.

76

② 가족의 약체화·무력화

가족의 약체화·무력화 또한 국가의존에서 비롯된다. 사실은 그 이전 경제주의에로의 환원에서 시작된다. 20세기 중반을 넘어서면서 거의 모든 가족은 경제적 이기주의의 늪에 빠진다. 그것은 산업화와 상업주의에 의해 가정과 시장 간의 경계가 희미해지면서다. 전통사회에서 시장과의 접촉은 5일 내지 1주일에 한 번으로 족했다. 그러나 현대 시민사회에서의 라이프 스타일은 매일이 아니라, 하루에도 몇 번씩 시장과 연계돼 있다. 이 시장과의 잦은 연계는 확실히 여자들에게는 큰 수혜다. 이 수혜는 이전의 그것과는 너무나 대조적으로 큰 것이어서 1950년대 이전의 가족으로 결코 돌아갈 수도 없고, 돌아가서도 안된다고 생각하고 있다. 그것은 시장의 가족내 침투가 가져다 준 선택의 자유 — 그것도 말할 수 없이 확대된 선택의 자유 때문이라 할 수 있다.

그러나 선택의 폭이 넓은 것만큼 그들은 광고주의 먹이가 됐다. 광고주의 먹이가 된 것만큼 가족내 경제적 압박도 가중된다. 그 압박만큼 심리적으로나 행동적으로 아내와 남편은 경제인이 된다. 아내와 남편은 오직 경제적 시각에서 서로를 바라보고 가족을 생각한다. 이제 더 이상 가족적 시각에서 가족을 보지 않는다. 가족내 대다수 행위는 경제와 연관되어 일어난다. 경제와 연관된 이기주의가 가족내 도덕체계를 얼마든지 흔들어 놓는다. 도덕체계가 흔들어지는 것만큼 가정은 더 이상 '女子의 지대'(women's place)가 못된다. 이제까지 가족주의 (familism)의 보존자이며 유지자는 여자다. 그 여자는 가족 성원을 위해 자기 기회를 희생하고, 자기 욕구를 연기하고, 자기 표현을 자제하고, 자기 부정을 강조해서 가족주의를 성립시켜 왔다. 확실히 이제까지의 가족은 긴장과 불평등과 불균형의 장소다. 그러나 선택의 폭이 극적인 전환을 가져올 만큼 확대되면서 가족 성원 모두(특히 여자)에게 자율성은 구가되고 가족주의는 쇠퇴했다. 결과적으로 가족은 더할 수 없이 약체가 되고 무력화했다. 가족해체, 즉 이혼율의 급격한 상승이 그 지표가 된다. 시민사회의 일상에 젖을 대로 젖은 프랑스(4.9%), 영국(5.8%), 네덜란드(5.0%), 노르웨이(7.0%), 스웨덴(8.2%), 미국(10.4%) 등의 아주 높은 이혼율에 비해, 아직 시민사회 라이프 스타일에 덜 젖은 한국(0.8%), 중국(0.5%)의 이혼율은 적게는 20분의 1에서 많아도 10분의 1에 불과하다.[2]

2) 시민공동체 사회

이제 우리가 지향해 가야 할 것은 새로운 정향의 사회며, 시민사회와는 다른 이념이다. 그 정향의 사회를 '시민공동체 사회'라 명명한다면, 이 사회의 이념적 지향은 앞 시민사회와 대비해서 ① 인간주의 ② 참여윤리 및 ③ 균형주의로 특징지워 볼 수 있다. 이 이념은 한마디로 사람다운 삶의 이념이다. 이제껏 성취한 삶의 양, 즉 '양적 삶'을 기반으로 해서 '질적 삶'이라는 새로운 패러다임을 생각해 보는 것이다.

이 새로운 정향의 이념 혹은 새로운 삶의 패러다임은 시민사회의 '경제주의에로의 환원'을 극복하고, 그리고 공적 영역에 의한 '사적 영역의 침탈'을 최대한 막는다는 의미와 시각에서의 그것이다. 시민사회의 삶이 어떻든 물질적 풍요와 개인적 자유에 치중한 양적 삶이라는 것을 거부할 수 없다면, 시민공동체 사회의 그것은 그 양적 삶을 기반으로, 거기에서 다른 차원 다른 방향으로 전화된 질적 삶의 추구여야 할 것이다. 여기서 말하는 이 세 가지 이념적 지향은 앞으로 도래하는 사회, 즉 시민공동체 사회가 향해 달려가야 하는 그 질적 삶의 방향이며 도덕체계라 할 것이다. 그런 면에서 이 세 가지 이념적 지향은 시민공동체 사회의 이념모형이라고 말할 수 있다.

---

2) 통계청, 《한국의 사회지표》, 1994.

(1) 인간주의

인간주의는 이성적 인간에서 동시에 감성적 인간도 함께 생각하는 것이다. 냉혹한 이성주의에서 따뜻한 감성주의도 곁들여 중시하는 것이다. 시민사회의 삶은 너무 인간의 두뇌를 중요시했고, 너무 인간의 가슴을 외면시했다. 그 결과 시민사회의 삶은 합리주의가 아니면 지향할 곳이 없고, 공리주의가 아니면 발붙일 곳이 없게 됐다. 시민사회에서 인간은 모두 탈인간화를 지향하지 않으면 패배하는 인간이 됐다. 인간이면서 인간의 탈을 벗어야 하는 인간 ─ 그것이 시민사회의 인간이며 시민사회의 삶의 방향이 되어왔다.

결과적으로 개인은 모두 소외되었다. 인간이 인간으로부터 소외된 사회, 그것이 현대 시민사회의 가장 적나라한 모습이다. 소외는 인간의 분리다. 인간끼리의 분리일 뿐 아니라 자신인 나로부터의 분리다. 소외는 사람이 사람에게서 떨어져 있고, 내가 나에게서 떨어져 있는 것이다. 소외는 고도(孤島)에 홀로 떨어져 있는 인간의 모습이다.

인간은 인간으로부터 분리되어서는 살 수 없게 만들어져 있다. 인간은 천부적으로 사회적 동물(social being)로 태어났다. 인간은 다른 사람과 물질적으로 의존해야 할 뿐 아니라 정신적으로 심리적으로 분리되어 살 수 없도록 조건지워져 있다. 그리고 인간은 자신속에 늘 정주(定住)하게 되어 있다. 안정적으로 지속적으로 자신속에 머무르지 못할 때 인간은 가치체계의 분열과 규범체계의 무감각 상태에 이른다. 드디어는 삶의 의지를 상실하고 인간의지를 상실한다.

그럼에도 시민사회의 이성주의는 개인으로 하여금 타자와 내가 분리되도록 작용해 왔다. 이성적 인간은 합리적 인간이고 합리적 인간은 홀로 설 수 있는 인간으로 사회화했다. 그리고 모든 인간의 관계를 자유의지에 의한 분절적 관계로 개인들을 모두 독립시켰다. 그리고 독립한 개인들을 분열상태에 놓이게 했다. 내가 지금까지 '나'라고 생각했던 나와, 내가 지금까지 나의 것이라고 지녀왔던 그 '나의 것' ─ 그것이 가치든 규범이든 — 에서 나를 분리시켰다. 따라서 시민사회의 삶의 모습에서 소외는 생래(生來)적인 것이 됐다.

시민사회에서 개인은 모두 무기력해졌고 그리고 정체성을 상실했다. 시민사회 삶에서 '생기'는 신선한 공기처럼 희소한 것이 됐다. 나는 누구인가에 대한 상념을 잃었고, 타자 앞에 나는 이런 사람이라는 내세움의 의지를 상실했다. 이 또한 치열한 이성주의, 합리주의, 공리주의에 의해 '계산된 삶' 지향의 결과다. 그 삶 지향이 가져다 준 탈인간화의 결과다. '흥분도 분노도 허용하지 않는' 이성적 인간추구 이념이 자초한 사람들의 모습이다.

인간주의는 합리와 함께 비합리적 인간으로 돌아가는 것이다. 인간이 갖는 본래의 모습 — 사랑과 증오와 흥분과 변덕, 질시와 성냄과 부러움과 안타까움, 이 모든 것을 인정하고 소중히 여기는 것이다. 이성으로써 모든 인간문제를 설명하고 이해하려 하기 때문에 모든 인간이 다 공통으로 갖는 이 비이성적이고 비합리적인 것이 경시되고, 따라서 인간의 문제는 언제나 반쪽만 다루는 것이 돼 온 것이다. 가장 인간적인 것이 가장 세계적인 것이라는 경구에 귀를 기울이는 것만큼 인간으로서의 삶의 질을 고양하는 것은 없다. 인간 공통의 것을 간과하고 인간으로서의 의식을 가질 수는 없다. 시민공동체 사회는 원래 인간이 갖는 그 인간의식 — 그 인간의 마음으로 지향해가자는 것이다.

⑵ 참여윤리

참여윤리는 적극참여, 솔선수범, 희생과 봉사에 바탕을 둔 행위지향이다. 이는 개인적 측면에서 자아실현과 사회적 측면에서 이타행위가 모순되지 않고 늘 공존하고 있는 상태다. 시민사회 삶은 무관심이 주종을 이루는 삶이다. 참여도 피동적 참여가 지배적 행동이다. 주류를 이루는 것은 남에 대한 외면이다. 나 밖의 타자는 모두가 낯선 사람들이다. 그들은 모두 이방인으로 살아가고 있다. 심리적으로 그들은 이방인일 뿐 아니라 실제 사회관계망에서 그들은 모두 이방인이다. 아침저녁으로 관계를 맺고 있으면서 그들은 마음으로 모두 유리되어 있다. 모래알처럼 그들은 어떤 경우에도 응집되지 못하고, 원자화된 인간으로 비결속적 존재로 모두 살아가고 있다.

결과적으로 그들은 모두 보람없은 삶을 살아가고 있다. 그들의 삶에서 보람은 사전에만 나오는 옛말이 되어 있다. 내가 왜 이렇게 일하는가에 대해 보람을 갖지 못하고, 내가 왜 그들과 함께 일해야 하는가에 대해 또한 보람을 갖지 못한다. 그들은 보람을 의식하지 못한다. 그 주된 원인은 참여의지를 잃은 데서다. 시민사회는 참여를 근간으로 하면서 참여의지를 꺾어버렸다. 참여의지가 꺾이면서 모두 무관심의 수렁에 빠졌다. 수렁에 빠지면서 그들은 그 수렁에서 탈출하는 길을 잃고 방법을 잃고 의지마저 잃었다. 그 주된 이유는 시민사회의 책임윤리가 가져다 준 치열한 경쟁과 높은 차별성 때문이다. 시민사회의 삶에서 극렬한 경쟁에 시달리지 않는 인간은 없다. 그 극렬한 경쟁에서 사람들은 모두 지치고 피로해졌다. 그 투쟁과도 같은 일상의 삶에서 사람들은 모두 긴장과 스트레스에 빠져 있다. 그리고 그 경쟁에서 드러난 것은 남과의 차별성이다. 다수의 삶은 차별이 보람이 아니라 열등의식으로, 그리고 무관심으로 전이됐다.

시민공동체 사회의 의식은 이 무관심으로부터의 탈출이며 참여의식이다. 크게는 환경문제에서 보듯, 혹은 인권과 인명의 존엄에서 보듯, 세계는 이미 생태적 인간주의를 지향하지 않으면 안되게 되어 있고, 이 또한 적극적 참여없이는 해결할 수 없게 되어 있다. 세계가 이미 하나의 생존단위로 적극적 참여를 요구하듯, 시민사회에서 보는 그 경제주의 이기주의가 불러온 그 무관심으로는 이제 더 이상 살아갈 수 없게 되었다. 여기에는 오직 적극적 참여, 희생과 봉사라는 참여윤리만이 시민공동체 사회의 삶을 보장할 수 있게 됐다.

인간은 자기가 사는 공동체(그것이 국가든 지역이든 이웃이든), 자기가 일하는 직장, 자기가 관여하는 조직에 생래적(生來的)으로 참여하지 않으면 안되게 되어 있는 동물이다. 자기가 속해 있는 집단의 일을 남의 일처럼 외면하고 사는 주변적 인간으로는 그 어떤 의미도 보람도 못 느끼게 되어 있는 존재다. 인간은 중심(center)을 지향하는 습성을 가지고 있다. 그 중심지향의 습성은 오직 적극적 참여만으로 충족된다. 최고의 적극적 참여는 자발적 참여이고, 자발적 참여의 전형은 희생과 봉사, 곧 희생적 봉사이다. 희생적 봉사는 자기 존재를 경시하거나 죽이면서 하는 봉사가 아니라, 자기 욕구를 자제하면서 그리고 그 욕구를 타자욕구와 조화시키면서 하는 봉사다. 그 욕구는 오히려 자기 욕구를 충족시키면서 하는 봉사다. 그 봉사를 통해 인간은 타자로부터 평가받고, 신뢰받고, 지지받고, 그리고 사랑과 존경을 받는다. 그때 인간은 따뜻한 마음을 갖고, 생기가 돌고, 신바람이 난다. 그때 인간은 가장 큰 삶의 보람을 갖고 삶의 의지를 갖는다. 참여 윤리는 세계든 국가든 지방이든 직장이든 자기가 속해 있는 모든 조직에 적극적으로 참여해서 자기의지를 회복하고 높이는 윤리다.

(3) 균형주의

균형주의는 동태적 중용주의(dynamic optimism)이다. 이는 상황에 따라 적정점이 이동하면서 균형을 취하는 것이다. 예컨대 이기성과 봉사성, 준율성과 자율성, 통제성과 자발성, 소외성과 통합성, 영리성과 정의성, 효율성과 만족성, 욕구충족과 욕구자제, 기능추구와 자아실현, 연고주의와 보편주의, 이 모두가 하나만을 지향하고 취하는 것이 아니라 상황에 따라 이 대칭적인 양자의 균형을 맞춰가는 것이다.

지금까지 서구 시민사회의 삶은 보다 개인적이고 보다 발전적이고 보다 효율적이고 그리고 보다 경쟁적이며 보다 성취적이며 그리고 보다 승리적인 방향으로 줄달음쳐 왔다. 결과적으로 정치적 자유와 경제성장은 이룩했다. 지난 200년을 되돌아보면 서구사회에서 19세기는 개인자유의 세기이고 20세기는 물질성장의 세기다. 200년간의 치열한 노력으로 이 두 개의 위대한 성취를 그들은 이룩했다. 그러나 그 위대한 성취의 길에서 그들은 만족을 잃었다. 그들 중 그 누구도 잘 살고 있다고 생각지 않고, 더구나 사람답게 살고 있다고 생각지 않는다. 그들은 그 '자유와 성장'의 획득과정에서 인간을 잃었다고 생각하고 있다. 그 누구도 '인간화의 길'을 걸어왔다고 생각지 않는다. 자유와 성장이 사람이 사람답게 사는 인간화의 길을 보장해 주지 못했다고 생각하고 있다.

미국의 경제학자 로버트 사무엘슨(Robert Samuelson)의 말대로 가장 잘사는 미국사람들 조차도 모두 불만에 가득차 있다. 지난 반세기 동안 미국 남성의 평균수명은 58세에서 73세로 늘어났고 대학 졸업생 수는 국민 20명 중 한 사람에서 5명 중 한 사람으로 증가했다. 전기 있는 집은 전체의 30%에서 100%로, 수세식 화장실을 가진 집은 10%에서 90%로, 그리고 공업생산력은 350%로 불어났다. 사회복지의 수혜를 받는 계층도 비교할 수 없이 확대됐다. 그리고 개인적 자유, 정치적 자유도 아무도 더 바랄 수 없을 정도로 향유하고 있다. 모든 것이 천문학적으로 발전했다. 1940년대에는 그 누구도 감히 상상할 수 없는 풍요를 미국인들은 그 어디서나 누리고 있다. 그럼에도 이같은 누림과는 정반비례로 해를 거듭할수록 불만은 더 늘어나고 있다. 사회적 불만 뿐 아니라 가족내 불만도 말할 수 없이 증가하고 있다. 예컨대 양친과 동거하지 않는 18세 이하의 어린아이 비율이 1970년 15%에서 1992년엔 29%로 뛰어 올랐다.[26]

이 불만은 그 삶이 결코 인간화의 길이 못되기 때문이라 할 수 있다. 인간화의 길은 인간이 천부적으로 갖고 있는 양면성을 다시 찾는 길이다. 그런데 그 양면성이 서구 시민사회가 갖는 너무 개인적, 너무

---

26) Robert Samuelson, 《잘사는 생활과 불만 : 사회복지시대(1945~1995)의 아메리칸 드림》.

발전적, 너무 효율적, 너무 경쟁적, 너무 성취적, 그리고 너무 승리적인 속성으로 해서 파괴되어버린 것이다. 이제는 개인보다는 공동체, 발전보다는 보전, 효율성보다는 상호존중, 경쟁보다는 협력, 성취보다는 감사, 승리보다는 보람, 소비보다는 절약쪽으로 나아가지 않으면 안된다. 그같은 지향이 일상의 삶에서 동태적 균형을 취하는 길이다. 일상의 생활세계에서 절제와 조화를 가져다주는 길이다.

   시민공동체 사회는 이와 함께 문화적으로는 고유성과 세계성, 통일성과 다양성을 비롯, 사회적으로는 복합화와 인간화, 개인화와 공생화의 균형을 잡는 것이다. 각 민족의 주체성, 문화적 전통성에 기반한 고유성과, 이미 하나의 생태적 단위 속에 포함돼 깊은 상호의존성이 불가피한 세계성, 이 둘을 종합화하는 것이 시민공동체 사회의 길이다. 다양하기만 하고 이질화해버리는 것도 문제가 되지만, 구조적으로 너무 동질화하고 유사성을 띠는 것도 문제가 된다. 다양성과 통일성은 모두 함께 사는 기본이다. 현대 시민사회는 사회적으로 조직적으로 너무 복합(잡)화해서 관료제화, 탈인간화의 깊은 병리를 안고 있다. 그렇다하여 너무 인간화로만 치닫는 것도 사회질서, 사회통제력을 잃는 계기가 된다. 개인자유의 확대가 귀중한 것은 더 논할 여지가 없지만, 그것 때문에 이미 정보사회의 전문화·차별화·개성화된 삶에서 공생의 길이 차단되는 것 또한 저지하지 않으면 안된다. 이 모두는 동태적 균형을 요구하는 문제들이다.

   우리가 지향하는 사회 — 시민공동체 사회 — 는 지금까지 서구사회에서 보아왔고, 우리가 또 경험하고 있는 그같은 시민사회가 아니라, 중용을 근간으로 인식하는 이같은 동태적 균형의 사회적 삶으로 상정해 볼 수 있다. 더 강조하면 시민공동체 사회의 균형주의는 시민사회의 양적 삶이 갖는 강한 일방성(예컨대, 개인적 발전적 효율적 경쟁적 성취적 승리적)에서 쌍방성으로 나아가는 것이고, 그것도 단순한 쌍방성이 아니라 조화와 균형을 이룬 쌍방성으로의 진행이다. 그리고 그 조

화와 균형 또한 정태적 조화와 균형이 아니라 동태적 조화와 균형이
다. 이미 말한 대로 상황에 따라 그 적정점이 이동하는 동태성이다.
이는 동양사회의 전통적 중용과 확연히 구분된다. 전통적 중용은 동태
적 중용이 아니라 정태적 중용이다. 그것은 집단주의에로 지향하면서
갖는 중용이고, 사람들의 관계윤리에 기반하면서 추구하는 중용이며,
현상유지에 초점을 두는 맞는 중용이다. 동태적 중용은 그와 대비되는
인간주의와 참여윤리와 적극적 타결을 요하는 현상변화에 초점한 중용
이다.

  이제 시민공동체 사회는 인간주의 참여윤리 균형주의라는 이 세가
지 이념적 모형을 정향으로 해서 나아갈 수밖에 없다. 그런 면에서
'역사의 종점'은 아직도 머나먼 아득한 저 곳에 있다.

〈송 복〉

교육개혁의 방향 : 국가 잠재력의 확대

1. 국가와 교육의 질

동서고금을 통틀어서 교육은 언제나 중요한 두 가지 기능 때문에 중요시되어 왔다. 하나는 국가와 사회가 필요로 하는 인재의 양성이라는 기능이었고, 다른 하나는 개인의 삶의 질을 향상시키는 자아실현을 위한 준비기능 때문이었다. 이 두 가지 기능은 실제에 있어서는 분리될 수 없는 교육의 안과 밖이지만, 강조의 차이점은 있을 수 있다. 고대의 스파르타, 현대의 사회주의권 국가들이 인재양성 기능을 강조하는 반면, 고대의 아테네, 현대의 자유민주 복지주의 국가들은 자아실현 기능에 역점을 둔다. 그러나 오늘날 대다수의 OECD국가와 G7의 선진국 그룹 등 최고수준의 경쟁력을 유지하는 국가들은 이 두 가지 기능 사이의 조화로운 균형을 이루고 있다. 특히, 일본은 이 두 가지 기능의 균형과 조화에 크게 성공한 나라이고, 그들이 구가하고 있는 경제발전과 막강한 국가 경쟁력은 바로 이러한 교육의 두 가지 기능이 절묘한 조화를 이룬 덕분이라고까지 진단하는 사람도 있다. 미국의 경우는 자아실현 준비의 기능을 지나치게 강조해 온 나머지, 인재·인력 양성이라는 기능이 소홀히 되어 온 점이 문제라는 인식하에 1970년대 이래 그러한 불균형의 해소를 위한 노력을 해 오고 있다.

21세기에 겪게 될 국가간 경쟁은 영토분쟁이나 무력에 의한 충돌이 아니라, 지식과 정보, 그리고 삶의 질의 향상을 위한 경쟁이 될 것이며, 이는 곧 '어떻게 그런 사람을 키울 것인가' 하는 경쟁이 될 수밖에 없을 것이다. 이는 결국, 인재 및 인력양성 경쟁과 자아실현을 위한 교육경쟁이 동시에 이루어질 것임을 시사하는 바, 우리의 교육에서는 21세기를 대비해서 이 두 가지 기능의 조화, 균형 및 활성화에 대한 총체적 점검이 필요하고, 필요하다면, 대대적인 개혁을 시도하여야 하리라고 본다.

이런 점에서, 우리나라 교육은 제대로 균형을 잡지 못하고 있으며, 그 어느 한 쪽도 제대로 활성화시키지 못하고 있다는 지적하에 그간의 여러 대통령들이 교육개혁을 시도한 것은 지극히 당연한 일로 보인다. 그러나 불행하게도 80년대 중반의 교육개혁심의회, 후반의 교육정책 자문회의 등이 모두 대통령 직속의 교육개혁 기관으로서 활동하였지만 큰 성과를 거두지 못한 채 무위로 막을 내렸다. 90년대 초반 다시 새로운 대통령이 취임하면서 교육개혁의 의지가 강력하게 표명되고, 마침내 교육개혁위원회가 대통령 직속기관으로 구성되어, 대대적 개혁에 착수하게 된다.

현재 우리나라는 21세기를 불과 4~5년 남겨둔 채로, 21세기를 향한 국가진로 탐색과 대비의 일환으로 각 분야의 개혁에 몰두하고 있는 바, 교육개혁도 바로 그런 차원의 작업으로 볼 수 있다. 교육개혁위원회는 이러한 시대적 요청에 부응하여 지난 95년 5월 31일에 1차 개혁안을 발표했고, 다시 올해 초인 96년 2월 9일에 2차 개혁안을 발표한

바 있다.

이와 같은 1, 2차에 걸친 교육개혁안은 1945년 해방 이후 50여 년 간 진행되어 온 교육적 관행에 대대적인 수술을 감행하여, 21세기에 적응하는 경쟁력있는 교육을 만들고자 하는 의지가 면면마다 충실히 반영되어 있다.

그러나 이 교육개혁안은 개혁의 방향과 내용에 대한 계획과 아이디 어를 제시한 측면이 강하고, 실제의 추진과 관련된 세부목표와 실천계 획은 여전히 불명확하다.

특히 교육개혁은 지난 50여 년 동안 경제개발 우선의 논리에 밀려 필요한 재정투입이 계속 유보되어 온 까닭에, 현재 수준에서의 개혁에 는 막대한 재정수요가 불가피하게 되어 있다. 따라서 교육개혁을 계획 한 바대로 추진하려면 엄청난 재정투자가 요구되는데, 과연 경제발전 과 국방안보를 최우선시해 온 그간의 국정기조의 기본틀을 깨면서까지 교육개혁이 추진될 수 있을까 하는 우려와 회의가 국민들 사이에 깊이 잠재되어 있다.

그러나 교육개혁은 더 이상 유보되고 보류될 수 없는 한계상황에 이 르렀다. 국가발전에 필요한 인력공급을 양적 측면에서만 고려하던, 해 방 이후 지금까지의 관행이 이젠 변화되어야만 한다. 이제 교육의 질 적 측면이 중요해졌다. 현재의 국가발전 수준과 경쟁력의 계속적인 유 지 발전을 위해서 한국 교육에서는 이제, 질적 측면의 고려가 불가피 해졌기 때문이다. 이제는 단순히 고졸자, 대졸자의 수가 얼마나 많고 적은가가 아니라, 그들이 무엇을 얼마나 잘 할 수 있느냐 하는 것이 문제가 되는 사회로 접어 들었다. 즉, 이제 학력의 고하가 문제가 아 니라 그들이 얼마나 창의적인가, 그들이 얼마나 문화적이며 공동체 지 향적인가가 문제인 것이다. 결국 교육의 질(質)은 그간 우리나라 교육 이 양적 팽창과 확대에 급급한 결과로 불가피하게 무시해 온 측면인 바, 더 이상 방치할 경우, 양적 확대 자체가 무의미해질 상황에까지

88

이르게 된 것이다.

이렇게 볼 때 21세기를 몇 년 앞두고 추진하는 현재의 교육개혁은 대한민국의 생존과 발전을 위한 절대절명의 과제라고 볼 수 있다. 따라서 본 연구는, 이와 같은 교육개혁의 필요와 당위성을 좀더 확실하고 명료한 근거 속에서 살펴보고, 현재 우리 교육이 어디에 와 있으며, 어느 목표수준까지 개혁되어야 하고, 그렇게 되기 위해서는 무엇을 어떻게 해야 할지를 살펴보고자 시도된 것이라 볼 수 있다.

이를 위해서 우선 본 연구는 교육개혁의 한 가지 목표개념으로 국가 잠재력의 개념을 논의한 후, 이 개념에 비추어 한국 교육의 현재적 상황을 국제적·국내적 수준에서 지표별로 살펴보고자 한다. 아울러, 그러한 지표상의 수준 진단을 바탕으로 향후의 교육개혁이 나가야 할 방향과 추진전략에 대해서 논의해 보고자 한다.

2. 국가 잠재력과 교육

1) 국가 잠재력의 의미

국가 잠재력이란 한 국가의 발전과 진보에 소용이 닿는 인적 및 물적 자원의 질(質)과 제도의 효율성 수준을 총칭하는 개념이다. 이것은 국가 경쟁력이란 개념과 유사한 개념이지만, 경쟁력이란 개념이 그간 지나치게 경제적 측면을 강조해 왔고, 나라간의 순위를 매기는 일로 개념화되어 교육과 같이 인간의 형성과 변화, 훈련에 관심을 갖는 활동의 효율성과 공헌을 평가하는 개념으로는 부적절하다고 판단되어 쓰이고 있는 개념이다.

국가 경쟁력은 문자 그대로 어떤 전제조건의 결과로서 나타난 '이길 수 있는 현재의 역량'이라면, 국가 잠재력은 그런 현재의 경쟁력을 가능하게 한 '시간적으로 앞서서 진행되어 온 여러 조건들의 질적 수준'을 의미한다. 이런 점에서 교육은 분명히 국가 경쟁력 그 자체라기보다는 그런 경쟁력을 잉태하고 고양시키는 잠재력의 하나라고 봄이 타당하다.

이런 점에서 국가 잠재력은 국가 경쟁력의 선행(先行)요소이자 배후 요소라 볼 수 있다. 즉 국가 잠재력이 크면, 경쟁력도 비록 시간은 걸리겠지만 언제인가 같이 커질 것이다. 그러나 설사 현재 국가 경쟁력이 크다고 하더라도 국가 잠재력이 낮아진다면, 그 경쟁력도 불원간 약화되어 갈 것이다. 따라서 국가 경쟁력은 국가 잠재력의 함수라고도 볼 수 있다.

예컨대 싱가포르의 국가 경쟁력은 어느 연구에서건 우리나라보다 상당히 높은 것으로 나타나고 있는데, 그것은 싱가포르의 국민의 질(質)이 세계 1위로 평가받고 있는 점에 특히 많이 기여받고 있다. 그들이 국민의 질(質) 항목에서 현재 1위로 평가받고 있는 까닭은 결국, 그간 그들이 꾸준하게 진행시켜 온 수준 높은 교육의 질 때문이라고 볼 수 있다.

2) 잠재력 확대와 교육

교육은 국가 잠재력 확대의 매우 중요한 수단이자 전략이다. 예컨대 미국을 보자. 지금 현재 일본에 의해 국가 경쟁력이 조금은 훼손받고 있지만, 여전히 미국은 세계 최고의 국가 경쟁력을 보유하고 있다. 그렇게 된 데에는 그들이 60년대 후반까지 가장 큰 골치였던 흑백간의 인종갈등을 국내적으로 극복할 수 있었기 때문이다. 만약 지금까지도 마르틴 루터 킹 시절의 분란과 긴장을 계속하고 있다면, 국가 경쟁력은 턱없이 낮아졌을 것이다. 이들은 이 문제를 어떻게 극복했는가? 결국 스토우 부인의 '엉클 톰'의 정신과 1960년대 후반에 이루어진 '흑

백통합의 교육'에 의해서가 아닌가? 사람들, 특히 자라나는 어린이·청소년의 머릿속에 스며든 '엉클 톰'과 학교교육을 통해서 심화된 흑백 통합의 체험이 미국의 오늘날의 국가 경쟁력을 가능케 한 국가 잠재력을 숙성시켜 왔던 것이라고 볼 수 있다.

이런 점은 우리나라에서도 마찬가지이다. 우리나라가 1970년대부터 급격히 경제발전을 이룩할 수 있었던 것은 결국, 해방 이후의 열화와 같은 교육열로 20여 년 가까이 길러 낸, 잘 교육받는 젊은 인력이 있었기 때문이다. 일본이 1900년대 초반부터 아시아 최강의 경쟁력을 구가한 것은, 1854년 개항 이래 꾸준히 그들의 젊은이를 매년 수백 명씩 서구에 유학을 보내 길러 온, 교육을 통한 국가 잠재력 확대의 덕분이다. 우리나라가 신사유람단 형식으로 겨우 몇 명씩의 '양반 어른'들을 외국에 내보낼 때, 일본은 될수록 젊고 똑똑한 사람들을(13세 소녀까지도) 뽑아서 외국에 보냈다. 우리가 한성소학교를 세워서 돈 많고 지체 높은 가문의 극히 소수의 자제들만 학교에 다니게 할 때, 일본인들은 지방 토호들로 하여금 그들이 돈을 내서 빈부귀천을 막론하고 그 지역 주민의 자녀를 데려다 교육시키라고 초등교육을 아예 의무화시켜 버렸다. 결국 이런 교육에의 관심 차이가 오늘날의 한국과 일본의 국가경쟁력의 차이를 만들었는지도 모른다.

3) 잠재력 관련 교육지표

(1) 스위스의 국가경영개발원(IMD)의 세계 경쟁력 지표 모형

스위스의 로잔에 있는 국제경영개발원(IMD)은 1994년까지 14년에 걸쳐 세계 국가들의 경쟁력을 평가해 온, 이 분야에서 정평이 나 있는 유명한 연구기관이다. 이 기관에서 사용하고 있는 '경쟁력' 지표의 산출모형을 개괄해 보면서, 본 연구가 논의하고자 하는 국가 잠재력과 관련된 교육지표에 관해서 언급해 보고자 한다.

〈그림 3-1〉 국가 경쟁력 산출 모형

세 계 경 쟁 력	경쟁력 창출차원		경쟁력 창출 과정차원		국제화능력차원

	① 인력 · 교육 (56)
	② 과학 · 기술 (42)
	③ 금융 환경 (36)
	④ 인프라 (45)
		+	⑤ 기업의
			  경영능력 (38)
			⑥ 정부의
			  행정서비스 (55)
				+	⑦ 국내경제
					  생태 (48)
					⑧ 국제화
					  수준 (61)

이들의 경쟁력 산출모형은 위와 같이 도표화된다.

이 모형에서 한 국가의 경쟁력은 모두 381개의 지표를 통합해서 산출되는바, 그 381개는 다시 8개의 평가항목으로 묶여진다. 위의 그림에서 보듯이, 8개 평가항목이란 ① 인력 · 교육, ② 과학 · 기술 등이다. 인력 · 교육 속에서는 모두 56개의 지표가, 과학 · 기술 속에서는 42개의 지표가 포함되고, 이렇게 8개 평가항목의 지표를 모두 합치면 381개가 된다. 8개의 평가항목은 다시 세 차원의 경쟁력 원천(*source*)으로 구분되는바, 첫째가 경쟁력 창출 차원이고, 둘째가 경쟁력 창출 과정, 그리고 셋째가 국제화 능력이다.

이러한 국가경영개발원(IMD)의 경쟁력 산출모형은 앞에서 구분한 잠재력과 경쟁력의 개념을 구분하지 않은 채 섞어서 지표화하고 있으나, 대체로 경쟁력 창출 차원(인력 · 교육, 과학 · 기술, 금융환경, 인프라)이 본 연구에서 개념화한 국가 잠재력 개념과 일치하는 부분이라고 볼 수 있다. 이러한 IMD의 연구모형에서 교육은 인력 · 교육(*people*) 항목에 속하고 있는데, 그 구체적인 평가지표 항목은 다음과 같이 정리될 수 있다.

〈표 3-1〉 인력 · 교육(*people*) 평가항목

① 기초교육 통계	② 공교육 통계	③ 사회가치 통계
• 사원훈련투자비율	• 공교육비	• 경쟁지원 체제
• 경제교육	• 취학률	• 근로자 동기
• 컴퓨터교육	• 교사 · 학생 비율	• 삶에 대한 긍정성
	• 의무교육 연한	• 젊은 층의 학습과 직업기회

위의 IMD 평가항목에서 보듯이, 경쟁력과 관련된 국가 잠재력 속에는 교육만이 아니라, 기업교육, 사회가치 측면까지 포함되어 있다.

(2) 본 연구에서 살펴볼 지표들

본 연구에서는 IMD와 달리 국가 잠재력과 관련된 교육의 문제를 살펴보되, 초 · 중 · 고 · 대학의 현황과 상태를 중심으로 한 지표를 제시해 보고자 한다. 이 곳에서 다룰 지표는 첫째로 교육의 국제비교 지표를 먼저 제시하고, 둘째로는 국제비교는 가능하지 않으나 우리의 교육상황 이해에 꼭 필요한 국내 교육지표를 제시하고자 한다.

① 국제비교 지표
㉠ 총괄지표
• GNP대비 교육예산
• 교사 1인당 학생 수
• 학생 1인당 공교육비
• 고등교육기관 학생 수
㉡ 학력 및 연구개발 수준 비교
• 초 · 중 · 고 학력 비교
• 교육과정 필수과목 비교
• TOEFL 성적 비교

- 연구개발비 수준
- 학술논문지 게재 비교
- 특허 보유율 비교

ⓒ 인력구성 · 진학률 비교
- 인력구성비
- 진학희망률 비교

② 국내 지표
  ㉠ 국민들의 교육 만족도
  ㉡ 교사의 교직 만족도
  ㉢ 학생의 수업 이해도
  ㉣ 학생의 수업 불만족도
  ㉤ 과외 실태
  ㉥ 신입사원 적응훈련 필요성

3. 한국 교육의 위상 — 그 질적 수준

  본 절에서는 앞에서의 논의를 바탕으로 해서 국가 잠재력과 관련된 교육지표를 중심으로 한국교육의 위상을 그 질적 수준에서 가늠해 보고자 한다. 이를 위해서 우선 다른 나라와의 국제비교를 해 볼 것이고, 그 다음으로 국내관련 지표를 살펴보게 될 것이다.

1) 국제지표

(1) 총괄지표

우리나라와 주요 선진국의 교육 총괄지표는 〈표 3-2〉와 같다.

〈표 3-2〉 주요 선진국과의 교육 총괄지표 비교(기준 : 1991년)

(단위 : US 달러)

구 분	한국(1994)	독 일	미 국	영 국	일 본	프랑스
1인당GNP	8,420	15,721	17,920	13,009	15,229	14,584
교사1인당 학생 수						
초	29.5	20.5	16.2	21.5	20.3	22.8
중	25.5	14.9	15.7	17.7	17.5	14.0
고	21.4	19.3	15.2	13.2	17.0	14.0
대	34.2	8.5	—	—	9.9	24.3
학생1인당 공교육비						
초	1,342	2,609	4,920	2,794	3,300	2,754
중	1,551	6,638	6,291	4,255	3,547	5,112
대	2,927	6,322	13,639	9,621	7,570	5,871
평 균	1,830	5,588	6,593	4,268	4,203	4,319
GNP대비 교육예산 비율						
초·중등	3.3%	3.8%	4.2%	3.7%	3.1%	—
고등교육	0.5%	0.9%	2.4%	1.0%	1.0%	—
총교육비	3.8%	5.4%	7.0%	5.3%	5.3%	6.0%

출처 : OECD, "Education at a Glance," *OECD Indicators*, 1993.
　　　한국교육개발원, 《한국의 교육지표》, 1994.

① GNP 대비 교육예산 비율

〈표 3-2〉에서 보듯이 1994년 현재 한국의 교육예산은 GNP 대비 3.8%로서, 미국의 7.0%, 프랑스의 6.0%에 비하면 현저히 낮다. 독일, 영국, 일본의 경우는 GNP 대비 5%를 모두 초과하고 있는바, 우리나라의 경우도 최소한 GNP 대비 5% 비율은 조속히 넘어서야 할 것으로 판단된다. 다행히도 1995년 5월 31일의 교육개혁조치의 일환으로 GNP 대비 5%의 교육예산 확보가 가능하게 되어, 1998년부터는 명실상부한 GNP 대비 5% 확보가 가능해 보인다.

한편, 교육부가 확정한 교육재정투자 규모계획은 〈표 3-3〉과 같다.

결국 〈표 3-3〉에서 보듯이 정부의 계획은 교육예산을 95년도부터 98년까지 단계적으로 상승시켜 98년도에 이르러서는 GNP 대비 5%가 되도록 하겠다는 것인바, 98년 이후에도 그러한 예산규모를 계속해서 확보할 수 있을는지는 명확히 밝혀지고 있지 않다.

여기에서 분명히 해 둘 것의 하나는 GNP 대비 5% 확보는 최소한의 교육재정 투자규모라는 것이다. GNP 대비 5%의 교육투자가 교육개혁의 재원으로 결코 충분한 것이 아니라는 것이다. 대다수의 선진국이 1945년대 이후 GNP 대비 5% 이상의 교육투자를 계속해 왔음에도, 아직도 교육재정에 대한 증대요구가 매우 거센 점은 주지의 사실이다. 예컨대 일본이나 프랑스, 독일, 미국, 영국에서의 거센 교육투자 증액

〈표 3-3〉 95~98년 교육재정 투자계획

	'95	'96	'97	'98	'96~'98
총투자규모 (금액: 조 원)	14.0 (14.9)	17.6 (18.6)	20.7 (21.4)	24.0 (25.3)	62.3 (65.8)
GNP대비 (%)	4.11 (4.39)	4.53 (4.80)	4.80 (5.07)	5.00 (5.26)	—

( )안은 납입금 포함시의 금액 / 비율

요구가 그것이다. 우리나라의 경우 GNP 대비 3%의 교육투자가 50년 이상 지속된 결과, 교육분야는 사회의 여러 영역 중 가장 열악한 영역으로 낙후되어 있다.

따라서 GNP대비 5%는 '98년 이후에도 계속 같은 비율로 증액되어 GNP대비 6~7% 선까지 올라가야 되리라고 본다. 즉, 2000년대 초기인 2005년까지 GNP대비 약 7%의 교육투자가 항상적으로 제공되어야 한다는 것이다.

② 교사 1인당 학생 수

〈표 3-2〉에서 보듯이 한국의 교사 1인당 학생수는 다른 선진국과 비교가 되지 않는다. 다른 나라에 비해서 거의 1/3 이상이나 더 많은 학생을 교사 1인이 담당하여 가르치고 있다. 초등학교의 경우 우리가 29.5명인 데 비하여 미국 16.2명, 독일은 20.5명이고, 조금 비율이 높은 프랑스와 영국의 경우도 각각 22.8명, 21.5명이다. 일본도 20.3명에 불과하다. 만약 다른 모든 것이 같다고 하면, 우리는 학생 수에서 약 1/3의 질적 불리함을 안고 있는 셈이다.

교사 1인당 학생 수는 교육의 질을 가늠하는 대단히 중요한 기준이다. 그 비율이 높은 만큼 교사와 학생 간의 접촉빈도는 낮아질 것이고, 학생 개개인에게 미치는 교사의 교육적 영향력은 더 적어질 것이 분명하기 때문이다.

이와 같은 우리나라의 학생 대 교사비율은 선진국과의 비교에서뿐만 아니라, 동남아시아의 개도국과의 비교에서도 매우 열악한 상황에 있다. 특히 대학의 경우, 그 열악성은 더욱 두드러져서 교수 1인당 학생 수가 일본의 9.9명에 비해서 우리나라는 34.2명씩이나 되고 있다.

③ 학생 1인당 공교육비

〈표 3-2〉에서 보듯이, 우리나라의 초·중·고·대학생의 1인당 공교육비 지출내역을 보면 우리 교육의 열악성이 너무 분명하게 보인다.

우리의 공교육비 평균은 1,830 달러로, 미국의 1/3, 일본의 1/2에 불과하다.

결국 한국 교육의 총괄지표를 살펴보면, 교육투자 예산의 영세성이 교육의 낙후를 누적시켜 온 주요원인이 된 셈이다. 아직도 2부제를 실시하는 초등학교가 전국적으로 257개 교, 1,652학급이나 된다. 학급당 51명을 수용하고 있는 과밀 학교도 전국적으로 86개 교나 된다. 과밀 학급 해소를 위해서 학급당 40명 학생 수준을 유지해서 교육시키고자 할 때 소요되는 예산만 대략 8조 576억 원이 든다. 그러나 이번의 5.31 교육조치로써 95~98년 3년 동안 추가로 확보될 돈은 9조 4천억에 불과한바, 이 돈은 학급당 40명의 학생을 수용하는 사업 하나에 모두 투입해 넣어야 될 정도에 불과하다. 결국 예산의 영세성이 문제인바, 2005년까지의 GNP 대비 7% 이상의 증액은 불가피한 일로 보인다.

(2) 학력수준 및 연구개발비 비교

우리나라 초·중학교 학생들의 학업성적(학습 성취도 : 학력)을 다른 나라의 학생들과 비교해 보면 상당히 높다.

〈표 3-4〉에 나타난 것처럼, 학력의 국제비교에서 초·중학생은 대단히 우수한 성적을 나타낸다. 거의 모든 과목에서 1위를 기록하고 있다. 그러나 문제는 초·중·고에 이르는 학교급별 학력의 발전경향이다. 초등학교에서의 실력이 중학교로 가면 조금 떨어지고, 고등학생의 학력수준은 다시 중학생보다 더 떨어지는 것으로 나타나곤 한다. 이를 교육개혁위원회자료는 〈표 3-5〉와 같이 보여주고 있다.

왜 이런 현상이 일어나고 있는가? 왜 초·중·고로 올라갈수록 학력의 상승이 일어나지 않고, 거꾸로 학력하강이 일어나고 있는가? 입시과열이 그 하나의 원인일 수 있다. 입시를 위한 학습이 곧 학교학력의 상승과 연결되지 않는다는 것을 암시한다고 볼 수 있다. 즉, 대학입시가 왜곡되어 입시준비가 곧 선진국의 중·고등 학생들이 추구하는

98

학력과는 다른, 이상한 종류의 실력(?)을 쌓는 데에만 효과가 있다는 의미도 될 수 있다는 것이다.

〈표 3-4〉 초·중학생의 학력 비교

국 가	정답률			
	9세 집단(국민학생)		13세 집단(중학생)	
	산 수	자 연	수 학	과 학
한 국	74.8(1)	67.9(1)	73.4(1)	77.5(1)
미 국	58.4(6)	64.7(3)	55.3(8)	67.0(8)
영 국	59.4(5)	62.9(4)	60.6(7)	68.7(6)
프 랑 스	—	—	64.2(5)	68.6(7)
스 위 스	—	—	70.8(4)	73.7(3)
이스라엘	64.4(4)	61.2(6)	63.1(6)	69.7(5)
소 련	65.9(3)	61.5(5)	70.2(3)	71.3(4)
대 만	68.1(2)	66.7(2)	72.7(2)	75.6(2)

* ETS자료(1992. 2. 5. 발표)

〈표 3-5〉 한국 학생의 국제 학력 비교 결과(1970~84)

구 분	비 교
초등학생 (10세)	비교국(19개국) 중 최상위그룹
중학생 (14세)	비교국(19개국) 중 중상위그룹
고등학생 (18세)	비교국(19개국) 중 최하위그룹

출처 : J. P. Keeves, *Learning in Science in a Changing World Cross-national Studies in* 1970~1984, IEA, 1992.
교개위 자료(1995. 5. 31), 보도자료Ⅱ, p. 145.

① TOEFL성적의 비교

이런 점은 TOEFL 성적의 하강에서도 유추될 수 있다. 우리나라 학생들이 약 6년간에 걸쳐 가장 많은 시간을 투입해서 영어를 배움에도 불구하고, 그들의 TOEFL성적은 세계적으로 약 25위에 해당된다. 중국이 8위, 필리핀 4위, 말레이시아 17위, 파키스탄 19위인 점에 비추어 보면, 우리는 너무 낮다.

일본이 30위라는 점에서 위안을 얻을 법도 하긴 하지만, 우리나라와 일본에서 영어권에 유학하려는 학생들의 수준을 비교하면, 결코 위안받을 일이 되지 못한다.

일본은 우수한 학생이 주로 자국내에서 공부를 계속하지만, 우리나라의 경우에는 우수한 학생들의 대다수가 영어권으로, 특히 미국으로 유학을 가기 때문이다.

〈표 3-6〉 TOEFL 성적 비교

국 가	점 수	순 위	국 가	점 수	순 위
독 일	588	1	중 국	549	8
스 웨 덴	585	2	스 페 인	548	9
인 도	575	3	러 시 아	546	10
필 리 핀	569	4	말레이시아	529	17
이탈리아	560	5	파 키 스 탄	524	19
프 랑 스	553	6	한 국	506	25
폴 란 드	550	7	일 본	493	30

수험자 5천 명 이상의 나라 순위임 (92. 7~94. 6).
출처 : 《일경비지니스》, 중앙일보, 95. 5. 5.

② 연구개발비 비교

〈표 3-7〉에서 보듯이, 우리나라의 연구개발비 투자규모는 대단히 미약하다. 일본의 1억 달러에 비해 우리나라는 6백만 달러로 약 1/17에 불과하고, 우리와 경제수준이 엇비슷한 이탈리아와 비교해도 1/2에 불과한 액수이다. 이런 빈약한 연구개발 투자규모는 결국 한국 교육의 핵심적 기제인 대학의 연구기능, 그리고 연구 전문인력의 연구활

〈표 3-7〉 국가별 연구개발비 규모

국 가	연 도	총액 (백만 US $)	자금 출처별 연구개발비 비율(%)			
			정 부	민 간	해 외	기 타
미 국[1]	88	135,231.0	45.9	50.2	—	3.9
독 일[2]	89	33,973.0	34.1	63.3	2.1	0.5
프랑스	91	28,906.3	48.8	42.5	8.0	0.7
영 국	91	21,066.0	34.2	50.2	11.7	3.8
캐나다[2]	92	8,512.5	35.5	41.1	9.9	13.4
스웨덴	91	6,837.9	35.7	60.6	1.5	2.2
스페인	90	4,177.7	45.1	47.4	6.8	0.7
덴마크	91	2,204.5	39.7	51.4	4.4	4.6
일 본[2]	91	102.2	18.1	81.7	0.1	—
이탈리아	90	14.2	51.5	43.7	4.8	—
터 키	91	0.8	70.1	28.5	0.2	1.3
한 국[3]	92	6.4	17.2	82.4	0.4	—

주 : 자국화폐 표시액을 국제금융통계(IFS)의 해당년도 평균환율로
　　나누어 산출.
　　① 경상지출비 기준, 법학, 인류학, 교육학 분야 제외.
　　② 민간기업의 사회과학, 인류학 분야 제외.
　　③ 군사방위 연구, 사회과학, 인류학 분야 제외.
출처 : UNESCO, 《통계연감》, 1994.

동의 수준을 나타내는 지표로서 중요하다. 우리의 연구개발 투자규모
는 대단히 영세하다. 아울러 자금의 출처도 문제이다. 정부 출연이 민
간 출연의 17%에 불과한바, 선진국의 50 : 50의 비율과는 크게 차이
가 난다. 결국 정부 투자의 영세성이 잘 드러난다.

③ 국제 학술지 논문 발표건수 비교
〈표 3-8〉은 국가별 국제 학술지 게재·논문 수인바, 우리나라는 27위
에 불과하다. 결국 연구개발기금의 출연에 인색하므로 게재 논문 수가
적은 것이 당연해 보이기도 한다. 우리의 경제규모가 13~15위라고
한다면, 학술논문지 게재 등수인 27위는 곧, 경제규모에 걸맞은 학술
연구활동이 이루어지고 있지 않고 있음을 반영하는 것이다.

④ 특허 보유건수
특허의 보유건수는 결국 대학의 학술활동, 연구인력의 활성화 정
도, 연구인력의 배출 등을 총체적으로 말해주는 지표라 볼 수 있다.
과학·기술·예술 분야의 국가 잠재력의 종합지표라고도 볼 수 있는
것이다. 〈표 3-9〉에서 보듯이 우리의 보유건수는 28,000건으로 일본
본의 1 / 20, 미국의 1 / 400에 불과하다.

〈표 3-8〉 국제 학술지 게재 논문 수

국 가	미 국	영 국	일 본	독 일	프랑스	한 국
논문수	258,776	61,853	51,199	45,941	36,195	2,997
순 위	1	2	3	4	5	27

출처 : 김성구 외, 《2010년을 향한 과학기술 발전 장기정책 - 기초연구 : 미래
    원천 기술부문》, 1994.

102

<표 3-9> 특허권 보유건수

미 국	일 본	캐 나 다	독 일	프 랑 스
1,154	580	333	244	114
네덜란드	오스트리아	노르웨이	덴 마 크	한 국
82	24	16	12	28

출처 : 특허청, 《특허청 연보》, 1994.
      UN, 《UN 통계연감》, 1993.

(3) 인력구성 및 진학희망률 비교

① 선진국과의 인력구성 비교

〈표 3-10〉은 우리나라 기술인력의 불균형 상태를 잘 보여준다. 일본과 독일의 경우, 기술인력이 현장전문가(58.0%)와 숙련공(36.0%) 위주로 기술인력이 구성되어 있는데, 우리나라는 현장전문 기술자가 16.7%에 불과한 형편이다.

이는 곧 기술인력의 양성체제와 활용체제가 선진국형과는 상당히 동떨어져 있음을 의미한다.

이는 또, 실업계 고등학교보다는 일반계 고등학교가 고교배출자의 절대다수를 점하고 있는 현재의 잘못된 인재양성 구조를 반영하는 현상이기도 하다.

〈표 3-10〉 기술인력 구성 비교

(단위 : %)

	연구개발 기술자	현장전문 기술자	숙련공	미숙련공	기타
8한 국	4.5	16.7	65.8	4.5	8.5
일본/독일	6.0	58.0	36.0	—	—

출처 : 노동부, 1995.

② 교육(진학) 희망률 국내비교

〈표 3-11〉에서 보듯이, 우리나라 학생들의 진학희망률은 다른 나라에 비해서 특이한 점이 많다. 우선, 첫째로 4년제 대학 선호경향이 타국의 추종을 불허한다. 우리나라 학생들의 82.8%가 4년제 대학 이상에 진학하기를 희망하는데, 일본은 42.5%, 영국 36.0%, 프랑스는 24.9%에 불과하다. 가장 높은 미국의 경우도 63.1%에 지나지 않는다. 우리나라 학생들의 전문대학(2년제 대학)진학희망률이 2%인 데반해서, 다른 선진국의 경우는 12.7~19.5%에 이르러 상당히 높은편이다. 4년제 대학 교육에 대한 선호가 가히 열광적임을 알 수 있다.

〈표 3-11〉   진학희망률 비교

(단위 : %)

	한 국	미 국	일 본	영 국	프랑스	태 국
중학교	1.5	0.4	—	9.6	11.2	11.5
고등학교	11.5	9.7	31.2	36.4	26.4	15.8
2년제대학	2.0	18.2	19.5	14.0	12.7	12.5
4년제대학 대학원	82.8	63.1	42.5	36.0	24.9	56.0

출처 : 일본총무청 청소년 대책본부편, 1987.
　　　교개위 참고자료, 1995. 5. 31, p. 81.

2) 주관지표

(1) 교육에 대한 주관적 지표

① 국민들의 교육 만족도

〈표 3-12〉에서 나타난 바와 같이, 우리나라 국민들의 한국 교육에 대한 평가는 '만족한다'가 30. 5%, '불만족이다'가 25. 1%로 나타났으나, 44. 4%는 만족이나 불만족도 아닌 '보통이다'라는 반응을 보이고 있다. 결국 '보통이다'라는 반응을 불만족에 가까운 반응으로 해석하고, 만족감을 적극적으로 표시한 국민만을 살펴보면 30. 5%에 불과한 바, 이를 볼 때 한국 교육을 긍정적으로 평가하고 있는 사람은 소수라고 볼 수 있겠다.

학교급별로 보면 그런 만족감은 취학 전 교육이 1위(51. 2% 만족), 일반계 고교 2위(39. 9% 만족), 그리고 3위는 초등학교(35. 0%)였다.

〈표 3-12〉 교육 만족도

(단위 : %)

		만 족	불 만 족	보 통
취학전교육		51. 2	15. 8	33. 0
초 등 학 교		35. 0	16. 1	48. 8
중 학 교		26. 8	20. 7	52. 4
고교	인문계고교	39. 9	25. 6	34. 5
	실업계고교	12. 8	43. 2	44. 9
전 문 대 학		19. 1	30. 5	50. 4
4년제 대학		26. 2	28. 6	45. 2
대 학 원		32. 9	20. 6	46. 4
평 균		30. 5	25. 1	44. 4

출처 : 김영화 외, 《한국인의 교육의식 조사연구》, 1994, pp. 198~199 재구성.

　가장 불만족 비율이 높은 학교는 실업계 고교(12.8% 만족), 전문대
학(19.1% 만족), 4년제 대학(26.2% 만족)으로 나타났다.
　결국 종합한다면, 우리나라 교육현실에 만족하는 국민은 30.5%로
추계되며, 25.1%는 적극적으로 불만을 표시하고 있고, 44.4%는 '보
통'이라는 소극적 평가를 함으로써 판단을 유보하고 있는 듯하다.

　　학교 교육의 질을 높게 평가한다는 것은 학교 교육에 대한 만족도가
　　높다는 것을 의미하며, 반대로 낮게 평가한다는 것은 만족도가 낮다
　　는 것을 의미한다고 가정해 볼 수 있겠다. 1984년에 현대사회연구소
　　에서 전국 학부모를 대상으로 학교급별 만족도를 조사한 결과와 이번
　　조사결과를 비교해 보면, 전문대학을 제외하고는 모든 학교급에서
　　(초등학교와 중학교, 고등학교, 4년제 대학) 1984년에 만족스럽다고
　　응답한 사람의 비율에 비해 이번 조사에서 질을 높게 평가한 사람의
　　비율이 훨씬 낮아져서, 우리나라 학교 교육에 대한 불만이 10년 전에
　　비해 고조되었다고 볼 수 있겠다. 단, 전문대학의 경우는 10년 전이
　　나 지금이나 응답 경향이 거의 유사하다(김영화, 1994, p. 197 인용).

　결국 10년 전에 비해서 국민들의 교육 만족도는 더욱 낮아지고 있는
셈이다.

　② 교사들의 교직 만족도
　〈표 3-13〉에서 보듯이 교사들의 교직에 대한 만족도는 31.2%('만
족한다'+'매우 만족한다')였고, 불만족이라는 교사는 20.6%('매우 불만
족'+'불만족')로 나타났다. 48.2%가 판단을 유보('그저 그렇다')하고 있
었다.
　이런 통계치는 대체적으로 낮은 교직만족도를 반영한다. 특히 보수
나 사회적인 영역에서의 불만족률은 각기 49.7%, 39.2%로 나타나서
그들의 불만이 무엇인지를 잘 예시한다.

교직에 불만인 교사가 어린이 및 청소년 교육에 책임을 맡고 있는 일이 결코 바람직하다고 볼 수 없을 것이다. 그런 불만에 차 있는 교사가 40~50%에 이른다는 것은 대단히 심각한 일이 아닐 수 없다.

〈표 3-13〉 교직 생활에 대한 만족도

	매우 불만족	불만족	그저 그렇다	만족	매우 만족	계	사례 수
가르치는 것	0.6	3.3	19.0	63.7	13.4	100.0	1,586
행정업무	13.6	46.9	30.8	8.4	0.3	100.0	1,586
학생과의 관계	0.4	4.9	30.2	59.2	5.6	100.0	1,586
동료교사와 의 관계	0.7	4.2	40.7	51.2	3.3	100.0	1,586
교장·교감 과의 관계	3.6	16.1	52.2	26.7	1.3	100.0	1,572
교육부 교육청과의 관계	9.8	31.0	51.0	8.0	0.1	100.0	1,573
학부모와의 관계	0.9	10.8	67.7	20.1	0.4	100.0	1,581
학교 분위기	2.7	13.4	51.3	31.1	1.5	100.0	1,584
사회적 인정	7.8	31.4	45.4	15.2	0.2	100.0	1,584
보 수	15.2	44.5	34.6	5.4	0.4	100.0	1,583
교직생활 전반	2.3	18.3	48.2	29.5	1.7	100.0	1,586

출처 : 김영화 외, 《한국인의 교육의식 조사연구》, 1994, p. 118.

③ 학생들의 수업 만족도

학생들의 수업에 대한 만족도도 대체로 낮게 나타난다.

만족비율이 28.0%로 나타난 반면, 불만족 비율이 38.0%로 나타났기 때문이다. '그저 그렇다'는 표현 역시 적극적인 만족은 아니라는 점을 고려하면 불만족 비율은 훨씬 더 높아질 것으로 보인다.

이들이 불만족하는 까닭은 무엇일까? 그들의 수업 이해도를 살펴보면 그 해답이 보인다. 그들은 도대체 이해가 안되는 수업을 인내심있게 듣고 앉아 있어야 하기 때문이다.

④ 학생들의 수업 이해도

학생들의 수업 이해도도 마찬가지로 별로 높은 편이 아니다.

수업내용의 90% 이상을 이해했다는 중고생은 10.3%에 지나지 않고 있다. 50% 미만밖에 이해하지 못한다는 학생들이 39.7%에 이른다. 특히 수학과 영어의 경우 수업내용의 10% 정도밖에 이해하지 못한다는 학생이 각각 9.3%, 10.5%에 이르고 있다.

〈표 3-14〉 학생의 수업 만족도

반응내용	매우 불만족이다	불만족이다	그저 그렇다	만족한다	매우 만족한다	계
반응비율 (%)	15.5	22.5	34.0	18.8	9.2	100.0

총 사례수 : 중고생 1,264명.

출처 : 김영화 외, 《한국인의 교육의식 조사연구》, 1994, p. 80 필자 재구성.

〈표 3-15〉 학생들의 수업 이해도

	국어	수학	영어	사회	과학
10% 미만	4.1	9.3	5.1	5.2	6.8
10~30% 미만	7.5	15.3	11.0	11.5	11.9
30~50% 미만	18.4	20.3	18.8	25.5	21.0
50~70% 미만	31.4	25.2	30.6	31.4	28.7
70~90% 미만	29.0	17.8	23.4	18.0	21.3
90% 이상	9.6	12.1	11.0	8.5	10.3
계	100.0	100.0	100.0	100.0	100.0
사례 수	1,283	1,277	1,278	1,268	1,275

출처 : 김영화 외, 《한국인의 교육의식 조사연구》, 1994, p.119 필자 재구성.

⑤ 과외 수강비율

초등학생들의 학원·과외 수강 실태는 가히 충격적이다. 그러나 중·고등학교의 경우는 더욱 심할 것으로 예상되므로 미리 놀랄 필요는 없어 보인다. 서울특별시의 경우를 살펴 본 것이 〈표 3-16〉인데, 구청별로 차이가 크다. 노원구의 경우는 전체학생 65,950명 중 84.8%가 1개 이상의 학원에 다니는 것으로 나타났다. 3개 이상의 학원에 다니는 학생도 많은 경우, 서초구에서 16.1% 가량이 있었다고 한다(95. 9. 20일 서울시 교육청 발표 자료).

그렇다면 이 많은 학생들이 왜 학교 이외의 별도 학원에서 비싼 돈을 내면서 과외 공부를 할 수밖에 없는가? 다음의 〈표 3-17〉은 이에 대한 해답을 시사한다.

여러 가지 이유 중에서 '학교 수업을 제대로 따라 가려고'에 학부모의 11.8%, 중고생의 21.4%가 반응한다는 데에 주목해야 하고, 모르는 것이 있어도 물어볼 사람이 없어서 과외한다는 학생이 학부모 9.9%, 중고생 10.1%라는 점에 아울러 주목해야 한다. 이런 점은 결

〈표 3-16〉 서울시내 초등학생의 학원과외 수강 실태

(95. 9월 말 현재)

서울시 초등학생 수	학원·과외 수강자(%)
968,876명	688,321 (71.1%)

〈표 3-17〉 과외 수강의 이유

수 강 이 유	학 부 모	중·고생
1. 학교수업이 시시해서	14.8	8.6
2. 학교수업을 제대로 따라가려고	11.8	21.4
3. 남보다 먼저 배우려고	35.4	44.5
4. 다른 학생들이 하므로	22.4	13.5
5. 모르는 것을 물어 볼 사람이 없어	9.9	10.1
6. 부모의 도리상	5.7	—
7. 위신 때문에	—	1.9

학부모 474명 ; 중고생 931명.
출처 : 김영화 외, 《한국인의 교육의식 조사연구》, 1994, p.82 재구성.

국 학교가 이런 집단에 그만큼 신경을 쓰지 않는다는 것이 아닐까?

　이상에서 한국교육의 현재 상황을 국가 잠재력이라는 관점을 가지고 객관적인 국제적 통계지표와 주관적 판단지표를 살펴보았다. 요약한다면, 양적 지표(초·중·고 학생 수, 고등교육 인구 수, 진학 희망률 등)에서는 선진국의 수준을 초과하는 양상을 보이지만, 질적 지표, 예컨대 교사 일인당 학생 수, 학생 1인당 공교육비 등에서는 선진국과 비교해서 현격한 낙후성을 보이고 있다.

　정부 예산의 투자 계획으로 보아, 이런 문제는 GNP 대비 5% 교육 재정이 달성되는 1998년도에도 쉽사리 해결될 것으로 보이지 않는다.

따라서 2005년까지 GNP 대비 교육재정 투자율을 7% 내외로 계속 상승시켜 나가야 할 것으로 전망하였다.

4. 교육의 발전목표

한 나라의 교육현상은 다양한 영역을 포괄하고 있다. 앞의 3절에서 10여 가지가 넘는 다양한 교육지표의 내용과 수준을 검토하여 보았지만, 그로써 개개의 지표상 수준은 나타날지 모르지만, 그런 지표를 통합하여 국가발전의 전체적 수준을 진단하고, 장차 달성할 목표수준을 설정하기란 그리 쉬운 일이 아닐 것이다. 뿐만 아니라 그러한 목표의 설정에는 질적 양적으로 비교하고, 통합하기가 어려운 속성이 있어 불가능한 측면도 있다.

그럼에도 불구하고, 비록 정확한 예측은 아니더라도 개괄적인 현상 진단과 목표설정은 시도해 볼 만한 가치는 있다. 물론, 그것이 가져올 부정확성을 충분히 고려한 해석의 제한점에 유의해야 한다는 전제는 꼭 필요하다.

1) IMD 진단

IMD에서 평가한 우리나라의 전반적인 국가 경쟁력은 94년의 경우 조사대상국 41개국(선진국 23, 개도국 18) 중에서 24위, 18개 개도국 중에서는 7위로 평가되었다. 이런 한국의 국가 경쟁력은 1989년에 한국의 평가가 삽입된 이래, 계속 떨어지고 있었다.

이런 국가 경쟁력을 IMD는 다시 8개 평가영역으로 나누고 있는데, 국가 잠재력과 관련된 영역인 인력·교육 영역의 경쟁력은 20위로 평가되었다. 이 영역은 다른 7개 평가항목인 국제화(39위), 금융(39위), 정부(30위), 기업경영(31위), 사회간접시설(29위), 과학기술(18위), 국내경쟁력(7위) 중에서 국내 경쟁력과 과학·기술영역에 이어 세 번째의 위치를 차지하여, 한국의 전반적인 국가 경쟁력 순위인 24위보다는 약간 앞서 있는 편이다.

그러나 인력·교육부문에서 세부적인 평가항목으로 들어가서, 더 직접적으로 '교육의 질' 항목에서 경쟁력을 따져 보면 세계 41개 국가 중에서 27위로 더 떨어진다. 이를 다시 초등학교와 중등학교에서의 교사-학생비율을 내어서 순위를 매길 경우, 우리의 교육수준은 41개국 중 각각 39위, 36위가 된다. 결국 IMD는 교육의 질 혹은 교육의 잠재력을 교수/교사-학생 비율을 가장 중요시해서 계산해 내고 있는바, 우리는 41개국 중 최하위로 평가되고 있는 셈이다. 따라서 교사-학생 비율에 기초한 우리의 교육 잠재력은 하루속히 해결되어야 할 문제이며, 타국과의 비교 운운할 때가 결코 아닌 것이다. 다시 말하면 우리의 교육은 우리나라의 대외적 위신과 경쟁력 규모에 비해 다소 원시적이고, 전근대적이며 구차스러운 수준에서 영위되고 있다는 것이다.

인력·교육 항목의 총괄지표 수준은 앞에서 언급한 바와 같이 41개국 중 20위인바, 적어도 교육을 현재의 39위와 36위에서 20위 정도로라도 끌어올려야 할 듯하다. IMD 경쟁력 순위표에서 보면, 인력·교육 분야에서 19위와 21위는 대만과 영국인바, 우리나라의 교육지표들은 적어도 3~4년 이내에 대만과 영국의 교육수준만큼은 끌어올려야 하지 않을까 한다.

영국은 현재(1991년) GNP대비 5.3%를 교육에 투자하고 있으며, 교사 1인당 학생 수가 초등은 21.5명(한국 29.5명), 중학교 17.7명(한국 25.5명), 고등학교 13.2명(21.4명)으로 교사 1인당 학생 수가 우리나라와는 약 1/3의 격차를 나타나고 있다.

학생 1인당 교육비로 보아도 영국은 초등에 2,794달러(한국 1,342달러), 중학교에 4,255달러(한국 1,551달러), 대학에 9,621달러(한국 2,927달러)를 쓰고 있어서 한국의 두 배 이상을 학생 1인당 교육경비로

112

쓰고 있다. 이런 현격한 차이는 향후 10년간 GNP 5% 이상에서 7%까지의 돈을 집중투자해야만 극복이 가능할 것이다.

2) 선진 준거지수 진단

하인호 교수는 한국 교육의 현재수준과 발전목표 수준을 명료히 하기 위해 선진 준거지수 개념을 도입한 바 있다. 그는 선진 12개국(일본, 스웨덴, 스위스, 네덜란드, 캐나다, 노르웨이, 호주, 프랑스, 덴마크, 영국, 미국, 서독)의 여섯 가지 교육지표를 통합하여 지수화한 후, 이로부터 한국의 교육지수가 각각 얼마나 뒤쳐지고 있는지를 조사했다. 〈표 3-18〉은 그의 한국 교육현황 지수를 나타낸다.

결국 하인호 교수에 의하면, 6개의 중요한 교육지표상으로 볼 때, 우리나라는 12개 선진국의 44~102% 정도에 도달해 있다고 진단된다. 이 표에 따르면, 고등교육 취학률은 우리나라가 이미 선진국 수준을 초과하고 있으며(102%), 중등교육 취학률은 90% 정도에 접근하고 있

〈표 3-18〉 한국의 교육현황 지수

	중등교육 취학도 ('89)	고등교육 취학도 ('89)	초등교사 1인당 학생수 ('89)	중등교사 1인당 학생수 ('89)	대학교원 1인당 학생수 ('89)	GNP대비 교육투자 ('89)
선진 12개국 평균지표 ⓐ	95.7	36.8	16.6	13.8	16.1	6.1
한국 현황 지표 ⓑ	86.0	37.7	36.0	27.0	37.0	3.7
한국 지수 도달률 (b/a×100)	90	102	46	51	44	61

출처 : 하인호, 《교육선진화의 과제》, 1992, p.5 재구성.

다. 그러나 초·중·고등 및 대학에서 교원 1인당 학생 수는 각각 46%, 51%, 44% 수준밖에 도달치 못하고 있어서, 12개 선진국 평균 치를 크게 밑돌고 있다.

GNP대비 교육투자율도 '89년 현재로 볼 때, 선진국 평균인 6.1%에 훨씬 뒤지는 3.7%로서 선진국의 61%에 머물고 있다.

결국 하교수의 방식대로 하면, 교육 잠재력 수준이 %개념으로 표현 될 수 있는바, 그도 역시 IMD에서와 마찬가지로 교사 / 교수 - 학생비 율을 가장 중요한 측정치로 사용하고 있다.

그러나 그의 추정지표는 1989년도의 것을 토대로 하고 있어, 현재 (1996)의 상황에 적용키 위해서는 새로운 지표의 대입이 요구된다. 또 한, 그의 연구에서는 선진국의 평균지표가 중요해지므로 벤치마킹 (*bench-marking*)할 구체적 대상국가를 명료하게 선정하기 어렵다.

다만 평균지수에 가장 가까운 선진국을 1~2개국 선택하여 그렇게 할 수는 있다.

이 경우에도 아마 영국이 그 대상으로 떠오르지 않을까 생각된다. 아니면, 아마도 영국과 캐나다를 평균낸 교육지수가 한국의 벤치마킹 상대로 떠오르지 않을까 예상된다.

5. 교육의 발전 과제와 전략

1) 교육 발전의 장애 요소

(1) 교육 투자의 영세성

우리나라 교육이 오늘날 한국 사회에서 가장 열악하고 낙후된 영역 으로 존재하게 된 까닭은, 우선 국민을 생존시키기에 급급했기에 국가 수준에서 교육에 투자할 여력이 없었고(자유당 시절의 1945~1960년까

지), 안보와 경제 우선 논리에 밀려 투자를 유보당해 왔기 때문(1961
년 이후 현재까지)이라고 볼 수 있다. 1990년대 초까지 GNP 대비 교육
투자율은 3.8% 내외에 머물러 공교육 투자 비중이 세계에서 가장 작
은 나라였다. GNP 대비 공교육비의 비중이 4%를 넘어선 시점이 불과
1~2년 전의 일이다. 이렇듯 열악한 재정 투자는 90% 가까이를 경상
비(주로 인건비)에 쓸 수밖에 없어서, 시설과 환경 등 교육의 질적 개
선에 투자할 여력은 전혀 없었기 때문이다.

따라서 지난 50여 년 간에 전혀 투자를 하지 않았던 까닭에, 교육개
혁이라는 아무리 강력한 특단조치를 내린다고 하여도, 일시에 필요한
돈을 조달하기란 지극히 어렵다고 본다.

그러므로 향후 10~20년의 장기계획하에, 지난 50년간 돌보지 않
고, 그래서 메말라 버린 교육의 밭을 다시금 기름지게 할 필요가 있는
것이다.

(2) 상급학교 입시준비 기관화의 문제

우리나라 교육이 국가의 재정투자의 영세성으로 말미암아 학교교육
이 제 몫의 일을 하지 못하자 학부모들 사이에 '자기 자식은 자기 부모
가 챙겨줄 수밖에 없다'는 논리가 득세하게 되고, 그런 경향이 가속화
되어 왔던 것이다.

예컨대, 학교에 재정이 빈약하여 오르간이나 피아노 등이 부족하게
되지만, 음악교과서에서는 그것을 배우게 되어 있고 평가도 하게 되어
있으므로 학부모는 결국 자신의 주선하에 자식에게 피아노를 안 가르
칠 수가 없게 된다. 결국 피아노 학원에 다니면서 음악을 익힌 아동이
높은 음악점수를 얻게 되며, 학생과 학부모는 학원을 찾게 된다. 학교
가 제몫의 교육과 학습을 못시키므로 학부모가 학교 밖에서 교육에 신
경을 쓸 수밖에 없다. 학부모들은 이렇게 해서 학원교육에 맛들이게
되어 음악, 무용, 체육만이 아니라, 국·영·수에까지 학원과외를 확

장하기에 이르렀다.

이런 학부모 주도의 학습과 교육이 거세지고 보편화함에 따라 그들과 그들이 주로 찾는 학원은 성적과 입시에의 합격이라는 가시적 목표에 집착할 수밖에 없게 된다.

그래서 우리나라 교육은 해방 이래 지금까지 50여 년 동안 학교가 담당해야 할 교육의 몫을 학부모가 떠맡아 오는 일이 점점 더 많아져 온 역사였다. 학부모의 이런 거센 요구 때문에 이젠 거꾸로 초·중·고등학교, 학원, 과외선생들 모두가 학생의 성적과 입시에의 합격을 최대 목표로 삼아 움직이지 않을 수 없게 되었다.

(3) 교육계의 경쟁력 상실

교육계는 그간 철저한 중앙통제에 익숙해져서 자체적인 자유경쟁과 자체주도의 개선능력을 상실해왔다. 현실안주가 성행했으며, 65세까지 보장된 안정성에 안주해왔다.

사회의 모든 분야가 1970년대 이래 자유경쟁이라는 논리하에 발전을 거듭해왔으나, 교육계는 자유경쟁의 분위기를 타지 못하고, 여전히 지시나 복종의 논리하에 움직여 왔다. 교사끼리 잘 가르치기 경쟁이 없었고, 교장과 교장 간의 경쟁도 없었으며, 특히 교육감과 교육감 사이의 경쟁의식은 없다.

왜 그런가 하면, 교육계 구성원들에게 주어진 자율성의 폭이 너무 적어서 새롭게 아이디어를 짜내서 해본 일이 별로 없기 때문이다. 교육감이 해야 할 일의 거의 대다수는 이미 재정경제원의 사무관이 1년 전에 예산으로 반영해 놓은 것에 불과하며, 교육감은 오로지 계획된 대로 집행하도록 되어 있을 뿐이다.

이런 교육계의 관행은 지난 50년 동안 너무나 강하게 굳어져 왔기에, 이를 새롭게 타파하기란 쉽지가 않다. 아마도 교육개혁의 가장 중요한 과업은 이런 타성을 깨는 일일 것이다. 교육계 내부에 잘 가르치기 위한 경쟁이 교사, 교장, 그리고 교육감 사이에 일어나야 한다. 우리교육은 이런 활력을 그간 잃어 왔다.

2) 교육발전의 전략

(1) 교육투자의 증대와 지속

95년을 기점으로 증대되기 시작한 GNP 대비 교육재정 투자율을 98년까지 5%로 올리고, 이를 98년 이후에도 계속 증액시켜서 2005년까지 7% 내외의 수준으로 끌어 올려야 한다. 98년 이후부터는 매년 2조원 정도의 절대 금액을 추가로 조성하여 향후 7~8년간 집중투자해야 할 것이다.

(2) 성적 우수자 및 입시 중심 교육의 탈피

초·중·고등학교 교육은 성적 우수자 중심으로 학교 수업을 운영하는 관행에서 과감히 탈피해야 한다. 90%의 학생이 수업내용의 90%를 이해할 수 있도록 강의가 진행되어야 하고, 교사는 교육과정상의 기초학력 도달률에 신경을 써야 하며, 결코 성적우수자의 좋은 대학입학에만 신경써서는 안된다.

그러기 위해서는 잘 가르치는 교사의 개념이 바뀌어야 하는바, 이는 입시에 도움을 주는 교사가 아니라, 학생 전체의 기초학력 평균과 도달률을 높이는 교사이어야 한다. 그리고 교사들이 이런 의미에서 잘 가르치는 경쟁을 하도록 유도할 수 있는 전국 학력평가(*national assessment*)가 시행될 필요가 있다.

(3) 소질·적성·능력을 개발하는 교육

교육이 입시 위주가 아니라 학생 개개인 속에 잠재된 능력·소질·적성을 개발해 주는 쪽으로 전개되도록 해야 한다. 그러기 위해서는 대학 등의 상급학교 입시가 일부 교과목들 즉, 국·영·수 중심의 평가로만 이루어져서는 안된다. 소질·적성·능력에 따라 차별성있는 전형절차와 방식에 따라 입학할 수 있어야 한다.

(4) 대학교육의 경쟁력 강화

대학은 국가 잠재력의 본산이다. 이곳에서 국가 잠재력의 최종 마무리가 일어나기 때문이다. 과감한 자율화로 마음껏 뽑고, 마음껏 가르치고, 마음껏 연구하게 해야 한다. 다만, 그 책임은 대학사회가 철저하게 지도록 할 것이다.

(5) 평생교육 강화

이제는 요람에서 무덤까지 학습하는 사회가 될 수밖에 없다. 학교체제는 적령기 학생을 뽑아서 가르친다는 고정관념을 깨고, 문호를 넓혀서 누구나 공부할 필요가 있고, 배우고자 하는 사람을 입학시켜 교육시킬 수 있도록 해야 한다. 그러기 위해서 유치원, 초·중·고 및 대학, 그리고 사회교육기관은 지금보다 훨씬 더 많이 개방되어야 한다.

6. 전 망

한 국가의 발전잠재력은 궁극적으로 교육에서 길러진다. 한 사람이 태어나서 어떤 교육을 받는가에 따라, 그 개인 속에 잠재된 소질, 적성, 능력이 현실화되기도 하고 피어나지 못한 채 사장되어 버리기도 한다. 교육은 곧 국민들 하나하나 속에서 잠재된 독특한 소질·적성능력을 현실화하고 가시화함으로써 다양한 소질·적성·능력이 무수하게 발현되게 해야 한다.

이런 관점에서 볼 때, 현재의 한국 교육은 그런 기능을 제대로 하고 있지 못하다. 그냥 못하는 정도가 아니라, 세계 평균 수준으로 볼 때, 너무 뒤처져 있다. 현재 한국이 위치하는 국제적인 위상과 경제발전 수준에 비추어 볼 때, 교육발전의 수준은 너무 열악하다.

분석해 본 바에 의하면 한국 교육은 최소한 향후 4~5년내에 대만, 영국, 캐나다의 수준에는 도달해야 할 것으로 판단된다. 따라서 5·31 교육개혁 조치로 시작된 교육재정 확대조치는 98년 이후에도 계속 지속되어 2005년까지 GNP 대비 약 7% 정도는 되어야 하리라고 본다.

교육재정이 GNP 대비 5~7% 이상으로 지속된다는 전제가 없이는 어떤 교육개혁조치도 별로 성과를 이루지 못한다. 이런 전제하에 한국 교육은 장차 몇 가지 더 해야 할 일이 있다.

그것은 첫째, 교육내에 자유경쟁의 원리를 도입하며 교육계 자체의 경쟁력을 확보하는 것이다. 둘째는 성적우수자 중심 교육에서 벗어나는 것이고, 셋째는 대학교육을 자율화하여 자유와 책임을 확대시켜서, 경쟁체제를 도입해야 한다. 넷째는 평생교육제도의 과감한 확대이다. 정규학교 체제의 틀을 과감히 변화시켜 언제, 어느 곳, 누구건간에 원하는 사람은 손쉽게 교육받을 수 있도록 해야 한다.

〈문용린〉

사회통합의 길 : 발전전략

1. 사회통합의 개념과 범주

1) 개념 및 논의의 함의

사회통합은 비통합적인 상태에 있는 사회 안의 집단이나 또는 개인이 서로 적응함으로써 일의 집합체로 통합되어 가는 과정으로 이 과정에 있어 사회는 보다 분산적인 상태로부터 보다 결합적, 단결적인 상태로 전화(轉化)하여 간다. 사회통합은 일반적으로 문화적 통합과 사회적 통합으로 구분하여 생각할 수 있으며, 사회적 통합은 다시 규범적 통합, 커뮤니케이션 통합, 기능적 통합으로 나누어 생각할 수 있다. 문화적 통합이란 문화적 기준들간의 일관성을 의미한다. 사회적 통합 중 규범적 통합이란 문화적 기준과 인간의 행동 간에 일관성이 있는 경우를 의미하며 커뮤니케이션의 통합이란 커뮤니케이션망이 사회 체계에 침투하는 정도를 의미한다. 기능적 통합이란 분업의 체계의 단위들이 어느 정도 상호 의존하고 있는 경우를 의미한다(Levine, 1968). 각각에 대해 좀더 상세하게 알아보기로 한다.

(1) 문화적 통합

통합이란 문화가 갖는 특색의 하나로 불완전하기는 하지만 항상 존재하는 구조적 특성이다. 문화적 통합이라는 가정은 방대한 분량의 문화 자료를 간략하게 기술하는 경제적인 수단으로 사용되었을 뿐 아니라 문화를 이념형(*ideal type*)으로 파악하는 경향을 조장하였다. 또한 문화적 통합은 만일 붕괴될 경우 자살이나 범죄의 증가, 권태, 불안정 등의 원인이 되는 것으로 간주되기도 하였다.

따라서 문화적 통합에 대한 초창기의 연구는 통합을 긍정적인 것으로 보았다. 1930년대의 미국의 인류학적 연구가 그 대표적인 것으로 사피어(Sapir, 1924)는 문화적 통합이야말로 행복한 생활의 요소라 간주하였으며 문화적 통합이 개인에게 도덕과 활기를 주며, 또한 사회적 통합 등의 원천이 된다고 보았다. 1930년대의 사회학적 연구도 당대의 급격한 도시화와 산업화 현상에 주목하면서 일반적으로 현대 사회의 문제를 문화적 통합의 실패와 분열(*disorganization*)의 결과로 간주하였다(Levine, 1968).

이러한 문화적 통합, 사회적 통합에 대한 긍정적인 입장은 심한 경우에는 거의 예찬론적인 것으로 인류학자인 린튼(Linton)은 2차 세계대전이 끝나면서 현대 사회의 과제는 생산의 증대보다는 모든 구성원이 참여 가능하며 상호 모순되지 않는 사상과 가치의 창출이라고까지 주장한 바 있다(Levine, 1968).

한편 문화적 통합이나 사회적 통합에 대하여 소극적이거나 회의론적인 입장도 있었다. 이러한 입장에 의하면 첫째, 지나친 문화적 통합은 오히려 창의성, 새로움, 다원주의 등의 가치를 저해할 수 있으며 둘째, 지나친 문화적 통합은 개인의 인성의 발전을 저해한다는 것이었다. 이러한 입장은 어느 정도의 통합을 문화의 기본적인 성격의 하나로 파악하면서도 또한 문화가 개인에 대하여 갖는 압제적인 측면에 대하여 우려를 표시한 루드 베네딕트(Benedict, 1934) 등에 의하여도 지적되었다. 셋째, 지나친 문화적 통합은 다양성을 위협함으로써 오히려한 문화나 사회 전체의 적응능력을 저하시킬 것이 우려되었다. 넷째, 흔히 문화의 와해나 종말이라고 생각되는 것들은 단지 문화의 재통합의 과정에 있어 재조정(readjustment)의 단계일 수도 있으므로 지나친 위기의식을 가질 필요는 없다는 점이 지적되기도 하였다. 다섯째, 문화의 통합은 그 자체로서 바람직한 것은 아니며 오히려 '어떠한 종류의 통합'이 바람직한가가 문제가 되어야 한다는 입장이 조심스럽게 제기되기도 하였다(Levine, 1968).

문화적 통합은 그 형태에 따라 형태론적 통합, 연결적 통합, 논리적 통합, 적응적 통합, 스타일의 통합, 규제적 통합 등으로 나누어 생각할 수 있다. 첫째, 문화적 통합에 대한 형태론적(configurational) 또는 주제적(thematic) 접근법은 인류학자인 베네딕트의 '문화의 패턴'과 오플러(Opler)의 주제적 접근이 대표적이다. 베네딕트에 의하면 쥬니 족의 경우 혼인 관습, 춤의 형태, 죽음에 대한 태도를 비롯한 문화의 여러 상이한 측면이 절제, 침착성, 온건, 의식 등에 대한 관심을 반영하고 있다. 한편 이와는 대조적으로 콰키우틀 족이나 도부 도(島)의 주민들의 문화는 과대 망상적이거나 편집증적이라고 한다. 이러한 대조적인 측면은 문화의 선택성(selectivity)에 의한 결과라고 설명되었다.

둘째, 연결적 통합(connective integration)이란 문화의 다양한 부분들이 서로 직접 연결되어 있는 정도를 의미한다. 예를 들어 서구 근대 사회의 음악, 법, 과학 등에서는 합리성의 증대가 지배적으로 나타나는 문화적 지향이라 할 수 있지만, 근대의 법, 음악과 과학은 서로 직접적으로 연결되어 있지는 않다. 연결적 통합은 고립과 문화적 동질성에 의하여 촉진되며 고립의 정도가 낮은 사회에서는 사상들이 서로 구분(compartmentalization)되어 있다. 연결적 통합의 증대는 삶의 디자인(design for living)으로서의 문화의 효능(efficacy)을 증대시키며 삶의 스타일의 지속성을 증대시킨다. 또한 보다 깊은 세계관을 가능케 한다. 한편 그 감소는 불확실성, 초조, 고민 등의 결과를 가져온다(Levine, 1968).

셋째, 논리적 통합(logical integration)이란 하나의 문화요소가 다른 문화요소와 상호 모순되는 정도를 의미한다. 이러한 논리적 통합은 합리성에 대한 인간의 욕구가 만들어내는 결과로 발생한다. 왜냐하면 인지적 불일치(cognitive dissonance)는 매우 불편하기 때문이다. 하나의 문화의 논리적 통합의 정도는 역으로 경험할 수 있는 양립 불가능한 것들(experienced incompatibles)의 양을 측정할 수 있다.

넷째, 적응적 통합(adaptive integration) 또는 기능적 통합 (functional integration)이란 섬너(Sumner, 1906)의 풍속(folkways)에 있어 '일관성의 스트레인'(strain of consistency)이라는 개념에서 잘 나타나는데, 이러한 스트레인은 논리적인 일관성의 문제가 아니다. 순수한 이성의 관점에서 문화가 모순적으로 보이더라도 풍속은 '진실'하며 무엇이든 옳게 보이게 할 수 있다. 문화의 기능적 통합은 효율성(efficiency)에 대한 욕구의 결과라고 할 수 있으며, 문화 특질들은 욕구를 만족시키고 상호 간에 협조하며 지지하고 마찰과 반목이 적으면 적을수록 목적을 더욱 잘 달성하게 된다.

다섯째, 스타일의 통합(stylistic integration)으로 너무나 강하게 느껴진 경험들의 부분은 그 차이와 구성(contrast and organization)이 감정적으로 만족을 주는 하나의 전체를 만들어 내도록 상호 적응하면서 형성된다. 스타일의 통합은 논리적인 일관성을 위한 합리적인 충동의 결과가 아니라, 만족스러운 형태로 경험을 진솔히 표현하고자 하는 심미적 충동의 결과이다. 예를 들면 근대 프랑스 문화의 명료성, 명쾌한 체계화, 균형, 수단의 선택에 있어 배려, 아취와 더불어 과도한 기계화, 감정적인 깊이가 없거나 소심함, 내용을 희생하면서까지 형식을 강조하는 등등의 특징은 논리적인 일관성보다는 심미적 충동을 기반으로 한 통합의 결과이다.

여섯째는 규제적인 통합(regulative integration)으로 위에서 기술한 다섯 가지 유형의 통합은 문화를 구성하는 부분들간의 조화로운 통합을 가정하고 있으나 규제적 통합은 통합기제(integrative mechanisms)의 중요성을 강조한 것이다. 통합은 하나의 주제의 양과 힘, 다양성을 통제하는 환경과 반대 주제들 등의 요인에 의해 한정되며 또한 문화의 다양한 가치 지향의 위계적 배열 및 문화체계의 다양한 유형의 위계적 서열화 등에 의하여 위계적인 질서를 갖게 된다. 한편 뒤르켕(Durkheim, 1966)은, '도덕적 분업'이라는 개념을 통하여, 사회의 서로 다른 부분이 공식적으로는 서로 다른 가치를 표방하면서도 암묵적으로는 상호 인정하고 간섭하거나 충돌하지 않음으로써 외관상 갈등이 회피된다고 하였다.

(2) 사회적 통합

사회적 통합은 두 가지 측면을 생각해 볼 수 있다. 하나는 단위 집단들 내부에서의 집단 구성원들간의 통합이며, 또 하나는 보다 더 큰 집단을 이루는 단위 집단들간의 통합이다. 사회적 통합의 고전적인 연구는 뒤르켕의 연대(solidarity) 개념에서 비롯된다. 뒤르켕(Durkheim, 1960)은 공동의 상징과 신앙을 통한 부분들의 통합을 '기계적 연대'(mechanical solidarity)라 하였다. 이러한 공동의 가치와 신앙은 개인과 집단이 협동하도록 집합의식을 형성한다고 보았다. 여기에서 뒤르켕은 문화적인 기준이 아무런 모순없이 개인에 내면화되어 있다고 가정하고 있으며 사회의 성원인 개인은 마치 고체를 형성하고 있는 분자와도 같이 서로 유사하다.

한편 사회적 분업의 발전에 의하여 구성원들의 상이성이 증가하면서 상호의존도가 높아질 경우 개인들간에는 유기적 연대(*organic solidarity*)가 발생한다. 이러한 의미에서 사회적 분업은 경제적일 뿐 아니라 도덕적인 행위이다. 뒤르켐은 기계적 연대와 유기적 연대라는 두 가지 통합은 억압적인 법(*repressive law*)과 복구적인 법(*restitutive law*)의 양을 계산하여 지표(*index*)로 할 수 있다고 하였으나, 한 사회의 억압적인 법과 복구적인 법의 상대적 양을 측정한다는 것은 실질적으로는 측정 불가능한 일이다.

한편 소로킨은 사회 체계내의 사회적 역할, 집단, 제도의 통합을 지칭하여 '인과 - 기능적인(*causal-functional*) 통합'이라 하였는데, 이는 섬너의 '풍속의 일관성의 스트레인'과 유사한 개념이다. 한편, 테마 또는 원리를 반영하는 문화적 요소들의 통합을 '논리 - 의미적인(*logico-meaningful*) 통합'이라고 하였다(Angell, 1968).

파슨스(Parsons, 1951)는 '규범적인 통합'(*normative integration*)이라는 개념을 중시하였으나 또한 상위 체계의 규범적 통합은 하위 체계의 규범적 통합만으로 달성되는 것은 아니라는 점을 강조하였다. 즉, 규범적 통합은 규범만으로 통합되는 것이 아니라 집단을 구성하는 소집단의 통합을 통하여 가능하다는 것이다. 그 예로 2차 대전시 독일 육군이 군규범에 대하여 충실할 수 있었던 것은 분대 같은 기초 단위 수준의 통합이 중요한 요소였기 때문이다. 또한 영국인의 애국심에서도 소집단의 동료의식(*sense of fellowship*)이 중요하다는 점은 수차 지적된 바 있다. 즉, 통합을 위하여는 규범뿐 아니라 개인간의 관계가 중요하다는 주장이다.

따라서 '상상의 공동체'(*imagined communities* : Anderson 1983)에 해당하는 국민 국가 또는 민족 수준의 통합은 규범의 통합뿐 아니라 이를 구성하는 기초 단위가 되는 지역사회 등의 수준에서의 인적 통합을 필요로 한다는 결론을 내릴 수 있다.

사회적 통합은 흔히 기능적 통합(functional integration)과 동일한 의미로 사용되어 오기도 하였으나 머튼(Merton)은 기능적 통합에 대하여 회의적 입장을 취하면서 사회를 구성하는 각부분의 기능적인 결과와 역기능적인 결과를 합치면 '결국 사회 전반의 밸런스는 제로가 되는 것이 아닌가?'라는 의문을 제기하였다. 굴드너(Gouldner) 또한 기능주의의 전체적인 균형(equilibrium)이라는 가정에 대하여 의문을 제기하였다. 즉, 각 부분은 자율성(autonomy)의 경향을 갖기 때문에 이들간에는 긴장이 발생하며 그 결과 전체의 균형을 위하여는 각 부분의 통합(integration)뿐 아니라 부분간의 격리(insulation)도 필요하다는 것이다(Angell, 1968).

한편 파슨스에 의하면, 기계적 연대는 결국 정부라는 집합체를 통한 공동가치의 표현이며 이와는 달리 유기적 연대는 경제(재산, 계약, 시장 관계 등의 규범)에서 나오는 것이다. 그러나 유기적 연대도 궁극적으로는 기계적 연대와 마찬가지로 '공동의 가치'(common values)에 기반을 두고 있다. 사회를 구성하는 부분간의 상호 의존은 이의 작용을 통제하는 규범이 존재하지 않는 한 통합적이지 않다.

따라서 파슨스는 '확산적 연대'(diffuse solidarity)라는 개념을 주창하여 공동의 가치에 대한 애착(attachment)과 기계적 연대와 유기적 연대가 모두 포함되는 범주를 지칭하려 시도하였다(Angell, 1968).

한편, 현대 사회의 중심과 주변은 그 어느 때보다도 매스미디어에 의하여 보다 긴밀하게 상호 통합되어 있다. 도이취 (Deutsch)에 따르면, 그러한 결과 현대 사회에서 합의는 단지 상호의존이나 공동의 문화적 기초 등에 의해서만 이루어지는 것이 아니라 매스커뮤니케이션의 지속된 흐름에 의하여 지지되고 유지된다.

특히 민족국가라는 '공동체'의 형성은 사회 구성원들이 동화되는 (assimilated : 충실한 커뮤니케이션을 위하여는 언어와 문화를 공유) 정도와 동원되는(mobilized) 정도에 의존하고 있으므로, 풍부한 공동의 상징이 충분히 있어야 하며 또한 매스미디어를 통한 접근이 가능해야 한다. 이에 따라 '커뮤니케이션적 통합'(*Communicative Integration*)이라는 개념이 주창되기도 하였다(Angell, 1968).

(3) 논의의 함의

현대 사회의 악과 분열상에 직면하여 사회통합을 긍정적인 것으로 간주하면서 이를 달성하기 위한 정책을 추구할 경우, 한편으로는 '우리가 상실한 세계'(*the world we have lost*) 또는 '좋았던 옛날'(*good old days*)에 대한 낭만적인 미화라는 경향이 있다는 사실은 여러 차례 지적된 바 있다. 니스벳(Nisbet, 1953)은 이를 마치 중세의 '성배 추구'(*Quest for the Grail*)에 버금가는 '공동체 추구'(*Quest for Community*)라고 표현하면서 뒤르켕이나 베버, 마르크스를 비롯한 대부분의 사회사상가들은 어떤 의미에서는 전통적인 공동체의 파괴로 특징지울 수 있는 근대사회에서 이러한 공동체적 관계를 추구하였다고 볼 수 있다고 하였다. 이들 사회사상가들은 각 공동체에 대하여 다른 의미를 부여하였으며 공동체에 관한 정의는 250개 이상이 된다(Hillery, 1982).

한편 일본의 경우 20세기에 들어와 산업화와 도시화가 급격히 진전됨에 따라 도시에 정내회(町內會)가 조직되기 시작하였으며, 특히 관동 대지진 이후에는 내무성의 지시에 의하여 '정내회' 조직이 전국적으로 확대되었다. 가미시마(神島, 1961)는 이를 농촌에서의 촌락 관계를 도시에 의제(擬制)한 '니세무라'(ニセ村 : 가짜 촌락)라고 하였다. 이후 1930년대에 들어와 산업현장에서도 나치 독일의 '경영 공동체'(*Betriebs-gemeinschaft*)를 수입하여 일본화하면서(Garon, 1987), 노사관계의 계급 대립적 성격을 부인하고 일본의 문화적 전통이 공동체적이라는 점을 강조함에 따라 마치 일본의 촌락은 아득한 옛날부터 공동체적 성격을 가진 것처럼 주장되기에 이르렀다. 그러나 '교도타이'(共同體)라는 용어 자체도 동양에 없던 것으로서 이는 명치(明治) 시대에 서구의 게마

인샤프트나 게마인데라는 개념을 번역하기 위하여 만들어진 것이다(古代學會, 1958). 아무튼 일본의 경우 전통적인 촌락이 공동체였다는 주장은 2차 대전 후 이른바 공동체적 관계는 청산되어야 한다는 인식에 따라 더 이상의 실증적인 검증없이 근대론자와 맑시스트에 의하여 받아들여지게 되었다(한경구, 1994, 1995).

일본에서는 전후 복구를 거쳐 고도 경제성장을 지속하는 가운데 전전(戰前)의 노동자 통제 수단을 상실한 경영진과 산별 노조가 실질적으로 형해화된 상황에서 기업별 노동조합을 이끄는 노조 지도자는 회사가 '운명 공동체'라는 경영진의 주장에 동의하기에 이르렀다(한경구, 1994). 또한 특히 도시 지역을 중심으로 1970년대에 들어와 공해 문제 등 생활의 문제에 대한 해결책으로 '커뮤니티 만들기' 운동이 대대적으로 전개됨에 따라 공동체는 청산의 대상이 아니라 회복의 대상으로 변화하였다. 도시에서의 이러한 공동체의 회복 움직임에는 파슨스의 사회학이 이론적 기반이 되고 있다.

2) 경험적 연구

사회통합에 대한 개념적 고찰은 많았으나 경험적 연구는 극히 희소하다. 또한 사회통합을 경험적으로 연구하기 위하여 사회통합에 대한 조작적 정의가 시도된 바도 거의 없다. 또한 조작적 정의의 가능성도 의심스럽다고 할 수 있다. 사회통합에 대한 본격적인 경험적 연구는 극히 적으며 그나마 설득력 있는 지표의 발견과 측정에 성공하였다고 하기는 어렵다. 또한 사회통합의 지표가 갖는 문화적 매몰성(*culture embeddedness*) 때문에 국내적 비교는 어느 정도 가능하지만 通文化的(*cross-cultural*) 비교연구에 사용할 수 있는 지표의 개발은 본격적으로 시도된 바가 없었다고 할 수 있다.

엔젤(Robert C. Angell)은 1951년 "미국 도시의 도덕적 통합"(The

Moral Integration of American Cities)이라는 논문에서 미국의 42개 도시의 규범적 통합을 비교하였다. 엔젤은 부정적인 지표로서 범죄율(실제로는 그 역수를 사용)과 긍정적인 지표로서 공동체에 대한 시민의 공헌(공동체 기금의 액수)을 합하여 통합의 정도를 측정하려 시도하였다. 이렇게 측정된 통합도는 자살률, 혼외 출산율, 성병에 의한 사망률 등 여타의 규범적 통합의 지표와 공변(共變, covary)하는 것을 발견하였다. 또한 다른 자료와의 비교 결과 ① 인적 구성의 이질성(인종, 출생 국가) ② 인구의 전출입 등 2개의 요소가 사회통합에 영향을 미치는 원인으로 나타났다. 그 외에도 공동체의 지도체계(leadership), 학교교육에서의 공동체에 대한 강조, 교회에서의 공동체에 대한 강조 등이 중요하다는 것을 발견하였다(Angell, 1968).

통합에 대한 또 하나의 유명한 경험적 연구는 정치학자인 도이취(Karl Deutsch)의 연구이다. 도이취는 "북대서양 지역과 정치적 공동체"(Political Community and the North Atlantic Area : International Organization in the Light of Historical Experience, 1957)와 "민족주의와 사회적 커뮤니케이션"(Nationalism and Social Communication : An Inquiry into the Foundations of Nationality, 1953)에서 상호 공감과 상호 동정심(mutual sympathy), 충성심, '우리'라는 의식과 신뢰, 상호 고려와 존중(mutual consideration) 등을 강조하였다.

한편 엔젤은 1951년의 경험적 연구를 바탕으로 1957년에는 "자유로운 사회와 도덕적 위기"(Free Society and Moral Crisis)라는 개념적 연구를 발표하였다. 이 연구에서 엔젤은 사회통합에 영향을 미치는 인과적 요인으로서 사회적 관계의 지속성(continuity of social relationship), 인구의 전출입과 이사율 등 주민의 정주성(定住性, settledness), 거주환경의 혼잡도(residential crowding), 거주환경 수준(가옥 구조 및 설비가 기준 이하인가?), 자가(自家) 소유율[1], 안정적인 이웃관계, 안정적인 가족관계 등을 제시하였다.

3) 지표발견의 문제점

이상의 이론적 논의와 연구사에 대한 고찰을 통하여 선진 각국과의 비교 분석에 사용 가능한 사회통합 지표를 발견한다는 것이 매우 어렵다는 사실은 자명하다. 특히 설득력있는 사회통합의 지표를 발견하기가 어려운 이유는 다음과 같다.

첫째, 사회통합은 문화적·역사적 배경에 따라 집단내·집단간의 통합의 기제가 상이하므로 국제간 비교를 위한 지표는 발견하기가 곤란하다. 예를 들어 '규범에 대한 부적응'의 지표로 사용되는 정신질환자의 수는 정신질환에 대한 사회적 인식과 대응 체계가 유사한 서구의 여러 나라에서는 국가간 비교에 사용될 수 있으나 한국의 경우는 정신질환자의 입원율이 낮으므로 커다란 의미가 없다. 또한 자살률의 경우에도 죽음에 대한 문화적 태도가 상이함에 따라 문화적 전통의 차이가 큰 국가간 비교에는 사용 불가능하다. 반사회적 범죄로서 사회통합의 지표로 사용될 수 있는 방화범의 수의 경우에도 불에 대한 문화적 태도가 다르므로 적합하지 않으며 마약 사범의 경우도 마약에 대한 사회적 태도, 유통 경로, 당국의 태도 등 문화적·역사적 요인 때문에 적합하지 않다.

둘째, 이른바 선진국일수록 전통적인 사회통합 지표를 사용할 경우 사회통합도는 낮게 나타난다. 즉 문화적 요인들 중 상대적으로 설득력있는 지표를 선택할 경우에도 커뮤니케이션 통합을 제외한 대부분의 지표는 산업화와 도시화의 진전에 따라 사회통합도가 낮아지는 것으로 나타날 것이므로, 선진국의 사회통합 수준을 우리가 도달하기 위한 목

---

1) 흔히 自家 소유율은 사회적 안정의 지표로 사용되는데 한국의 경우 부동산 가격의 지속적 상승과 세제상의 이유 등으로 자가 소유율이 선진 각국에 비하여 상대적으로 높게 나타나고 있다. 따라서 자가 소유율의 단순 비교 결과는 한국의 사회 문화적 요인을 고려할 때 신중하게 사용되어야 한다.

표로 삼기에는 부적합할 것이 예상된다. 예를 들어 이혼율, 가족 폭력, 부부 갈등, 부양 거부, 가출 등 이른바 가족의 해체 지표는 산업화의 진전과 밀접한 관계가 있으므로 한국에 비하여 선진국이 훨씬 심하게 나타난다. 범죄율과 자살률도 또한 선진국일수록 높은 것이 일반적이다. 휘발성류 흡입자와 마약 사용자의 수 등도 마찬가지이다.

셋째, 사회통합은 성격상 쉽게 측정되지 않는 것들을 지표로 사용하기에는 곤란한 측면이 있다. 즉 사회통합의 본질상 계량화할 수 있는 지표를 발견하기 어렵다는 문제가 있다. 예를 들어 사회통합은 시간적 통합(세대간의 통합), 공간적 통합(지역간의 통합), 수직적 통합(계층간의 통합) 등의 측면을 고려하여야 하나 이를 계량적으로 나타낼 수 있는 지표를 발견한다는 것은 매우 어렵다. 흔히 계층간의 위화감을 나타내는 지표로 사용되고 있는 지니계수의 경우 소득을 기초로 하고 있으므로 자산의 격차를 반영하지 못하며 자칫하면 사회적 계층의 차이를 실제보다 축소하여 나타내게 된다.

넷째는 통계의 신뢰성 문제이다. 범죄율의 경우 신고율이 낮아 실제보다 상당히 축소되고 있으며 검거율의 경우도 신빙성에 문제가 있다는 지적이 있다.

마지막으로 비교 가능성의 문제로서 각종 통계치가 문화에 따라 비교 가능한 형태로 집계되어 있지 않은 경우가 있어 지표의 개발을 어렵게 하고 있다.

4) 지표의 개발

이상의 이유 때문에 각국의 상이한 문화적·역사적 차이를 무시한 국제간의 비교는 물론 선진국이 될수록 사회통합도가 낮아지는 것으로 나타나는 지표를 사용하는 공시적(共時的) 비교와 분석은 현상보다 더욱 현실이 악화될 것을 정책목표로 하게 되는 모순적 결과를 낳을 수도 있다. 따라서 오히려 국내의 사회통합 지표의 변화를 통시적 (*diachronic*)으로 분석하는 것이 유용할 수도 있다. 사회의 안정과 통합을 측정할 수 있는 설득력있는 지표의 개발과 공동의 풍부한 상징의 측정 및 비교를 위한 방법 개발은 향후 본격적으로 연구되어야 할 과제로 남기면서 이 책에서는 이러한 실정을 감안하여 사회통합 지표를 ① 사회 안전, ② 계층간·성별·연령별 불평등, ③ 가족의 안정 ④ 한민족 공동체의 활성화 등으로 나누어 분석한다.

2. 현황 분석

급격한 경제, 사회적 변동과 급속도로 진행되고 있는 정보화와 세계화의 과정에서 사회구성원들이 경험하는 여러 가지 부정적 지표들을 분석하여 사회통합을 진단한다. 이를 위해 사회안정과 가족안정을 위협하고 계층간의 불평등을 야기시키는 지표와 한민족 공동체의 활성화를 위한 해외 동포에 대한 지표를 활용한다.

1) 사회안전

사회통합은 적든 크든 사람에게 욕구충족을 가져다주는 상태에 도달하는 과정이다. 인간의 기본 욕구 중에서 생리적 욕구 다음으로 중요한 것이 안전에 대한 욕구로 이는 다른 상위 욕구보다도 삶에서 중요하다.

그러므로 사회안전에 대한 욕구는 사회통합을 이루기 위한 사회구성원의 기본적 목표라 할 수 있다. 사람들이 바라는 사회안전에 대한 욕구는 다양하지만 이 책에서는 사회안전을 범죄로부터의 안전과 인위적 사고로부터의 안전으로 나누어 분석한다.

(1) 범죄로부터의 안전

① 범죄율 및 검거율

〈표 4-1〉을 보면 우리나라의 범죄율은 일본과 싱가포르보다는 높지만 서구 선진국보다는 낮다. '93년 기준으로 볼 때 '87년보다 인구 10만 명당 약 900명이 증가하였다. 검거율은 일본보다는 낮으나 서구 선진국보다는 높다. 전체적으로 치안은 안전하다고 나타났으나 실제로 국민의 범죄체감 정도는 높다.

한국인의 범죄피해에 대한 두려움의 정도를 〈표 4-2〉를 통해 보면 범죄피해를 느끼는 사람이 1988년의 50.9%에 비해 1991년에는 57.6%로 다소 증가하였다. 지역별로는 1991년에 시부가 군부의 약 2배 정도로 높은 범죄 두려움을 나타내고 있어 도시인의 범죄피해에 대한 두려움이 매우 크다는 것을 알 수 있다. 학력별로 보면 학력이 높아질수록 범죄에 대한 두려움 정도가 크며 연령별로는 연령이 낮을수록 범죄에 대한 두려움이 크다.

〈표 4-3〉에서 보는 바와 같이 주요 범죄의 미신고율은 1991년의 경우 81.5%에 달할 만큼 높게 나타났으며 그 이유로는 '피해근소'와 '성과가 없을 것 같아서'가 높게 집계되었다. 이는 작은 피해라도 범죄는 신고해야 한다는 적극적인 신고 정신이 부족하다는 것을 나타낸다. 또한 〈표 4-2〉와 연결해서 분석해 보면 우리 국민이 느끼는 범죄에 대한 두려움의 정도는 높지만 성과가 없을 것 같아서 신고하지 않는 것에 대해 주목해야 한다. 다시 말하면 신고해도 소용없다고 단념해버릴 정도로 체계에 대한 불신과 무력감을 나타낸 것이다.

범죄유형 중에서 최근 우리나라에서 사회문제로 중요하게 부각되는 것은 마약류 범죄와 소년 범죄의 증가이다.

〈표 4-4〉를 통해 우선 마약류 범죄 계수를 외국과 비교해 보면 일본과는 비슷한 수준이나 선진국에 비해 매우 낮을 정도로 아직까지는

상대적으로 양호하다. 그러나 요즘 외국에서 마약류 범죄 검거가 매우
강화되어 한국을 거점으로 이동하려는 동향이 나타나고 있어 이의 경
계를 강화하지 않으면 한국도 마약류 범죄가 선진국 수준으로 높아질
가능성이 크다.

마약류 범죄가 선진국에 비해서는 낮으나 국내 변화 추세로 볼 때
〈표 4-5〉에서 나타났듯이 계속 증가하고 있어 1957년에 비해서는 약
43. 8배 증가하였다. 1986년 이래 증가 추세이던 전체 마약류 사범이
1993년에는 전년도에 비해 128. 2%로까지 증가하다가 1994년에는 감
소하였다. 마약류 입문 과정으로 이용되고 있는 대마사범은 1993년에
는 전년도에 비해 43. 2% 증가하였고 1994년에는 다소 감소하였지만
여전히 높은 비율을 나타내고 있다.

마약류 범죄가 선진국에 비해 낮다고는 하지만 국내 추이를 〈표
4-6〉에서 보면 소년범죄에서 차지하는 마약범죄는 20년 사이에 11. 9
배로 증가하여 가장 큰 증가추세를 보이고 있으므로 성인범죄로 발전
하지 않도록 마약류 범죄에 대한 경각심을 높여야 한다.

② 치안 정도

범죄를 예방 검거 할 수 있는 치안의 정도를 〈표 4-7〉을 통해 보면
경찰 1인이 치안을 담당하는 주민수가 독일의 약 2배, 프랑스의 약 3
배 정도로 나타나고 있어 경찰관들의 과중한 업무부담으로 인한 치안
의 약화 가능성이 있다.

<표 4-1> 범죄수(1987년)

(범죄수 - 인구 10만 명당 : 검거율 %)

국가	총범죄		살인		강도		절도		사기	
	범죄수	검거율	범죄수	검거율	범죄수	검거율	범죄수	검거율	범죄수	검거율
한국 (93)	2149.0 (3080)	87.6 (95.7)	1.3	95.2	7.8	97.3	241.5	63.2	108.6	82.2
일 본	1298.9	66.9	1.3	98.0	1.5	78.2	1117.8	60.2	57.1	97.1
싱가포르	1594.7	24.1	1.9	64.0	64.3	28.5	1021.1	20.7	95.6	32.8
호 주	6638.5	29.0	2.3	88.6	53.6	24.0	5352.3	16.5	843.0	51.6
뉴질랜드	13137.5	43.6	1.9	90.6	41.1	41.9	4292.4	24.8	813.9	46.9
이탈리아	3299.5	21.9	1.9	52.9	54.5	16.3	2082.4	62.8	48.6	75.4
프랑스	5712.0	42.0	4.1	93.0	75.2	25.5	3589.0	6.1	99.6	91.5
독 일	7268.0	44.2	4.0	94.0	46.0	47.5	4570.0	16.6	683.0	89.2
스 웨 덴	12995.1	34.0	6.3	—	46.8	23.0	7742.0	15.0	1200.4	73.0
캐 나 다	11533.5	46.6	6.1	86.8	87.9	34.3	5221.3	21.3	492.3	73.6
미 국	5550.0	—	8.3	70.0	212.7	26.5	4940.3	16.3	—	—
네덜란드	7500.0	23.0	1.0	92.0	70.0	27.0	5642.0	16.0	—	—

출처 : 치안본부, 《87외국범죄통계》, 1989.
　　　 법무연수원, 《범죄백서》, 1994.

〈표 4-2〉 범죄피해에 대한 두려움의 정도

(단위 : %)

		1988			1991		
		느낀다	보 통	못느낀다	느낀다	보 통	못느낀다
지역별	전 국	50.9	25.6	23.5	57.6	19.9	22.5
	시 부	57.9	25.3	16.8	64.2	19.8	16.0
	군 부	33.6	26.3	40.1	38.6	20.2	41.2
성별	남	48.0	27.3	24.7	46.9	24.4	28.6
	여	53.6	24.1	22.4	67.2	15.9	16.9
학력별	국졸 이하	41.9	26.4	31.7	44.9	20.6	34.5
	중 졸	53.1	25.6	21.4	61.1	19.9	19.0
	고 졸	56.2	25.3	18.5	62.8	19.4	17.8
	대졸 이상	57.8	24.0	18.2	65.6	20.4	14.0
연령별	15~19세	48.4	28.5	23.1	60.3	21.4	18.3
	20~29	53.0	27.0	20.0	62.2	20.2	17.6
	30~39	57.5	23.2	19.3	63.9	18.7	17.3
	40~49	52.7	25.1	22.1	59.2	19.5	21.3
	50~59	47.4	25.8	26.8	49.8	20.2	30.0
	60+	38.1	23.8	38.1	39.9	20.5	39.6

출처 : 통계청, 《사회통계조사》, 1994.

〈표 4-3〉 주요범죄의 미신고 이유

(단위 : %)

		미신고율	미신고 이유						
			피해 근소	보복 우려	성과가 없을 것 같아서	귀찮 아서	명예 손상	자체 해결	기 타
'88	계	85.5	27.6	3.6	53.1	10.3	0.7	3.0	1.7
	강 도	84.7	24.4	9.2	53.1	8.9	1.1	3.0	0.4
	절 도	81.4	28.2	1.9	55.3	10.0	0.7	2.1	1.8
	소매치기	90.3	29.0	2.5	56.5	9.9	0.3	0.7	1.1
	폭행상해	85.7	22.7	9.3	32.7	14.0	1.7	14.7	5.0

〈표 4-3〉 주요범죄의 미신고 이유(계속)

(단위 : %)

		미신고율	미신고 이유						
			피해 근소	보복 우려	성과가 없을 것 같아서	귀찮 아서	명예 손상	자체 해결	기 타
'91	계	81.5	32.2	4.0	50.3	9.8	0.4	2.1	1.2
	강 도	69.0	29.6	7.5	53.3	6.0	1.3	1.3	1.1
	절 도	76.0	31.2	3.1	51.4	10.5	0.9	1.6	1.3
	소매치기	87.5	33.9	3.2	51.6	9.5	0.1	1.2	0.6
	폭행상해	68.7	24.2	12.4	33.5	11.8	1.1	11.9	5.2

출처 : 통계청, 《사회통계조사》, 1994.

〈표 4-4〉 각국 마약류 범죄 계수

(단위 : 명)

	검거인원	마약류 범죄계수 (인구 10만 명당)	기준연도
미 국	1,066,400	422	1992
캐 나 다	56,811	224	1993
콜롬비아	2,544	7	1993
브 라 질	3,800	25	1993
이 태 리	36,067	64	1994
영 국	855,876	154	1993
프 랑 스	64,841	114	1994
네덜란드	3,300	22	1992
태 국	87,313	160	1993
일 본	17,528	14	1993
말레이시아	10,286	78	1993
호 주	40,408	259	1993
홍 콩	12,794	241	1993
한 국	4,555	10	1994

출처 : 대검찰청, 《마약류 범죄백서》, 1994.

〈표 4-5〉 마약류 사범 단속

	마약류 사범단속(명)				주요 마약류 압수(g)			
	총 검거 인원	대 마	마 약	향정신성 의약품	생아편	앵속(주)	히로뽕	대마초 (천g)
1957	104	—	—	—	—	—	—	—
1958	137	—	—	—	—	—	—	—
1959	45	—	—	—	—	—	—	—
1960	24	—	—	—	—	—	—	—
1961	77	—	—	—	—	—	—	—
1962	78	—	—	—	—	—	—	—
1963	791	—	—	—	—	—	—	—
1964	1,240	—	—	—	—	—	—	—
1965	2,386	—	—	—	—	—	—	—
1966	1,855	—	—	—	—	—	—	—
1967	1,531	—	—	—	—	—	—	—
1968	1,598	—	—	—	—	—	—	—
1969	1,449	—	—	—	—	—	—	—
1970	904	—	—	—	—	—	—	—
1971	759	—	—	—	—	—	—	—
1972	727	—	—	—	—	—	—	—
1973	508	—	—	—	—	—	—	—
1974	—	—	—	—	—	—	—	—
1975	1,446	952	275	219	1,542	230,147	104,705	1,359
1976	1,774	1,460	199	115	1,153	69,027	14,159	1,137
1977	902	639	132	131	148	25,554	25,701	115
1978	671	483	92	96	1,466	1,637	30,264	236
1979	479	357	19	103	1,060	167	39,471	261
1980	667	396	35	236	—	171	36,521	164
1981	734	386	48	300	1,800	315	50,332	1,230
1982	756	375	59	322	166	2,024	85,859	416
1983	848	403	94	351	1,756	8,167	57,363	94

〈표 4-5〉 마약류 사범 단속(계속)

	마약류 사범단속(명)				주요 마약류 압수(g)			
	총 검거 인원	대 마	마 약	향정신성 의약품	생아편	앵속 (주)	히로뽕	대마초 (천g)
1984	729	249	99	381	2,015	3,913	47,892	81
1985	680	162	114	404	—	3,618	24,349	289
1986	961	150	162	649	9,721	5,260	34,157	72
1987	1,309	140	143	1,026	4,184	15,249	120,761	44
1988	1,735	117	245	1,373	1	23,546	73,538	21
1989	3,876	1,025	857	1,994	98	36,985	131,619	155
1990	4,222	1,450	1,215	1,557	9,910	61,120	31,933	43
1991	3,133	1,138	838	1,157	6,046	15,394	3,751	49
1992	2,968	1,054	949	965	2,322	38,371	3,110	68
1993	6,773	1,509	3,364	1,900	19,068	72,686	29,672	78
1994	4,555	1,499	1,314	1,742	2,998	45,669	4,504	119
94/57	43.8배	—		—	—	—	—	—
94/70	5.0배	—		—	—	—	—	—
94/80	6.8배	3.8배	37.5배	7.4배	—	267.1배	*-8.1배	-27.4%
94/85	6.7배	9.3배	11.5배	4.3배	—	12.6배	*-5.4배	*-2.4배
94/90	7.9%	3.4%	8.1%	11.9%	*-3.3배	-25.3%	*-7.1배	2.8배

출처 : 보건복지부, 《보건사회통계연부》, 대검찰청 마약과, 1994.

〈표 4-6〉 소년범죄

(단위 : 명)

연 도	범죄수	이 욕	유흥비충당 허영사치심	사행심	원한분노	우연, 격중	마약, 각성제중독	가정불화	기 타
1974	47,939	13,871	8,844	622	2,497	7,178	30	156	23,585
1975	61,940	14,885	9,983	1,023	4,834	11,126	43	184	29,845
1976	79,778	17,423	12,316	1,134	5,045	13,248	85	212	42,631
1977	83,679	15,218	11,114	1,565	4,942	14,119	59	232	47,544
1978	75,300	11,302	8,148	1,143	4,110	14,258	29	170	44,288
1979	79,240	9,361	6,964	1,356	3,374	15,632	21	171	49,325
1980	87,367	12,327	9,765	1,910	3,618	15,252	42	207	54,511
1981	88,894	13,023	10,385	2,014	3,016	13,566	56	157	57,062
1982	106,249	17,071	13,777	2,742	5,000	20,131	88	278	60,939
1983	103,025	21,008	17,688	3,349	5,268	31,631	104	246	41,419
1984	104,476	20,092	16,604	3,416	5,825	31,714	83	255	43,091
1985	102,038	18,090	14,996	3,219	5,519	29,885	89	214	45,022
1986	106,115	17,702	14,981	2,807	4,919	30,572	220	194	49,701
1987	97,675	15,979	13,831	2,635	4,588	26,934	225	149	47,165

140

〈표 4-6〉 소년범죄(계속)

(단위 : 명)

연도	범죄수	이욕	유흥비충당 허영사치심	사행심	원한분노	우연, 취중	마약, 각성제중독	가정불화	기타
1988	103,760	14,079	11,631	2,699	5,097	35,125	363	172	46,225
1989	107,819	13,796	11,463	3,088	5,021	41,593	276	151	43,894
1990	105,364	13,442	11,477	2,755	3,872	42,748	279	151	42,117
1991	102,324	10,060	8,385	1,909	3,012	35,551	292	149	51,351
1992	99,179	9,761	8,190	1,597	2,091	32,667	474	129	52,460
1993	110,453	10,840	9,189	1,633	1,897	33,161	511	136	62,275
93 / 75	78.3%	-27.2%	-8.0%	59.6%	*-2.5%	3.0배	11.9배	-26.1%	2.1배
93 / 80	26.4%	-12.1%	-5.9%	-14.5%	-47.6%	2.2배	12.2배	-34.3%	14.2%
93 / 85	8.2%	-40.1%	-38.7%	-49.3%	*-2.9배	11.0%	5.7배	-36.4%	38.3%
93 / 90	4.8%	-19.4%	-20.0%	-40.7%	*-2.0배	-22.4%	83.2%	-9.9%	47.9%
93 / 92	11.4%	11.1%	12.2%	2.3%	-9.3%	1.5배	7.3%	5.4%	18.7%

출처 : 대검찰청, 《범죄분석》, 1994.

〈표 4-7〉 경찰 1인당 주민 수

(단위 : 명)

	한 국	일 본	미 국	독일(서독)	프랑스
경찰관 수	65, 998	256, 546	681, 793	195, 335	215, 298
경찰관 1인당 주민 수	630	552	357	313	258

출처 : 치안본부, 《'87 외국범죄통계》, 1989.
　　　 법무연수원, 《범죄백서》, 1994.

(2) 인위적 사고로부터의 안전

　앞에서 범죄로부터 우리 국민이 어느 정도 안전한가를 분석해 보았
는데 산업사회에서 특히 안전을 위협하는 요소로 부각되는 것은 인위
적 사고인 산업재해를 들 수 있다. 〈표 4-8〉을 보면 영국을 비롯한 서
구 선진국이 1,000명당 0.012~1.114 정도의 재해율을 보이는 반면
우리나라는 0.329명으로 아시아의 경쟁국인 홍콩과 싱가포르보다도
높은 재해율을 보이고 있다.

　실제로 우리나라의 산업재해율은 이보다 더 높을 수 있는데, 그 이
유로는 첫째, 근로환경이 열악한 4인 이하 사업장 근로자들이 산재통
계에서 빠졌고, 둘째, 현재 시행중인 무재해 운동을 무리하게 추진하
는 기업이 산업재해 신고를 기피하기 때문이다.

　산업재해는 기반 산업 수준의 취약성을 드러내는 것으로 이는 대형
사고로 이어질 가능성이 크다. 특히 특정 계층이 피해를 집중적으로
받아, 이들의 문제는 사회문제로 확대되기 쉽기 때문에 결코 간과되어
서는 안된다.

〈표 4-8〉 산업재해율

국 가	연 도	산업재해율
영 국	1992	0.012*
독 일	1992	0.070*
노르웨이	1993	0.030*
캐나다	1992	0.078*
스위스	1992	0.039
네덜란드	1989	0.017
덴마크	1993	0.023*
벨기에	1989	0.060
인도네시아	1992	0.437*
한 국	1993	0.320
싱가포르	1993	0.130
홍 콩	1992	0.100*
뉴질랜드	1992	0.045

*는 피고용자 1,000명당 재해율
출처 : UN, *Yearbook of Labour Statistics*, 1994.

2) 계층간·성별·연령별 불평등

사회통합은 사회 구성원에게 주어진 역할이 당연한 권리이자 의무임을 서로 인정하는 과정임에도 불구하고 사회에 내재해 있는 불평등으로 인해 제한받을 수 있다. 불평등을 야기시키는 중요한 요인으로 계층, 성별, 및 연령을 들 수 있으며 이를 극복하지 않으면 사회내에 갈등이 조장되어 사회통합을 저하시킨다.

(1) 소득분포

계층간의 불평등은 소득분포와 지니계수를 통해 볼 수 있는데 〈표 4-9〉의 소득 분포는 동일연도에 대한 비교가 아니므로 한계를 갖기는

〈표 4-9〉 5분위별 소득분포

연 도	5분위별 소득분포(%)					배 율
	I	II	III	IV	V	
한 국	1988	2.8 4.6	5.7 6.6	7.6 8.7	10.0 11.8	14.6 27.6	5.72
일 본	1988	11.7	15.8	19.0	22.9	30.6	2.61
싱가포르	1982~3	5.1	9.9	14.6	21.4	48.9	9.59
대 만	1992	7.4	13.2	17.5	23.2	38.7	5.24
독 일	1988	7.0	11.8	17.1	23.9	40.4	5.76
스 웨 덴	1981	6.6	12.3	17.2	25.0	38.9	5.89
불가리아	1992	10.4	13.9	17.3	22.2	36.6	4.41
영 국	1988	4.6	10.0	16.8	24.0	44.6	9.63
프 랑 스	1989	5.6	11.8	17.2	23.5	41.9	7.48
미 국	1985	4.7	11.0	17.4	25.0	41.9	8.91
캐 나 다	1987	5.7	11.8	17.7	24.6	40.2	7.05
이탈리아	1986	6.8	12.0	17.9	23.5	41.0	6.03
뉴질랜드	1981	5.1	10.8	16.2	23.2	44.7	8.76
호 주	1985	4.4	11.1	17.5	24.8	42.4	9.59

출처 : 한국은행, 《세계 속의 한국경제》, 1994.
* 한국은 10분위 소득분포.

하지만 분배상태가 1~2년에 갑자기 변화할 가능성이 적음을 고려하면 유의미하다고 판단된다. 하위 20%와 상위 20%의 배율에서 우리나라는 5.72로서 독일(5.76), 스웨덴(5.89)과 비슷한 수준이며, 캐나다, 뉴질랜드, 호주, 이탈리아보다는 분배상태가 평등하게 나타났다. 일본이 다른 국가에 비하여 분배상태가 매우 좋게 나타나고 있다.

〈표 4-10〉에서 보면 우리나라의 지니계수는 0.3355로 영국(0.3236), 프랑스(0.3219)와 비슷한 수준이며 일본과 독일보다는 높다. 앞서의 5분위 비교와 지니계수를 종합해 볼 때 일본을 제외한 서구선진국에 비하여 분배상태가 비슷하거나 조금 좋은 것으로 나타나고

<表 4-10> 지니계수

국 가	연 도	지니계수	국 가	연 도	지니계수
한 국	1988	0.3355	영 국	1979	0.3236
일 본	1989	0.2879	프 랑 스	1979	0.3219
싱가포르	1982~1983	0.3968	미 국	1985	0.3536
대 만	1992	0.3120	캐 나 다	1987	0.3272
독 일	1984	0.3005	이탈리아	1986	0.3196
스 웨 덴	1981	0.3290	뉴질랜드	1983	0.2932
노르웨이	1979	0.3560	호 주	1985	0.3572

출처 : 한국은행, 《세계 속의 한국경제》, 1994.

있다. 그러나 한국인의 부동산 보유에 대한 집착과 보유율이 높기 때문에 부동산 소유 정도를 파악할 수 없는 지니계수로 한국의 분배상태를 측정하는 것은 무리이다.

그러므로 한국인의 토지 소유에 의한 지니계수를 특별히 산출한 연구를 보면 지니계수가 0.85로 매우 높게 나타나고 있고 우리나라 사유 토지의 약 65.2%가 상위층 50% 사람들이 소유하고 있는 결과를 보이고 있어(강봉균, 1989) 한국의 분배 상태는 불평등도가 매우 높다는 것을 알 수 있다.

(2) 성별차이

남녀의 성별 임금격차를 <표 4-11>을 통해 보면 남자에 대한 여자의 임금 비율이 52.2%로서 일본을 제외한 서유럽의 선진국에 비해 적게는 8%(룩셈부르크), 많게는 37%(스웨덴)정도 낮게 나타나 있어 성별간 임금의 차이가 크다는 것을 알 수 있다. 우리나라는 성별에 따라 임금 격차가 심각한 것에 못지않게 경제활동 참가에도 격차가 많다.

<표 4-12>에서 경제활동 참가율을 보면 남자의 경우는 76%로 선진국보다는 높으나, 여자는 47.2%로 미국, 캐나다, 영국보다 5~

〈표 4-11〉 성별 임금격차

국 가	연 도	비율(여자/남자:%)
한 국	1993	52. 2
영 국	1993	68. 2
일 본	1992	43. 6
프 랑 스	1993	79. 1
독 일	1993	82. 6
덴 마 크	1992	85. 0
벨 기 에	1992	74. 2
룩셈부르크	1991	60. 8
뉴 질 랜 드	1993	76. 8
호 주	1993	84. 9
스 웨 덴	1992	89. 5
스 위 스	1992	67. 9
터 키	1993	88. 5

출처 : 노동부, 《임금구조 기본통계 보고서》, 1994.
　　　 ILO, *Yearbook of Labour Statistics*, 1994.

〈표 4-12〉 남녀의 경제활동 참가율(1993)

(단위 : %)

	남 자	여 자		남 자	여 자
한 국	76. 0	47. 2	프랑스	71. 6	47. 5
미 국	71. 5	55. 7	일 본	78. 0	50. 0
스위스	64. 0	38. 2	이탈리아(91)	65. 4	35. 8
영 국	56. 8	52. 8	독 일(92)	71. 6	46. 1
캐나다	73. 7	57. 5			

출처 : 통계청, 《세계와 한국》, 1995.

9% 포인트 정도 낮다. 남녀간의 차이는 약 29% 포인트로 비교국가 중 가장 크게 나타나서 취업에 있어 성별에 따른 불평등을 해소하지 않으면 안될 시점에 다다랐다.

(3) 노인취업

연령간의 불평등은 연령에 의해 소외당하고 있는 노인 집단의 취업 활동과 고용형태를 통해 밝힐 수 있다. 현재 노인은 평균수명이 길어지고 건강수준이 향상되어 취업 필요성을 어느 때보다 높게 인식하고 있는데 〈표 4-13〉에서 보면 55세 이상 취업자 비율이 14.4%로서 일

〈표 4-13〉 고령 취업자 비율

(단위 : 천명, %)

	연 도	총취업자 수	55세이상 취업자 비율	남	여
한 국	1993	19,253	14.4	8.3	6.1
싱가포르	1990	1,325	6.8	5.5	1.4
일 본	1991	63,670	21.0	12.9	8.1
필 리 핀	1990	22,530	14.2	9.1	5.1
홍 콩	1991	2,748	10.5	7.9	2.5
영 국	1990	27,241	12.5	7.7	4.7
이탈리아	1990	21,304	12.6	9.5	3.1
스 페 인	1991	12,609	14.4	10.6	3.8
오스트리아	1990	3,420	6.3	4.3	2.0
네덜란드	1991	6,520	6.1	4.4	1.7
덴 마 크	1990	2,670	11.8	7.3	4.5
노르웨이	1991	2,010	14.2	7.9	6.3
스 웨 덴	1991	4,430	13.2	6.8	6.4
핀 란 드	1991	2,366	9.3	4.8	4.5
미 국	1991	125,296	12.5	7.1	5.4
캐 나 다	1991	12,350	10.1	6.4	3.7
칠 레	1991	4,540	12.6	9.4	3.1
호 주	1990	7,872	9.0	6.4	2.6

출처 : 국제노동기구, 《노동통계연감》, 1994.

본에 비해서는 낮으나 선진국과는 비슷한 수준이다.

그러나 한국 노인의 취업 형태를 〈표 4-14〉에서 보면 1990년 현재 60세 이상의 노인 취업자 1,289,000명 중에서 76.6%에 해당하는 987,000명이 비임금 근로자로 전체 활동인구와는 다른 취업의 종사 형태를 나타내고 있다.

즉 전체 경제활동 인구가 상시고용의 임금 근로자가 많은 것에 비해 노인의 경우 비임금 근로자의 비율이 매우 높고, 임금근로자 중에서도 임시고용의 비율이 높게 나타나고 있다.

따라서 노인취업자 중에서 안정된 취업상태에 있는 비율이 약 14% 정도에 지나지 않는데, 이것은 노인들이 주로 비임금 근로자 중에서 자영업과 무급가족 종사자들이며, 특히 농업 부분에 많이 종사하고 있다는 점을 감안할 때 실질적인 노인취업으로 보기 어렵다. 그러나 1985년 자료와 비교할 때 임금 근로자의 비율이 조금씩 증가하고 있고 특히 상시고용의 비율이 점차 증가하고 있음을 볼 수 있기 때문에 노

〈표 4-14〉 노인취업자의 종사상태

(단위 : 천명, %)

구 분	1985년		1990년	
	전 체	60세 이상	전 체	60세 이상
〈비임금근로자〉	6,845(45.8)	729(83.1)	7,171(39.8)	987(76.6)
고 용 주	842(5.6)	39(4.5)	1,163(6.4)	39(3.0)
자 영 자	3,821(25.6)	490(55.9)	3,937(21.8)	679(52.7)
무급가족종사자	2,182(14.6)	200(22.8)	2,071(12.0)	269(20.9)
〈임금근로자〉	8,090(54.2)	148(16.9)	10,865(60.2)	302(23.4)
상 시 고	5,081(34.0)	45(5.1)	9,034(50.1)	146(11.3)
임 시 고	3,008(20.1)	103(11.7)	1,831(10.1)	156(12.1)
계	14,935(100.0)	877(100.0)	18,036(100.0)	1,289(100.0)

출처 : 경제기획원, 《경제활동인구연보》, 1990.

148

인인력 활용 측면에서 안정된 노인 직종 개발 및 보급이 중요하다. 노인의 인력활용은 사회보장비의 절감을 위해서도 필요한 것이며 노인 자신의 정신적, 정서적 안정을 위해서도 필요한 것이다. 무엇보다도 노인들이 인간답게 살아갈 수 있도록 하기 위해서는 노인들로 하여금 종속적 지위나 피부양적 위치에서 벗어나도록 해야 할 것이다(김태현, 1993).

전혀 경제활동이 없는 노인이나 취업이 불안정한 노인들이 노후 생활에 대한 준비도 부족하여, 〈표 4-15〉에서 보면 노후 준비방법이 없

〈표 4-15〉 노후 준비방법

		준 비 방 법							준비 없음
		보 험	예금/ 적금	연 금	계	부동산	유가 증권	기 타	
'88	전 국	8.6	9.4	11.5	1.3	3.6	0.6	0.2	64.9
'91	전 국	11.2	10.4	13.4	0.7	2.9	0.3	0.1	61.0
	시 부	13.0	10.5	15.5	0.7	3.0	0.4	0.1	56.8
	군 부	5.8	10.1	7.2	0.7	2.7	0.0	0.3	73.2
	국졸이하	6.8	9.2	3.0	1.0	3.0	0.0	0.2	76.8
	중 졸	11.9	11.5	8.2	0.8	2.5	0.2	0.1	64.7
	고 졸	13.0	10.7	16.2	0.7	2.5	0.3	0.1	56.5
	대졸이상	13.4	10.3	31.1	0.1	4.4	0.9	0.0	39.9
'94	전 국	16.1	17.8	16.0	0.5	2.5	0.1	0.1	47.0
	시 부	18.0	16.9	18.5	0.6	2.5	0.1	0.1	43.3
	군 부	9.6	20.5	7.8	0.4	2.6	0.0	0.1	58.9
	국졸이하	8.7	16.4	3.6	0.7	3.1	0.0	0.1	67.3
	중 졸	19.1	20.7	8.8	0.7	2.6	0.1	0.1	48.0
	고 졸	19.0	18.2	17.5	0.6	2.0	0.1	0.1	42.6
	대졸이상	16.3	16.1	34.5	0.2	3.0	0.3	0.1	29.6

출처 : 통계청, 《사회통계조사》, 1994.

는 노인이 1988년 64.9%, 1991년 61.0%, 1994년 47.0%로 감소하고
는 있으나 여전히 절반 정도의 노인이 미래 생활이 불안정하여 빈곤계
층으로 전락할 가능성이 있다.

국가 연금제도의 혜택을 받지 못하는 한국 노인들의 지역과 교육수
준별 노후준비상태를 보면 시부노인이 군부노인보다 노후준비를 조금
더 하고 있고 교육수준별로는 차이가 많이 나타나서 대졸 이상 노인이
국졸 이하 노인에 비해 2배 이상의 준비정도를 보이고 있다.

(4) 세대간 가치관 차이

개인이 어느 시점에 태어났느냐에 따라 정치적 · 경제적 · 사회적 경
험을 달리 하기 때문에 세대차이가 필연적으로 따르게 된다. 세대간
차이가 어느 정도인지 국가간 비교를 해보면 〈그림 4-1〉에서 보는 바

〈그림 4-1〉 세대간 가치관 차이

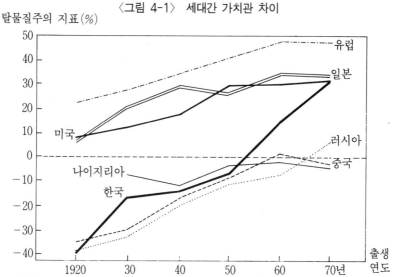

탈물질주의 지표(%)

출처 : Ronald F. Ingleheart, *Modernization and Postmodernization : Changing
Korean Society in Global Perspective*, 1995.

와 같이 한국은 극심한 세대간 가치관 차이를 경험하고 있어 사회발전을 가로막는 장애가 된다.

유럽의 경우 1920년대 출생집단은 개인의 자유, 풍요, 남녀의 역할 평등 등 탈물질적인 가치들에 대해 25%의 반응을 보이고, 60년대 출생집단의 경우 48%의 반응을 보여 세대차가 20여 % 포인트 차이가 난다. 한국의 경우 동일한 비교를 한 경우 −40%에서 +30%까지 70% 포인트 차이가 난다.

(5) 불평등 정도

권력거리 지수는 사회 속의 불평등 정도의 측정이다. 〈표 4-16〉을 보면 라틴계 국가(프랑스나 스페인과 같은 라틴계 유럽국 및 라틴 아메리카), 그리고 아시아나 아프리카에 있는 나라들의 권력거리 점수가 높고, 미국, 영국, 옛 영국연방국가, 그리고 비라틴계 유럽국의 권력거리점수는 낮다. 한국은 PDI 점수가 60으로 50개국 중에 27~28위로 사회불평등 정도가 중간보다 높다(김경동, 1993).

권력에 의한 불평등이 다소 높게 나타난 것을 앞서 제시한 부동산 지니계수가 높게 나타난 것과 연결시켜 보면 경제수준에서 불평등을 경험한 국민들이 정신적·문화적 복지감이 만족되지 못하면 권력과의 거리를 높게 지각할 수밖에 없다는 것을 나타낸다.

한국인이 경제나 권력 면에서 불평등이 많다고 생각하고 있지만 한편으로는 자기자신을 중류층이라고 동일시하는 낙관적인 면이 있다. 〈표 4-17〉에서 보면 한국인은 자신이 중류층이라고 인식하는 사람이 1991년에는 61.3%, 1994년에는 60.4%로 가장 높게 나타났다.

지역별로는 시부주민이 군부주민보다 중류층이라고 인식하는 비율은 높고, 하류층이라고 인식하는 비율은 낮다.

교육 정도별로는 대졸 이상이 중류층이라고 인식하는 비율이 83.4%로서 가장 높고 국졸 이하는 하류층이라고 인식하는 비율이 가장 높게

〈표 4-16〉 50개국과 3개 지역에 대한 권력거리 지수(PDI)

점수순위	나라/지역	PDI 점수	점수순위	나라/지역	PDI 점수
1	말레이시아	104	27/28	한 국	60
2/3	과테말라	95	29/30	이 란	58
2/3	파 나 마	95	29/30	대 만	58
4	필 리 핀	94	31	스 페 인	57
5/6	멕 시 코	81	32	파키스탄	55
5/6	베네수엘라	81	33	일 본	54
7	아 랍 권	80	34	이탈리아	50
8/9	에콰도르	78	35/36	아르헨티나	49
8/9	인도네시아	78	35/36	남아프리카	49
10/11	인 도	77	37	자메이카	45
10/11	서아프리카	77	38	미 국	40
12	유고슬라비아	76	39	캐 나 다	39
13	싱가포르	74	40	네덜란드	38
14	브 라 질	69	41	오스트레일리아	36
15/16	프 랑 스	68	42/44	코스타리카	35
15/16	홍 콩	68	42/44	독 일	35
17	콜롬비아	67	42/44	영 국	35
18/19	살바도르	66	45	스 위 스	34
18/19	터 키	66	46	핀 란 드	33
20	벨 기 에	65	47/48	노르웨이	31
21/23	동아프리카	64	47/48	스 웨 덴	31
21/23	페 루	64	49	아이랜드	28
21/23	태 국	64	50	뉴질랜드	22
24/25	칠 레	63	51	덴 마 크	18
24/25	포르투갈	63	52	이스라엘	13
26	우루과이	61	53	오스트리아	11
27/28	그 리 스	60			

출처 : Great Hofstede, *Cultures and Organizations : Software of the Mind,* Institute for Research on Intercultural Cooperation, 1995.

<표 4-17> 주관적 계층귀속의식

		1991			1994		
		상	중	하	상	중	하
지역별	전 국	1.6	61.3	37.1	1.4	60.4	38.2
	시 부	1.7	62.3	36.0	1.4	61.7	36.9
	군 부	1.5	58.3	41.2	1.4	56.3	42.3
학력별	국졸이하	0.9	46.3	52.8	0.7	41.1	58.2
	중 졸	1.3	55.5	43.2	1.0	51.1	48.0
	고 졸	1.3	65.8	32.9	0.9	65.0	34.1
	고졸이상	4.1	83.1	12.8	3.5	83.4	13.0
연령별	15~19세	1.8	58.0	40.2	1.2	62.5	36.4
	20~29	1.1	61.4	37.4	0.9	64.6	34.5
	30~39	1.6	63.6	34.8	1.2	64.7	34.1
	40~49	1.9	65.4	32.7	1.6	62.7	35.7
	50~59	1.8	61.8	36.4	1.8	60.0	38.2
	60+	1.5	46.4	52.1	1.5	42.2	56.4

출처 : 통계청, 《사회통계조사》, 1994.

나타났다.

연령별로는 20~30대가 중류층이라고 인식하는 비율이 가장 많고 60대 이상이 하류층이라고 인식하는 비율이 56.4%로 가장 높다.

주관적 계층의식은 도시지역으로 갈수록, 교육정도가 높을수록 그리고 연령이 젊을수록 중류층이라 생각하는 비율이 높다.

(6) 사회적 이동 가능성

한국인이 소득불평등을 크게 느끼고 있으면서도 다른 한편으로 중류층이라고 인식하는 비율 또한 매우 높다는 것은 우리 사회가 그만큼 유동성이 높은 사회라는 점을 말해주는 것이다. 실제로 〈표 4-18〉에서 한국인은 자신이 속한 사회를 사회적 이동 가능성이 높은 사회로

〈표 4-18〉 사회적 이동 가능성에 대한 태도

(단위 : %)

		1991			1994		
		가능성이 높다	보 통	가능성 이 낮다	가능성 이 높다	보 통	가능성 이 낮다
세 대 간 이 동	전 국	60. 7	31. 7	7. 6	60. 3	34. 6	5. 1
	시 부	59. 1	32. 5	8. 4	60. 0	34. 5	5. 5
	군 부	65. 3	29. 3	5. 4	61. 4	34. 7	3. 9
	국졸이하	57. 8	35. 1	7. 1	57. 8	37. 2	5. 0
	중 졸	58. 7	32. 5	8. 8	58. 6	35. 8	5. 6
	고 졸	61. 3	30. 9	7. 8	61. 3	33. 6	5. 2
	대졸이상	66. 7	26. 5	6. 8	63. 1	32. 3	4. 6
세 대 내 이 동	전 국	43. 9	38. 0	18. 1	45. 8	42. 7	11. 5
	시 부	42. 1	38. 8	19. 1	44. 6	43. 9	11. 5
	군 부	49. 0	35. 7	15. 3	49. 7	39. 0	11. 3
	국졸이하	41. 8	39. 0	19. 2	43. 2	42. 9	13. 9
	중 졸	40. 0	40. 7	19. 3	41. 0	46. 4	12. 6
	고 졸	43. 2	38. 2	18. 6	45. 7	43. 5	10. 8
	대졸이상	53. 5	32. 7	13. 8	53. 3	37. 8	9. 0

출처 : 통계청, 《사회통계조사》, 1994.

인식하고 있다. 1994년도의 경우 세대간 이동의 가능성은 60.3%, 세대내 이동은 45.8%를 보여 세대내 이동보다 세대간 이동의 가능성을 높게 인식하고 있다.

특히 세대간 이동에 있어 대졸 이상 집단의 이동가능성은 63.1%로 매우 높게 나타나고 있는데, 이는 부모의 배경보다 자신의 능력에 따라 얼마든지 사회적 이동을 꾀할 수 있다는 태도를 보여주고 있다. 그러므로 사회가 공정한 규칙을 가지고 움직인다면 사회불평등의 해소는 어느 정도 가능해질 것이다.

3) 가족 안정

사회통합의 기본요소 중의 하나가 가족의 안정이다. 지난 30년간
산업화가 진행되면서 가족생활에 큰 변화가 나타났으나 그에 대해 충
분한 대처능력을 기르지 못했다. 이로 인해 우리들이 실생활에서 경험
하고 있는 여러 문제들이 야기되어 모여서 커지고 이는 다시 사회문제
로 확대되고 있다.

가족의 안정은 외부적 사건과 내부적 사건에 의해 흔들릴 수 있는데
외부적 사건으로는 가족 구성원이 경험하는 교통사고, 주거여건, 근로
여건이 있고 가족 내부 사건으로는 이혼을 들 수 있다. 교통사고는 가
족파괴의 온상으로 〈표 4-19〉를 보면 교통사고에 의한 사망률은 우리
나라가 비교국가 중에서 최고치를 기록하였다. 영국의 약 4배, 이탈리
아의 약 2배에 달한다.

우리나라 가족들이 거주하는 주택마련 기간은 가족의 안정성과 밀접

〈표 4-19〉 교통사고 사망자와 사망률

	연 도	사망자 수(명)	인구10만 명당 사망률
한 국	1993	13,879	33.5
영 국	1992	4,989	8.6
일 본	1992	15,828	12.7
프 랑 스	1991	9,829	17.2
독 일	1991	11,726	14.7
이탈리아	1990	9,445	16.4
미 국	1990	49,606	19.8
캐 나 다	1991	3,932	14.5
뉴질랜드	1991	740	21.9
오스트리아	1992	1,316	16.7

출처 : 통계청, 《한국의 사회지표》, 1994.
　　주) 교통사고 사망자 수는 사망원인 통계에 의함.

한 관련성이 있다. 〈표 4-20〉을 보면 결혼 후 주택마련 기간이 87년
에 비해 92년에 늘어났다. 92년에는 10~14년 걸리는 비율이 21.8%
로서 가장 높아 이 기간 동안 자주 이사를 해야 하고, 가족들은 계속
새로운 주변환경에 적응해야 하는 어려움이 있다. 또한 부부가 집을
마련하기 위해 열심히 일터에서 뛰다 보면 주택마련 기간은 자녀양육

〈표 4-20〉 주택마련 기간

(단위 : %)

		전 국	시 부	대도시	기타도시	군 부
'87	계	100.0	100.0	100.0	100.0	100.0
	결혼 이전	19.9	18.2	17.5	19.5	21.9
	결혼 이후	80.1	81.8	82.5	80.5	78.1
	1년이내	10.4	11.5	12.2	10.3	9.0
	2~3년	15.7	16.6	16.5	16.7	14.7
	4~5년	16.8	17.4	18.0	16.3	16.2
	6~9년	20.8	20.6	21.1	19.7	21.1
	10~14년	19.8	19.5	19.9	18.9	20.1
	15~19년	8.4	7.6	6.7	9.3	9.2
	20년 이상	8.1	6.8	5.7	8.8	9.7
'92	계	100.0	100.0	100.0	100.0	100.0
	결혼 이전	16.8	15.4	15.0	16.3	19.4
	결혼 이후	83.2	84.6	85.0	83.7	80.6
	1년이내	11.4	9.1	8.7	9.8	16.0
	2~3년	12.8	14.3	15.0	13.0	10.0
	4~5년	14.9	16.0	16.6	15.1	12.6
	6~9년	19.5	21.3	20.8	22.1	16.2
	10~14년	21.8	22.8	23.3	21.9	19.9
	15~19년	8.9	8.6	8.4	9.0	9.6
	20년 이상	10.6	7.9	7.2	9.1	15.7

출처 : 통계청, 《사회통계조사》, 1994.

156

및 교육부분에 소홀함이 발생할 수 있으므로 이에 대한 제도적 장치가
매우 필요하다. 주거이동은 친숙한 생활의 근거지를 파괴하며 의미있
는 사회관계가 단절되고, 감정적인 애착을 절단시킨다. 〈표 4-21〉을
보면 한번도 이사하지 않은 경우는 시부에서 10.4%, 군부는 43.4%
로 도시의 이사 빈도가 높고 연령별로는 10대, 20대, 60대에 비해 30
대, 40대, 50대의 이사빈도가 높고 주택유형별로는 단독주택에 비해
연립주택이나 아파트, 다세대 주택의 이사빈도가 높다.

이사를 자주 다녀야 하는 데에는 우리 사회의 주택값이 너무 높기도
하고 한편에서는 투기목적으로 빈번히 주택을 사들이고 파는 한국의
사회경제적 요인이 작용한 것으로 해석된다.

〈표 4-21〉 결혼 후 내집 마련시까지 이사 횟수

(단위 : %)

		한번도 않음	1~2	3~4	5~6	7~8	9~10	11번 이상
지역별	전 국	21.6	27.5	21.1	13.0	6.4	4.1	6.3
	시 부	10.4	25.6	25.2	16.6	8.6	5.5	8.0
	군 부	43.4	31.3	13.0	6.0	2.1	1.3	2.9
연령별	15~29세	35.6	46.8	10.3	7.3	0.0	0.0	0.0
	30~39	17.2	35.8	24.4	12.4	4.9	2.6	2.8
	40~49	13.3	23.8	24.2	16.6	9.2	5.8	7.1
	50~59	22.4	24.6	20.4	13.3	6.8	4.4	8.1
	60세이상	36.8	28.3	14.4	8.1	3.5	2.7	6.2
주택형태별	단독주택	27.0	27.9	19.0	11.4	5.5	3.5	5.6
	연립주택	5.8	22.7	26.1	17.5	11.9	6.5	9.6
	아파트	8.9	29.0	26.4	16.6	7.2	5.5	6.4
	다세대주택	7.4	24.5	20.3	21.1	10.5	2.7	13.4
	기 타	14.0	23.2	25.2	15.8	7.0	4.0	10.7

출처 : 통계청, 《사회통계조사》, 1994.

가족의 안정된 삶은 가족들이 함께 보내는 시간과 연관되어 있는데
〈표 4 - 22〉를 보면 우리나라의 주당 평균 근로시간이 매년 줄어들기
는 하지만 1992년도 현재 선진국에 비해 높아 가족과 함께 보내는 시
간이 적다. 즉 가족내 삶의 질에 부정적 영향을 미쳐 가족의 응집력을
약화시킬 수 있다.

서구 사회에서는 이혼율이 높다는 것이 곧 가족의 불안정을 초래하
는 것은 아니라고 인식하는 경향이 있다. 그러나 한국 사회는 서구와

〈표 4-22〉 주당 평균 근로시간(제조업)

(단위 : 시간)

	1986	1987	1988	1989	1990	1991	1992
한 국	54. 7	54. 0	52. 6	50. 7	49. 8	49. 3	48. 7
싱가포르	48. 5	49. 2	47. 4	48. 6	48. 5	48. 7	48. 7
일 본	41. 1	41. 3	41. 8	41. 4	40. 8	40. 0	38. 8
홍 콩	45. 2	44. 5	45. 9	44. 8	44. 0	45. 2	43. 0
이스라엘	38. 8	38. 2	38. 1	39. 2	38. 8	39. 2	40. 5
프 랑 스	38. 6	38. 6	38. 7	38. 7	38. 7	38. 7	38. 7
독 일	40. 4	40. 1	40. 0	39. 9	39. 5	39. 2	38. 9
스 위 스	42. 6	42. 4	41. 9	41. 8	41. 6	41. 5	41. 4
네덜란드	40. 1	39. 6	39. 8	39. 8	39. 9	39. 9	—
벨 기 에	33. 0	33. 0	33. 4	33. 6	33. 4	32. 7	—
덴 마 크	32. 8	32. 1	31. 8	31. 8	31. 5	31. 5	31. 5
스 웨 덴	38. 3	38. 4	38. 5	38. 5	38. 5	38. 4	38. 5
미 국	40. 7	41. 0	41. 1	41. 0	40. 8	40. 7	41. 0
캐 나 다	38. 7	38. 8	38. 8	38. 6	38. 2	37. 8	38. 3
멕 시 코	46. 4	44. 2	44. 9	45. 1	45. 4	45. 6	45. 7
호 주	37. 0	37. 3	37. 9	37. 7	38. 1	37. 4	38. 0
뉴질랜드	39. 6	40. 2	39. 9	40. 5	40. 7	40. 4	—
남아공화국	46. 6	46. 8	47. 3	46. 9	45. 9	45. 0	—

출처 : 국제노동기구, 《노동통계연감》, 1994년

다른 문화적 규범, 가치관으로 아직은 이혼이 가족의 불안정을 야기할 수 있다. 〈표 4-23〉을 보면 프랑스, 영국, 네덜란드는 우리나라 이혼율의 6~7배 정도이다. 대체로 한국의 이혼율은 낮은 편이나 잠재된 불안정에 관심을 갖고 예방적 차원에서 도움을 주어야 한다. 그리고 우리나라는 일단 이혼하고 나면 서구에 비해 관습적 압력이 크고, 이혼자와 이혼 자녀를 도와주는 정책이 미비하여 이혼 가족의 적응에 여러 문제가 제기되어 가족의 안정을 해치게 된다.

반면 한국에 있어 이혼증가 속도가 매우 빠르다는 점을 주목해야 한다. 〈표 4-24〉에서 보면 한국에서 20년 동안 인구 천 명당 이혼 수는 약 3.6배, 결혼에 대한 이혼율은 약 3배 이상 증가하였다. 다른 나라에 비해 이혼율은 아직 적지만 시간적 추이를 볼 때 한국의 이혼 수는 매우 심각한 정도로 빠르게 증가하였다.

〈표 4-25〉에서 보면 한국인의 이혼사유는 경제문제, 건강문제보다도 부부불화가 가장 빈번하다. 또한 부부불화로 인한 이혼은 매년 증가추세에 있는데, 1980년에 74.4%에서 1993년은 83.6%로 증가하여 가족생활의 구심점인 부부관계가 흔들리고 있음을 보여주고 있다. 한국 부부관계의 위기를 극복하기 위해 부부관계의 재정립이 요망된다.

가족의 안정을 위협하는 외부적 사건이나 내부적 사건이 일어났을 때 이들 가족을 경제적으로 도와줄 수 있는 가족급여 제도를 〈표 4-26〉

〈표 4-23〉 이혼율

(단위 : 1,000명당 비율)

국 가	연 도	비 율	국 가	연 도	비 율
한 국	1990	0.8	영 국	1989	5.8
중 국	1987	0.5	스 페 인	1986	1.1
프 랑 스	1989	4.9	네덜란드	1989	5.0

출처 : UN, 《인구통계연감》, 1994.

〈표 4-24〉 연도별 이혼율

(단위 : 건수, %)

연 도	이혼 수	결혼 수	인구 1,000명당 이혼 수	결혼에 대한 이혼율
1974	14,236	260,103	0.4	5.5
1975	16,453	283,226	0.4	5.8
1976	17,055	285,420	0.5	6.0
1977	20,146	302,388	0.5	6.7
1978	19,152	339,847	0.5	5.6
1979	16,287	349,205	0.4	4.7
1980	21,710	392,453	0.6	5.5
1981	22,405	355,288	0.6	6.3
1982	23,621	346,947	0.6	6.8
1983	24,484	237,918	0.6	7.2
1984	25,858	252,407	0.6	10.2
1990	48,290	404,931	1.13	11.9
1993	64,071	397,753	1.45	16.1

출처 : 통계청, 《한국의 사회지표》, 1994.

〈표 4-25〉 이혼사유별 구성비

(단위 : %)

	이혼건수	부부불화	가족간불화	건강상	경제문제	기 타
1980	23,622	74.4	5.3	3.3	3.6	13.4
1985	38,609	80.6	4.2	1.6	3.0	10.6
1988	40,666	81.9	3.6	1.5	2.2	10.8
1989	41,181	82.4	3.4	1.5	2.1	10.6
1990	42,898	82.4	3.5	1.4	1.8	10.8
1991	44,772	83.2	3.4	1.3	1.7	10.4
1992	47,651	84.2	3.0	1.2	1.9	9.7
1993	46,382	83.6	2.8	1.0	2.2	10.4

출처 : 통계청, 《인구동태신고》, 1994.

160

〈표 4-26〉 실업·가족급여(*family benefits*)·기타 분야에 대한
정부지출비(1980년)

(GDP 기준 : %)

국 가	실 업	가족급여	기타 (연금, 의료, 실업, 가족급여 제외한 것)
한 국			
캐 나 다	1.33	0.62	1.82
프 랑 스	1.70	3.80	3.90
독 일	1.50	1.20	4.60
이 탈 리 아	0.50	—	2.50
일 본	0.30	—	1.00
영 국	0.50	1.30	3.90
미 국	0.60	—	1.40

출처 : IMF, *Aging and Social Expenditures in the Major Industrial Countries,*
1980〜2025, Occasional Paper 47, 1986.

을 통해 보면 프랑스, 영국, 독일, 캐나다에서 지급되는 가족급여가
한국은 없다. 이는 가족을 아직 사적 차원으로 간주하고 공식적인 지
원을 회피하고 있는 것을 나타내는 것이며 가족불안정을 경험하는 가
족을 더욱 방치하는 결과를 초래한다.

3. 사회통합의 과제

21세기의 문턱에 와 있는 현 시점에서 20세기의 현 사회가 우리에게
어떠한 결과를 가져다 주었는가에 대해서 사회통합 부분을 중심으로
진단해 보았다. 사회통합은 사회구성원들이 범죄와 인위적 사고로부
터 안전하고, 성별·연령별·계층별 불평등을 극복하여 개인적·가족
적으로 안심하고 일상생활을 유지하는 상태를 말한다. 이를 위해 제도

개선, 정부 및 사회적 차원에서의 대책과 민간차원에서의 대책을 알아
본다.

1) 제도 개선

첫째, 가족정책에 대한 마스터플랜을 수립하는 것이 시급하다. 다
시말해, 명시적 가족정책과 암시적 가족정책이 모두 포함된 광범위한
가족정책이 종합적으로 제시되어야 한다. 명시적 가족정책은 가족에
대하여 의도적인 행동을 하는 정책을 의미하고(예를 들면 탁아, 아동복
지, 가족상담, 소득보장, 세제혜택, 주택정책 등), 암시적 가족정책은 가
족에 대하여 직접적이고 의도적인 행동을 하는 것은 아니지만 간접적
으로 영향을 미치는 행동을 하는 것을 의미한다(예를 들면, 공업입지,
도로건설, 이민정책 등 : 최성재, 1992).

서구 복지국가의 경험에서 가족정책은 가족 전체의 기능을 보완하
는 것을 등한히 함으로써 가족기능을 약화시키거나 가족을 와해시키는
결과를 가져오는 경우가 많았다는 것을 알 수 있다. 따라서 한국에서
의 가족정책 방향은 개인을 원조함에 있어 가능하면 가족을 통하여 원
조하거나 아니면 가족을 직접 원조해주는 방향으로 나아가는 것이 바
람직스러울 것이다.

둘째, 가족부의 신설을 고려해 봄직하다. 가족부를 신설하여 가족
과 관련된 정책을 조정하고 통괄하여 가족정책의 효율성과 효과성을
제고할 수 있을 것이다. 그리하여 1994년 '국제 가족의 해'에서 합의한
사항들을 실질적으로 실천해 나가야 한다.

셋째, 산업안전 선진화 기획단을 효과적이고 실질적으로 운영해야
한다. 선진국에 비해 상대적으로 높은 한국의 산업재해율을 줄이고 성
수대교의 붕괴, 대구가스폭발, 삼풍백화점 붕괴사건 등의 대형참사의
재발을 막기 위해서도 각종 인재를 총체적이고 체계적으로 진단, 해결

하는 실질적 체계가 필요하다. 근로환경이 열악한 산업현장에 있는 근로자들의 실태를 정확히 파악하여 그에 대한 실질적 대책을 마련할 뿐아니라 인적 사고를 근원적으로 막아야 한다.

넷째, 주택보장 프로그램의 급여대상을 확대해 나가도록 한다. 가족생활의 불안정성을 초래하는 빈번한 이사와 주택마련 기간을 줄이기위해 영구 임대아파트를 양적으로 늘여서 공급한다. 앞으로의 주택 정책은 가족의 주택관련비용을 줄이고, 1가구 1주택 개념에서 1가구 1주택 거주의 개념으로 전환하여 특히 공공주택을 임대주택 위주로 공급하여야 한다.

다섯째, 가족급여 및 노년 연금에 관한 법을 제정한다. 가족의 경제적 안정을 도울 수 있는 가족 급여제도를 실시하고, 노후생활의 안정을 위해 〈노년 연금법〉을 제정하여 현재의 노인도 연금혜택을 받도록한다.

2) 정부 대책

(1) 사회안전의 확보

첫째, 우리나라는 서구사회에 비해 범죄율은 낮고 검거율은 높기때문에 전체적으로 범죄로부터 안전하다고 할 수 있으나 국민의 범죄체감 정도는 높으므로 이를 낮출 수 있는 범죄예방활동을 강화한다. 낮은 범죄신고율을 높이도록 범죄 수사에 대한 신뢰감을 높이고 신고자에 대한 철저한 보호체계를 강화하여야 한다. 컴퓨터 자동범죄신고시스템 등 주민 신고망의 확대 및 방범 관련 홍보활동의 강화로 범국민적 자위방범 의식을 확산한다

둘째, 마약류 범죄가 선진국 수준으로 높아질 가능성이 크고 특히청소년 마약, 각성제 중독이 매우 급속히 증가하고 있으므로 이에 대한 대책이 마련되어야 한다. 이를 구체적으로 살펴보면, 다음과 같다.

① 약물에 관한 특별법을 제정하여 강력·신속·정확하게 대처한다.
② 신고자에 대한 법적 신분보장에 따른 신고의무화에 관한 법제정이 요구된다.
③ 마약류 남용자가 자발적으로 치료를 요청할 경우 완전 신분보장 및 정부차원의 치료비 일체 부담이 요구된다.
④ 신고 및 도움 요청을 위한 전국적인 라인망 형성에 필요한 위기전화설치와 치료서비스 기관의 지정이 절대적으로 필요하다.
⑤ 회복기에 있는 중독자들을 위한 자발적 지지 조직 형성이 행정적 차원에서 요청된다(예를 들면 마약중독자 모임, 마약중독 배우자를 위한 모임, 마약 중독자의 청소년 자녀를 위한 모임 등).
⑥ 마약남용에 관한 지식과 정보 및 기초자료 제공을 위한 정부 및 민간차원의 연구기관 설립이 요구된다.
⑦ 초·중·고 교과과정에 단계적인 약물남용 예방교육 실시가 요구된다.
⑧ 학교내의 상담실 운영의 개선과 활성화가 요구된다.
⑨ 약물 및 마약 중독을 전공한 각 분야(사회복지학, 심리학, 가족학, 교육학, 보건학, 의학 등)의 전문가로 구성된 연구기관을 통해 정기적이고 장기적으로 프로그램 개발이 요구된다.
⑩ 중간의 집 시설이 요구된다. 중간의 집에서 사회적응 훈련과 마약을 남용하지 말아야 할 이유를 주지시켜 단계적 실천교육으로 충분히 교화된 상태에서 사회로 진출할 수 있도록 교량역할을 하는 시설이 필요하다.

(2) 계층간, 성별, 연령별 불평등 해소
① 계층간 불평등을 해소하기 위해 부동산 실명제와 토지공개념의 정착이 필요하다.
② 여성의 사회참여를 위해 고용할당제를 정착시키고 여성의 사회참

여의식을 고양하는 사회적 분위기를 확산시킨다.

③ 노인인력의 활용 측면에서 노인직종을 개발하여 정부나 기업에 의무적 채용규정 마련이 필요하다.

(3) 가족의 안정성 확보

① 교통사고에 의한 사망률을 줄일 수 있는 캠페인을 지속적으로 전개하고 도로여건, 교통신호체계 등을 개선한다.

② 주택을 소유의 개념에서 더불어 사는 공공개념으로 전환시키기 위해 올바른 주거문화를 정착시킨다.

③ 이혼예방을 위한 가족상담소의 질적·양적 향상을 도모한다.

④ 건강한 가족문화 정착을 위해 가족을 대상으로 하는 건강한 문화 시설을 확충하고 운동시설, 도서시설, 취미활동을 위한 시설을 증대한다.

⑤ 가족생활 교육프로그램을 개발하고 확산시킨다(부부교육, 부모교육, 고부간 교육 프로그램 등).

3) 민간 대책

공동체적 가치관은 혈연과 지연을 넘어서 사회 전체에 적용하는 것이며, 단순히 편의에 의하여 상호 도움을 준다는 의식을 넘어 사회 전체가 연대의식을 갖고 공동적으로 책임을 지는 것을 의미한다. 이러한 가치관을 개개인이 내면화할 때 사회통합을 저해하는 이기적, 편파적 가치관을 극복하고 공동체 정신을 함양하여 성숙한 시민사회로 나아갈 수 있을 것이다. 이를 위해서는 지역사회내에서 자원봉사자를 조직하여 가족상담소, 노인복지 시설, 청소년 상담실 등에서 활동한다면 사회구성원 개개인의 생활의 질이 향상될 것이다.

4. 한민족 공동체의 활성화

1) 현황 분석

(1) 해외 동포 사회의 현안 및 문제

교포 사회가 안고 있는 문제는 그 형성과정의 역사가 다르고 또한 여건이 다르며 나아가 구성원들의 거주 목적이 달라서 일반화하기가 지극히 어렵다. 또한 정책을 수립하는 데 전제가 되는 해외동포의 실상파악에 필요한 기본적인 자료와 통계조차 갖추어지지 못한 상태이다. 그러나 일본, 중국, 독립국가연합, 미국은 물론 동남아와 태평양 지역 등의 한인 사회가 기본적으로 안고 있는 공통적인 문제는 다음과 같다고 할 수 있다.

첫째, 해외 한인의 공통적인 당면 문제는 현지 사회에의 적응이다. 무엇보다도 기본적인 생활의 문제를 해결하기 위하여 정착과 안정에 성공해야 하는데 여기에는 단순한 경제적 필요의 해결뿐 아니라 '어떻게 현지인과 조화를 이루며 살 것인가'라는 보다 근본적인 문제를 포함하여 생각해야 한다. 특히 동남아 지역에서는 한인들이 지닌 인종적 우월감과 자민족중심주의(自民族中心主義)가 '추악한 한국인'의 이미지를 형성할 가능성을 노정하고 있어 문제시되고 있으며 대책 마련이 시급한 실정이다.

해외 한인은 모두가 민간외교 사절단의 일원이나 다름이 없다. 해외 한인의 행동은 국가의 이미지, 한민족의 집단적 이미지와 직결되고 있다. 따라서 국가 이미지를 제고하기 위한 정책에는 여행자를 포함하여 해외 한인이 가급적 부정적인 이미지를 주지 않도록 하는 교육과 의식 캠페인, 제도적 장치 등이 개발되어야 한다.

또한 해외 한인은 현지 사회에서 정착에 성공하면 자신이 살고 있는 현지 사회에 어떠한 형태로든 공헌하고 또한 현지에서 형성한 부(富)의 일부를 다양한 형태로 현지 사회에 환원하는 노력이 필요하다. 이러한 활동을 통하여 약탈적이라거나 착취적이라는 비난을 피하여야 한다. 특히 동남아 지역의 경우에는 영구거주를 목적으로 현지 사회에 거주하고 있는 한인이 극소수로 대부분이 사업상의 이유로 거주하고 있으며 어느 정도 나이가 되면 은퇴하여 모국으로 돌아가거나 제3국으로 이주할 계획을 가지고 있기 때문에 이러한 측면에 대한 인식과 노력은 더욱 절실하다. 영구거주를 목적으로 하지 않은 소수민족 집단이 현지 사회와는 경제적 거래에 필요한 최소한의 관계만 유지하면서 돈벌이에만 주력한다는 인상을 줄 경우 이는, 소수집단에 대한 정치적 비난이나 보복으로 나타날 수도 있다. 보나치치 등의 학자는 유태인 사회를 이러한 중간 소수인(*middleman minority*)의 전형적인 예로 들면서 재미 한국인의 경우도 이에 해당된다고 지적하였다(Bonacich, 1973, 1977, 1988). 특히 L.A. 사건이 발생하자 보나치치 등은 이러한 사건은 자신의 이론에서 이미 예견되었던 것이라고 주장한 바 있다. [2] 한편 이른바 '모범적인 소수민족'(*model minority*)으로 현지 사회의 언론에서 찬양되는 것도 흑인 등 다른 소수 민족들과의 관계를 고려할 때, 결국 장기적으로는 바람직하지 않다는 주장도 강력하게 등장하고 있다 (Suzuki, 1978 ; Hu, 1989 ; Choi, 1992).

동남아 지역에서는 화교가 전통적으로 이러한 소수집단에 해당되었으며 근래에는 일본인들이 대거 등장하였으나 이들 두 집단은 해외진출의 오랜 경험과 지식을 가지고 있다. 특히 중국인들은 1965년 인도네시아에서 공산계의 쿠데타 기도시의 혼란 상황에서 화교에 대한 대대적인 공격을 경험한 바 있고 일본인들 역시 태평양 전쟁의 경험은 물론 1970년대 초반에 다나카 수상의 방문을 계기로 대대적인 반일 폭

---

2) 이러한 시각에 대하여 긍정적인 견해로는 Yi(1993)를, 반대되는 견해로는 Min(1988, 1990)을 참조할 것.

동의 경험을 가지고 있어 현지 사회의 민족주의적인 감정을 건드리지 않도록 매우 조심하고 있다(한경구, 1996).

이러한 가운데 인도네시아 등에서 몇몇 한국계 기업이 현지 실정에 대한 몰이해와 노무정책의 미숙으로 마찰을 빚고 있는 가운데, 한국인을 공장장으로 고용하여 현지 노동자들에게 상식 이하의 노동관리를 강요하고 있는 중국계 기업마저 '한국 공장'으로 인식되어 현지 언론이나 지식인 등의 지탄의 대상이 되고 있어 심각한 문제가 되고 있다(한경구, 1996).

그리하여 더불어 같이 사는 길을 모색함으로써 불필요한 마찰과 실패를 예방하는 것이야말로 재외 한인사회가 당면한 커다란 과제이다. 또한 이러한 과제의 해결은 재외 한인사회의 힘만으로는 불가능하기 때문에 본국의 정부와 단체의 이해와 지원이 절실히 필요하다.

둘째로 심각한 문제는 문화충격(culture shock)이라는 문제이다. 자신이 태어나고 자라난 사회와 문화의 산물인 인간은 새로운 사회에 정착하는 과정에서 상이한 문화적 차이 때문에 상당한 고통과 혼란을 겪게 되는데 이러한 것을 총칭하여 문화적 충격이라고 한다. 따라서 어떻게 해외로 이주한 한인이 거주국의 사회에 정착하는 과정에서 문화충격의 고통과 비용을 어떻게 최소화할 것인가가 중요한 과제가 된다. 낯선 땅에서 생활을 시작하려면 어느 정도의 문화적 충격은 피할 수 없지만 착실한 준비와 사전조사를 통하여 충격을 완화하는 것은 가능하다. 즉 우리와 다른 사람은 삶에 대하여 전혀 상이한 가정과 전제를 가지고 있으며 또한 가치관도 다를 수밖에 없으나 이러한 상이한 삶의 양식도 나름대로는 어느 정도의 일관성과 정당성을 가지고 있다는 점을 인정하고 또한 존중하며 살아가는 방법을 배워야 한다. 이러한 시각을 문화 상대주의(cultural relativism)라 한다(가바리노, 1994).

현지 사회에서 현지 사람들과 더불어 살아가기 위하여는 무엇보다도 상대방의 삶의 방식에 대한 관용(tolerance)을 가져야 하며 또한 상대방의 삶을 상대방의 입장에서 이해할 줄 알아야 한다. 특히 한국이 경제적으로 발전했다거나 명목적인 국민소득이 높다고 하여 자만심을 가지고 상대방을 무시한다거나 낮게 평가하여서는 안된다.

또한 재외 한인 자신이나 그 자녀가 본국으로 귀환하거나 방문할 경우에도 문화 충격을 겪게 된다. 한국 사회는 급속하게 변화하고 있으며, 한국을 떠날 때의 이미지를 그대로 가지고 있다가 한국으로 돌아오는 재외 한인은 엄청난 충격을 받을 수밖에 없다. 또한 오랜 외국 생활로 현지 사회의 문화에 익숙해진 경우에는 아무리 자신이 태어난 문화라 하더라도 다시 적응하는 것이 간단할 수는 없다. 더구나 한국에 살고 있는 상당수 한국인들이 재외 한인에 대하여 지극히 편향되거나 제한된 정보를 가지고 있을 경우에는 재외 한인이 본국에서 겪는 문화충격은 심각할 수밖에 없다. 하물며 한국에서의 생활경험이 전무하거나 극히 짧은 재외 한인의 자녀들의 경우3) 이러한 문화충격을 최소화하는 문제에 대하여도 적극적인 관심과 연구가 필요하다.

재외 한인들의 세 번째 공통 관심사는 자녀교육 문제이다. 특히 동남아의 경우처럼 영어권이 아니거나 홍콩이나 싱가포르처럼 준영어권인 경우에는 문제가 매우 복잡하다. 한편으로는 장차 자녀에게 커다란 재산이 될 영어교육에 힘써야 하며 그리하여 국제학교에 보내고 싶지만, 다른 한편으로는 본국에 귀환하여 진학할 경우 국제학교를 다닌다는 것이 불리하기 때문에 많은 부모들이 이 문제로 고심을 하고 있다. 더구나 국제학교는 교육비도 엄청날 뿐 아니라 국제학교에 보낼 경우 시간이 지나면서 점점 자녀와의 깊은 대화가 불가능해지는 경향이 있기 때문에 문제는 심각하다(한경구, 1996).

현지에서도 홍콩이나 싱가포르 방식의 국제학교가 바람직하다는 의견과 토요학교를 강화하고 더욱 지원해야 한다는 의견이 대립하고 있

---

3) 이러한 문화적 충격의 경험은 때때로 매우 고통스럽다. 상호 이해부족으로 학내에서 발생하는 폭행사건에 대하여는 Han(1994)을 참조할 것.

다. 또한 국제학교 방식으로 운영할 경우에도 '기왕이면…'이라는 사고
에서 미국계나 영국계의 국제학교에 보내는 부모들도 있으며 또한 싱
가포르 한국 국제학교의 경험에서 보듯이 학부모들이 학교의 영어교육
에 대하여 그다지 신뢰를 하지 않는 경우도 있어 문제가 모두 해결되
는 것은 아니다.

한편 귀국자 자녀의 진학문제 역시 매우 심각하다. 현재의 특례규
정에 대하여도 기간의 산정문제 등에 대하여 시비가 끊이지 않고 있을
뿐 아니라 그나마 규정이 자주 바뀌기 때문에 그 영향을 직접받게 되
는 재외 한인들로서는 불만이 대단히 큰 실정이다. 특히 의과대학 등
경쟁이 치열한 학과에 진학하려 하는 경우에는 문제가 매우 심각하며
상당수 학부모들은 이에 대하여 커다란 불만을 가지고 있다.

호주나 뉴질랜드는 영어권이며 또한 명문 대학이 여럿 있고 입시지
옥도 없어서 대학진학 문제로 고민하는 교민은 없다고 해도 과언이 아
니다. 굳이 고민이라고 한다면 어떻게 하면 원하는 대학에 들어가서
원하는 공부를 하는가에 관한 것일 따름이다. 이와는 대조적으로 동남
아에 거주하고 있는 한인들에게는 자녀들의 대학진학 문제가 매우 심
각한 고민 거리이다. 국제학교에서 교육을 받은 경우에는 거주국의 대
학에 진학할 수도 없고 또한 가능하다고 할 경우에도 영구정착할 계획
을 가지고 있지 않으면 거주국 대학에 진학하기보다는 미국이나 다른
선진국으로 유학을 가게 된다.

그래서 미국의 명문대학에 입학할 수 있도록 고등학교부터 미국에
서 다니도록 기숙제(寄宿制) 사립학교에 입학시키는 등의 조치를 취하
거나 또는 아는 친구나 친척집에 맡기기도 한다. 한국에서 대학을 다
니도록 하려고 하는 경우에는 한국에 있는 친지의 도움을 받아야 하는
데, 비용도 비용이고 또한 친지로서도 보통 일이 아니다. 본인이 희망
하는 경우에는 국내 대학에 진학하여 친지의 도움이 없어도 기숙사 등
에서 생활을 하면서 학업을 마칠 수 있도록 제도적인 대책이 강구되어

야 한다.

재외 한인들의 네 번째 고민 거리는 아들을 둔 경우 병역의무를 이행하는 문제이다. 과거에는 해외이주가 병역기피의 수단이라는 인식이 있었던 것은 사실이지만, 상당수 교민들은 아들이 군대에 가는 것에 대하여 원칙적으로는 바람직하다는 의견을 가지고 있었다. 다만 문제는 해외에서 성장하였다는 사실 때문에 내무생활 중 보이지 않는 곳에서 차별대우를 받는다거나 또는 적응에 어려움이 있지나 않을까 하는 데 대한 심각한 우려 때문에, 병역을 필할 나이가 다가옴에 따라 여러 가지 걱정을 하고 있다. 특히 해외교포라는 사실을 알고는 험악한 표정으로 부당한 요금을 강요하는 택시 기사를 만난 경험이 있는 교민들의 경우는 이러한 차별대우나 부적응의 문제가 매우 현실적인 것이다.

또한 영주권의 취득이 지극히 곤란하거나 현실적으로 거의 불가능한 국가에 거주하는 재외 한인들의 경우에는 재미교포 등과는 달리 병역문제가 더 한층 심각하다. 영주권의 취득이 사실상 불가능한 국가에 거주하는 경우에는 병무청에서 특별한 고려가 필요한데, 이에 대하여도 많은 교민들은 불안감을 가지고 있었다. 특히 제도가 자주 바뀌거나 담당자의 판단이 좌우한다는 인상을 줄 경우에는 불안감이 클 수밖에 없다.

재외 한인들의 다섯 번째 고민 거리는 자녀의 혼인문제이다. 자녀의 배우자로서 한국인을 고집하는 부모와 보다 신축적인 입장을 가진 자녀들간의 갈등은 매우 심각하다. 한편 자녀가 한인 배우자를 원하는 부모의 입장을 이해하고 있는 경우에도 배우자를 만나기가 쉽지 않다. 같은 한민족이라 하여도 해외에서 성장한 경우 국내에서 성장한 젊은이들과 가치관이나 생활습관 등에서 여러 가지 차이가 발생하며, 자칫하면 혼인을 한 뒤에도 문제가 발생하는 경우가 있다.

상당히 많은 재외 한인 젊은이들은 처지가 비슷한 재외 한인 젊은이를 배우자로 얻는 것이 바람직하다고 느끼고 있으나 동남아의 경우 각국의 한인 사회의 규모가 작아서 적령기의 한인 젊은이들이 배우자를 찾기가 쉽지 않다. 각국에 거주하고 있는 한인 젊은이들이 서로 만나 교류할 수 있는 기회를 마련하는 것도 바람직한 일이다.

재외 한인들의 또 하나의 불만사항은 한국내 재산에 대한 재산권 행사의 제약 및 재산의 반출에 대한 제약문제이다. 재산의 반출은 국내에서 재산의 해외도피라는 비난이 있고 또한 외환 관리상의 문제가 있으나, 최근 여러 가지 면에서 개선되고 있으며 국내 거주자와의 형평 문제 등을 고려하되 세계화 추세에 맞추어 지속적으로 개선작업이 추진될 전망이다.

재외 한인 사회의 가장 안타까운 문제의 하나는 조직상의 분열과 구성원간의 단합 문제이다. 재미교포 사회가 겪고 있는 조직의 분열에 대하여는 여러 가지 연구가 있다(Kim, 1977 ; Kim, 1981 ; Yu, 1982 ; Lee & Kwak, 1988 ; Kwak & Lee, 1991). 동남아의 경우는 지역에 따라 문제가 심각한 곳도 있으며 또한 과거에 분열의 위기를 맞이하였던 곳도 있으나 대부분은 커다란 문제가 없는 편이다. 호주의 경우는 구포(舊胞)와 신포(新胞)라는 용어가 사용되고는 있으나, 이 또한 심각한 분열이라기보다는 도착시기의 차이와 한국 경제의 성장에 따른 상대적인 격차에 따른 것으로 본질적으로 융화가 불가능한 요인이 존재하는 것은 아니라고 판단된다.

오히려 지금부터의 과제는 재외 한인 사회의 자정(自淨) 능력의 배양이다. 어느 곳이나 사람이 모여 사는 곳에 문제가 없을 수는 없고 또한 일부 물을 흐리는 행동을 하는 사람이 있을 수도 있다. 문제가 일어날 때마다 현지 공관이 개입할 수도 없는 것이며 또한 이러한 개입이 바람직한 것도 아니다. 필요한 것은 바로 한인 사회의 자체 정화 능력으로 문제가 있을 경우 스스로 해결해 나아갈 능력을 갖추는 것이 필요하다. 정부의 지원도 바로 이러한 자체 해결 능력을 배양하도록 하는 데 초점을 맞추어야 하며 교민 사회의 일시적인 파벌 대립이나 감정 싸움에 직접 개입하거나 어느 한 편을 들어주는 일은 바람직하지 않다. 그리하여 재외 한인 사회 스스로가 여러 가지 잠재적인 갈등 및 분열 요인을 파악하고 이에 스스로 대처하도록 하여야 할 것이다.

또 하나 중요한 문제는 재외 한인 사회의 인적인 범위를 어디까지로 할 것인가의 문제이다. 지역에 따라 외국인과 결혼한 한국인, 특히 한국 여성에 대하여 한인회에서 적극적인 관심을 가지고 끌어안도록 노력하는 곳도 있고 그렇지 않은 곳도 있다. 또한 입양 아동의 경우에도 한인회에서 끌어안는 방안을 모색하여야 할 것이다. 한편 현지 여성과 결혼한 한국 남성의 경우 자녀들의 교육을 부인이 담당하게 됨에 따라 2세들이 한국어를 잘 배우지 못하게 될 경우 자식들과의 대화마저 곤란해지기도 한다. 또한 2세들 역시 한인회에는 잘 나오지 않게 된다.

이러한 점을 감안하여 한인회는 단지 '한국 출신의' 한인들에게만 관심을 갖는 친목단체에 그칠 것이 아니라 보다 넓은 의미에서 한민족을 끌어안는 방향으로 노력하여야 할 것이며 또한 본국 정부와 민간단체도 이러한 노력을 뒷받침하여야 할 것이다.

단, 이러한 노력을 기울이는 데 있어 신중하게 고려할 사항은 국가와 민족, 그리고 문화간의 관계에 대한 새로운 정의가 필요하다는 사실이다. 재외 한인 사회의 구성원들은 재외 한인 사회의 역사적 성립 배경에 따라, 또한 개인적·가족적 경험에 따라 민족과 국가에 대하여 상이한 견해와 기대를 가지고 있다. 이들이 거주하고 있는 국가들도 국내 사정에 따라 소수 민족문제에 대하여 극도로 민감한 반응을 보일 수도 있다. 따라서 한민족 공동체 구상은 매우 조심스럽게 추진하여야 한다.

(2) 재외 한인의 특성

중국, 독립국가연합, 일본 등에 거주하고 있는 재외 한인의 경우는 강제 징용 등에 의한 비자발적 이민이거나 또는 일제의 식민지라는 특수한 상황에서 이주한 경우가 대부분으로, 자발적 이민에 의하여 형성된 동남아나 호주, 뉴질랜드와는 그 구성원의 일반적 성격이 매우 다르다. 비자발적 이민자의 경우는 이민 1세대의 교육 정도가 낮으며 생활 정도가 낮다. 또한 과거 본국의 빈곤 계층 출신자가 다수를 차지하고 있거나 독립운동가의 후손이 다수 포함되어 있다. 이민 1세대의 본국에 대한 관심과 애착이 높지만 정착과정에서의 생활고와 기타 사정으로 인하여 2세에게 한국어 교육과 한국 문화에 대한 교육을 제대로 시키지 못한 결과, 2세와는 세대간 단절이 심한 경우가 많다(이광규, 1984, 1988, 1994, 1994 ; Park, 1990 ; Kim 1991).

이에 비하여 동남아와 태평양 지역의 한인들은 한국에서 중간층 또는 그 이상의 생활을 하던 사람이 다수이며, 교육 정도가 높고 현재 거주하고 있는 사회와의 비교를 통하여 한국 사회의 결점, 문제점을 더욱 날카롭게 인식하고 있다. 이러한 양국간의 문화 비교라는 시각은 보편적인 안목을 상실할 경우 항상 정확한 것은 아니지만, 한국 사회에 대하여 과감한 문제 제기와 획기적인 처방을 담고 있는 경우가 많다. 특히 자발적 이민의 상당수는 과거 한국 사회의 부정과 부패, 각종 부조리에 의한 직접 · 간접적 피해자이며 또한 이에 대한 혐오감이 이주를 결심하게 된 중요한 동기의 하나가 된 경우도 있다. 특히 사업을 경영하는 과정에서 일선 행정기관의 공무원이나 조세 공무원과 접촉하다가 금품을 강요당하거나 심지어는 이민 수속 과정에서도 이러한 불합리하고 불쾌한 경험을 하였던 사람들이 상당수 있기 때문에 재외 한인들의 한국에 대한 감정은 매우 복잡하다.

또한 이민 초기에 현지 정착 등 생활상의 문제로 교육에 힘을 기울이지 못한 면도 있지만, 최근까지 한국어 교육보다는 영어, 기타 외국

174

어 교육의 중요성을 높이 평가하여 2세에게 한국어 교육과 한국 문화
에 대한 교육을 소홀히 하였던 경향이 있었다. 최근에 이르러서 한국
의 국제적 지위의 향상과 더불어 한국어와 한국 문화의 중요성에 대한
자각과 관심으로 민족교육에 힘쓰는 경우도 있으며, 또한 호주나 뉴질
랜드 등 거주 국가에서 한국어가 제2외국어로 채택되는 등 관심이 고
조된 것도 영향이 크다.

대부분이 이민 1세인 아·태지역의 한인들은 적극적인 해외 동포
정책을 기대하고 있으며 또한 현지 사회에의 동화(同化, *assimilation*)에
대한 한계를 다른 그 어느 지역보다도 첨예하게 느끼고 있다. 특히 민
족주의적 성향이 높고 정치적 불안정 요인이 잠재하고 있는 인도네시
아 등에서는 L.A. 사건 등을 통해 한인이 중간 소수민(*middleman
minority*)으로서 희생당하는 일이 없도록 노력하여야 한다는 자각과 함
께 대책이 논의되고 있다.

(3) 지표 분석

세계 각국에 살고 있는 한인들의 공동체 의식을 알아보기 위해 심리
적 동일성, 동포애, 혈연의식, 자녀의 배우자에 대한 견해, 한국어 구
사 능력, 한국어 학습 노력, 가정내 주사용 언어, 한복착용, 김치상식
(常食), 한국인간 친밀도, 한인단체 참여도, 한국어 언론매체 접촉,
취업상태, 본국에 대한 기대, 이민에 대한 전반적 인식, 재외 한인에
대한 인식 등을 분석하여 보았다. 재외 한인에 대한 신뢰할 수 있는
전반적인 통계자료가 매우 적기 때문에 지표 분석에는 주로 국내 거주
자와 일본, 미국 및 독립국가연합 거주 한인들을 대상으로 한 표본을
추출하여 설문 조사한 결과(《한민족 공동체 의식 조사》, 공보처 발
행)와 기타 약간의 자료를 사용하였다.

① 심리적 동일성

〈표 4-27〉은 심리적 동일성을 조사하기 위해 "평상시 생활하면서 자신이 '한민족(고려인 / 한인)'이라는 생각을 어느 정도 자주 하십니까?" 라는 질문을 하고 그 답변을 살펴본 것이다.

자신이 한민족이라는 자각은 미국에 거주하는 한인이 가장 높고 일본과 독립국가연합 거주 한인이 그 다음이며 국내에 거주하는 국민이 가장 낮은 것으로 나타났다. 이는 국내 거주자가 외국 거주자에 비하여 자신이 한인이라는 생각을 적게 할 뿐 아니라 이주한 시기가 오래 되면 오래될수록 그 자각은 더욱 낮다는 것을 알 수 있다. 이는 또한 재외 한인의 경우 한민족 공동체 의식을 함양하기 위한 적절한 대책이 마련되지 않는 한 심리적 동일성은 시간의 경과와 더불어 점차 낮아질 것임을 의미한다.

② 동포애

〈표 4-28〉은 '해외(고국)에서 살고 있는 동포들에 대한 사건이나 문제가 나의 일로 느껴진다'라는 진술에 대한 느낌을 조사한 결과이다.

재미교포의 경우에는 '매우 그렇다'가 31.6%로 단연 높고, '전혀

〈표 4-27〉 심리적 동일성

(단위 : %)

국가	매우 자주	가끔	거의 하지 않음	전혀 하지 않음	모름/ 무응답
한 국	17.6	57.9	21.8	2.7	0.0
미 국	73.6	21.4	3.2	0.8	1.0
일 본	35.8	45.8	12.2	6.2	0.0
독립국가연합	40.9	42.1	7.5	8.0	1.5

출처 : 공보처, 《한민족 공동체 의식 조사》, 1995.

〈표 4-28〉 동포애

(단위 : %)

국 가	매우 그렇다	대체로 그렇다	대체로 그렇지 않다	전혀 그렇지 않다	모름/ 무응답
한 국	17.6	58.6	21.4	2.3	0.1
미 국	31.6	26.5	18.9	20.0	3.1
일 본	19.4	41.8	28.0	7.1	3.7
독립국가연합	13.0	37.7	35.8	10.2	3.3

출처 : 공보처, 《한민족 공동체 의식 조사》, 1995.

그렇지 않다'가 20.0%로 동포애에 대한 강한 긍정과 이에 대한 강한 부정이 동시적으로 나타나고 있음을 알 수 있다. 이러한 모순적 태도는 자발적 이민의 경우 한국의 사회구조나 체계, 이른바 한민족의 성격에 대한 불만이 이민의 주요 동기가 되었기 때문이라고 해석할 수 있다.

한편 국내 거주인의 경우에도 부정적인 답변(대체로 / 전혀 그렇지 않다)이 함께 23.7%나 되고 있음에 주목할 필요가 있다. 이는 해외 한인에 대한 인식과 관심이 매우 낮으며 한민족 공동체를 구현하기 위하여는 대재외 한인 대책뿐 아니라 대국민 대책도 동시에 추진되어야 함을 의미한다.

③ 혈연의식

이러한 재미교포의 양극적인 경향은 남북 주민의 혈연의식의 조사에서도 유사하게 나타난다. 즉 〈표 4-29〉에서 '앞으로 남북 분단이 지속되더라도 남북 주민 모두 우리 형제자매이다'라는 진술에 대하여 재미교포의 경우는 '매우 그렇다'와 '전혀 그렇지 않다'가 각각 39.6%와 23.7%로 다른 지역의 한인보다 월등히 높았다. 독립국가연합의 경

〈표 4-29〉혈연의식

(단위 : %)

국 가	매우 그렇다	대체로 그렇다	대체로 그렇지 않다	전혀 그렇지 않다	모름/ 무응답
한 국	27.3	60.8	10.4	1.0	0.6
미 국	39.6	19.2	14.4	23.7	3.0
일 본	23.3	35.3	28.2	8.0	5.2
독립국가연합	49.2	39.8	5.2	3.7	2.0

출처 : 공보처, 《한민족 공동체 의식 조사》, 1995.

우에는 남북 관계에 대한 사고가 달라서 '매우 그렇다'가 49.2%로 나타났다.

재미 한인의 경우 '매우 그렇다'와 '전혀 그렇지 않다'가 동시에 높이 나타나고 있는 현상은 이는 '(나) 동포애'와 유사한 현상으로 부분적으로는 동일한 원인에 기인하고 있다고 할 수 있다.

그러나 이러한 태도를 해석함에 있어서는 재미 한인의 경우 북한 피난민 출신의 비율이 상대적으로 높다는 사실(Kim, 1981)도 감안할 필요가 있다. 즉 재미 한인의 상당수는 북한에 친지를 남겨 두고 떠난 실향민인 동시에 공산 정권에 대한 증오와 적화통일의 불안도 강하다. 즉, 이러한 조사결과는 대북한 정책을 국내외 한인의 혈연의식의 격차를 고려하여 추진하는 것이 바람직하다는 사실을 의미한다.

④ 자녀의 배우자에 대한 견해

한편 자녀의 배우자에 대한 견해(〈표 4-30〉)는 국내에 살고 있는 한인들의 경우가 한민족일 것을 주장하는 비율이 가장 높았다. 그 다음으로는 재미교포가 가장 높았는데 이는 재미교포의 대부분이 이주한 시기가 한 세대가 되지 않기 때문에 그러한 것으로 보인다. 일본의 경

178

우, 자녀의 배우자로 한민족을 고집하지 않는 비율이 상대적으로 높은
것은 차별 문제 때문이기도 하거니와 같은 동양권이기 때문에 외관상
차이가 적다는 것도 중요한 요소라는 해석이 가능하다.

또한 일본 사회의 강력한 동화 압력도 중요한 요인이다. 이러한 추
세는 동남아나 호주의 경우에도 유사하게 나타날 것으로 예상되며 자
녀의 배우자에 대한 견해는 한인 거주 각국의 동화에 대한 법적, 제도
적, 사회적, 문화적 압력의 정도에 따라 상이하다.

한편 이러한 혈통적 순수성에 대한 중시는 한민족 공동체의 인적 범
위에 대하여 중대한 잠재적 긴장 요인이 되고 있다. 언어와 생활습관
등 문화적 동질성이나 정치적 의지뿐 아니라 '단일 혈통'이 한민족 공
동체의 구성 요인에 있어 중요한 요인으로 간주되고 있다는 사실은 한
편으로는 민족 공동체의 통합을 강화하는 요인이 되지만 세계화 시대
에 있어 국제 결혼자 및 그 자녀 등 다양한 인적 구성원들의 한민족
공동체내의 지위 및 참여에 중요한 긴장과 갈등 요인으로 등장할 수도
있다. 일각에서는 저항적 민족주의 시대의 민족 개념을 지양하고 이러
한 인적 요소들을 포용할 수 있는 보다 적극적이고 개방적인 민족 개
념을 개발할 필요가 있다는 의견도 조심스럽게 개진되고 있는바, 이에
대한 검토가 필요한 실정이다.

〈표 4-30〉 자녀의 배우자에 대한 견해

(단위 : %)

국 가	한민족이어야 한다	상관없다	모름/무응답
한 국	72.7	27.1	0.2
미 국	69.2	23.0	7.8
일 본	33.8	60.2	6.0
독립국가연합	48.9	49.1	2.0

출처 : 공보처, 《한민족 공동체 의식 조사》, 1995.

⑤ 한국어 구사 능력 및 학습 노력

〈표 4-31〉의 한국어 구사 능력의 경우 미국에서 '전혀 불편 없음'이 높은 것은 재미 교포의 이민 시기가 그리 오래되지 않아 1세대 또는 1.5세대의 비율이 압도적으로 높기 때문이며 또한 신문과 방송, 비디오, 서적 등의 매체가 중요한 역할을 하기 때문이다. 일본과 독립국가연합의 경우에는 이민 시기가 오래되어 1세대의 비율이 극히 적고 또한 한국어의 구사 능력이 2세의 생업에 그다지 중요하지 않았다는 점도 '전혀 모름'의 비율이 높은 중요한 이유이다.

또한 한국어의 학습 노력의 정도를 조사한 결과(〈표 4-32〉) '어느

〈표 4-31〉 한국어 구사 능력

(단위 : %)

국 가	전혀 불편 없음	어느 정도 구사	상당히 어려움	전혀 모름	무응답
미 국	92. 1	5. 4	2. 2	0. 3	0. 0
일 본	13. 9	27. 7	36. 1	21. 7	0. 6
독립국가연합	10. 0	24. 2	40. 6	23. 6	1. 5

출처 : 공보처, 《한민족 공동체 의식 조사》, 1995.

〈표 4-32〉 한국어 학습 노력 정도 : 한국어(한글)를 잘 모르는 경우

(단위 : %)

국 가	매우 노력	어느 정도 노력	별로 노력 안함	전혀 노력 안함	모름/ 무응답
미 국	30. 5	20. 0	29. 3	20. 2	0. 0
일 본	3. 6	20. 1	54. 5	18. 3	3. 6
독립국가연합	1. 5	23. 8	31. 4	42. 5	0. 8

출처 : 공보처, 《한민족 공동체 의식 조사》, 1995.

정도 노력'의 응답률은 거의 유사하게 나타났다. 반면에 독립국가연합의 경우에는 한국어 구사 능력에서 '상당히 어려움'과 '전혀 모름'이 64.2%로 높이 나타났음에도 불구하고 '매우 노력'과 '어느 정도 노력'은 합하여 25.3%에 불과하다. 재일교포의 경우에도 한국어 구사 능력에서 '상당히 어려움'이 36.1%, '전혀 모름'이 21.7%로 합계 57.8% 였으나 학습 노력에서 '별로 노력 안함'이 54.5%, '전혀 노력 안함'이 18.3%로서 72.8%에 달하고 있다. 반면 재미교포의 경우에는 한국어를 구사하지 못하거나 구사에 어려움을 느끼는 경우 한국어 학습 노력은 '매우 노력'과 '어느 정도 노력'을 합하여 50.5% 정도로 나타나 있어 다른 지역의 한인보다는 훨씬 높은 편이다. 민족 공동체의 형성과 발전에 있어 언어가 차지하는 중요성을 고려할 때, 특히 한민족 공동체처럼 지역적으로 분산되어 있는 경우 이는 향후 공동체의 발전에 중대한 제약 요인으로 작용할 수 있어 시급한 대책이 요구된다.

⑥ 가정내 주사용 언어

한국어의 구사 능력과 학습 노력은 가정에서 주로 사용하는 언어와도 깊은 관련이 있다. 〈표 4-33〉에서 일본과 독립국가연합 거주 한인의 경우 가정내에서 주로 현지어를 사용한다고 응답한 사람의 비율은 각각 93.4%와 90.0%로 나타나고 있다.

〈표 4-33〉 가정에서 주로 사용하는 언어

(단위 : %)

국 가	한국어 (한글)	살고 있는 나라 언어	기타 언어	모름/ 무응답
미 국	89.1	5.3	0.2	5.4
일 본	3.5	93.4	1.5	1.6
독립국가연합	9.4	90.0	0.2	0.0

출처 : 공보처, 《한민족 공동체 의식 조사》, 1995.

이러한 조사 결과는 이민 시기에 따른 현지 거주 기간과 동화의 정도를 반영하는 것이다. 미국의 경우는 이민 1세가 대부분 생존하고 있기 때문에 한국어 사용 가정의 비율이 높은 것으로서 일본과 독립국가연합처럼 이민 1세가 대부분 사망하거나 급격히 감소할 경우 가정내 주사용 언어가 현지어로 바뀔 가능성은 상존하고 있다. 이민 2세가 한국어를 학습할 기회는 부모의 민족의식뿐 아니라 가족의 경제적 상태 및 기회, 거주 지역, 학습 및 구사 기회 등과도 밀접한 관련을 가지고 있다. 문제는 이민 2세가 한국어를 습득하지 못할 경우, 이민 3세의 경우에는 가정에서조차 학습 기회가 없으므로 한국어 능력을 거의 상실하게 된다는 점이다. 따라서 일본이나 독립국가연합에서 발생한 이러한 사태가 타지역에서도 발생하지 않도록 해당 국가에서의 한국어 학습 기회를 증가하기 위한 대책이 요구된다.

⑦ 한복의 착용

이러한 언어능력의 상실은 다른 문화적 요소의 사용과도 밀접한 관계를 맺고 있다. 의식주의 첫째에 해당하는 한복의 경우에 일본과 독립국가연합은 '입어 본 적 없다'가 85%와 89.8%에 달하고 있다(〈표 4-34〉참조). 재미 교포의 경우에는 58.9%가 입어 본 적이 없다고

〈표 4-34〉 한복 입는 정도

(단위 : %)

국 가	한 번	두 번	세 번	네 번 이상	입어 본 적 없다	모름/ 무응답
미 국	20.2	11.9	3.8	5.0	58.9	0.3
일 본	5.8	5.6	2.8	0.0	85.0	0.8
독립국가연합	5.2	2.2	0.7	2.0	89.8	0.0

출처 : 공보처, 《한민족 공동체 의식 조사》, 1995.

대답하였다. 이러한 차이의 상당 부분은 이민 시기의 차이와 생활 정도에서 발생하는 것이며 거주 지역의 정치적 상황과 동화 압력과도 관계가 있다.

전통적인 민족의상은 민족 정체성의 중요한 시각적 상징이 되며 일상생활에서는 착용하지 않더라도 축제나 행사 등에 중요한 역할을 할수가 있다. 특히 민족의상의 중요한 색깔이나 디자인의 모티브는 개발여하에 따라 주재국에서 유행도 가능하며 민족 정체성과 긍지, 통합을증대시키는 데 중요한 역할을 할 수 있으므로 한민족 공동체 상징의개발 차원에서 대책이 요구된다.

⑧ 김치의 상식(常食)

한편 음식의 경우에는 언어와 달리 재일 교포나 독립국가연합 교포처럼 이민 시기로부터 오랜 시간이 경과한 뒤에도 비교적 지속적으로취향이 보존됨을 알 수 있다. 미각 역시 어린 시기의 사회화의 결과결정됨에 따라 김치 등 한국 음식은 한민족 공동체의 형성에 중요한요소인 동시에 그 증거이기도 하다. 특히 외식 산업의 발전과 외국 음식에 대한 관심의 증대와 더불어 김치를 비롯한 한국 음식의 보급과개발에 대한 적극적인 대책이 필요하다. 한민족 공동체는 '김치 공동체'로 상정될 수도 있다.

〈표 4-35〉 김치 먹는 정도

(단위 : %)

국 가	거의 매일	일주일에 한두 번	한 달에 한두 번	일년에 한두 번	전혀 먹지 않음	모름/ 무응답
미 국	83.8	12.2	2.2	0.0	1.5	0.3
일 본	55.8	22.7	10.8	8.3	2.4	0.0
독립국가연합	63.3	12.2	14.0	8.2	2.3	0.0

출처 : 공보처, 《한민족 공동체 의식 조사》, 1995.

⑨ 한국인들간의 친밀도 및 한인 단체 참여

거주국에서의 한인들끼리의 친밀도(〈표 4-36〉)는 '○○님이 현재 살고 계신 나라에서는 한민족(고려인 / 한인)들끼리 얼마나 가깝게 지내고 있다고 생각하십니까? 혹은 가깝게 지내지 않고 있다고 생각하십니까?'라는 질문을 통하여 조사하였다. 특징적인 것은 재미교포가 '매우 가깝게'가 36.5%로서 재일교포의 거의 2배에 달하지만 '매우 가깝게'와 '어느 정도 가깝게'를 합하면 재미교포는 74.4%이고 재일교포는 77.2%에 달하여 재일교포가 오히려 친밀도가 높게 나타난다. 한편 독립국가연합에 거주하고 있는 한인들의 경우에는 '별로 가깝지 않음'이 30.9%로서 매우 높게 나타나고 있다.

한편 참여하고 있는 단체나 모임의 경우(〈표 4-37〉)에도 미국은 교회 등 종교단체가 중요한 역할을 하고 있으나 일본의 경우에는 종교단체의 비중이 매우 낮고 그 대신 고향 관련 단체의 비중이 매우 높다. 이렇게 각 거주국에 따라 모임의 기본적인 종류와 양식이 상이하다는 사실, 또한 참가하고 있는 단체가 없는 경우가 각기 거의 50% 내외라는 사실도 중요한 고려 사항이다.

〈표 4-36〉 한국인들끼리의 친밀도

(단위 : %)

국 가	매우 가깝게	어느정도 가깝게	별로 가깝지 않음	전혀 가깝지 않음	모름/ 무응답	평균*
미 국	36.5	37.9	19.6	2.8	3.2	3.12
일 본	17.0	60.2	17.9	4.3	0.6	2.90
독립국가연합	5.2	51.1	30.9	4.0	8.7	2.63

* '매우 가깝게'에 4점....'전혀 가깝지 않음'에 1점 부여할 경우.
자료 : 공보처, 《한민족 공동체 의식 조사》, 1995.

〈표 4-37〉 참여하고 있는 한인 단체나 모임 : 중복 응답

(단위 : %)

국 가	종교관련 단체/ 모임	직업관련 단체/ 모임	학교관련 단체/ 모임	고향관련 단체/ 모임	봉사관련 단체/ 모임	기타	없다	모름 /무 응답
미 국	42.5	15.7	22.9	14.2	16.2	0.0	46.8	0.0
일 본	3.3	9.5	2.0	31.4	13.6	0.0	51.1	0.0
독립 국가 연합	21.4	7.7	8.5	2.3	19.7	18.8	43.9	1.2

출처 : 공보처, 《한민족 공동체 의식 조사》, 1995.

⑩ 한국어 언론매체 접촉

한민족 공동체의 형성에는 거주국에서의 한인과의 친밀도뿐 아니라 한국어로 된 언론매체와의 접촉도 중요하다. 인쇄술의 발전을 통하여 지방어(自國語 : vernacular)로 된 문헌이 널리 보급됨에 따라 이러한 매체를 통해 서로 얼굴도 본 적이 없는 사람들간에 하나의 동류의식이 발전하여 근대 민족주의가 발전하였으며, 이러한 민족 공동체가 근대 이전의 대면도(面對面, face-to-face)의 실질적 접촉을 통한 전근대적 공동체와 다르다는 점을 강조하여, 민족을 '상상의 공동체'(imagined community)라고 규정하기도 한다(Anderson, 1983). 전세계에 흩어져 살고 있는 한인들이 단순한 혈연적 관계를 넘어서 동일한 문화적 전통을 가지고 있으며 경제적·정치적 이해관계를 같이하려면 일정한 정치적 입장까지 같이하려 할 경우 공동체 의식의 기반이 되는 커뮤니케이션은 매우 중요하다. 이러한 커뮤니케이션은 반드시 한국어로 이루어져야만 하는 것은 아니지만 한국어 매체의 역할은 크게 기대된다.

이러한 한국어 매체에 대한 요구는 특히 이주의 시기가 비교적 최근인 미국 외에도 동남아와 대양주, 중남미, 유럽, 중동, 아프리카의 경

〈표 4-38〉 한글판(한국어) 언론매체 접촉 실태 : 중복 응답

(단위 : %)

국 가	TV	라디오	신문	잡지	기타	없다
미 국	85. 1	69. 6	82. 1	44. 6	0. 0	7. 2
일 본	3. 6	20. 1	54. 5	18. 3	5. 9	24. 8
독립국가연합	1. 5	23. 8	31. 4	42. 5	3. 0	59. 6

출처 : 공보처, 《한민족 공동체 의식 조사》, 1995.

우 더욱 강할 것으로 믿어지며 또한 한국어 매체가 한국어 구사 능력
의 유지와 발전에 기여하는 역할을 고려할 때 이에 대한 적극적인 관
심과 정책이 요구된다.

⑪ 한인들의 취업 상태

재외 한인들의 취업 상태는 이민의 역사적 배경과 거주 국가의 경제
적 조건에 따라 매우 다양하게 나타나지만, 정식 이민의 경우에도 상
당수 재외 한인들은 노동이나 자영업에 종사하고 있으며 전문직이나
사무직에 종사하는 경우는 상대적으로 적다. 특정 지역에 거주하는 한
인들의 취업 상태에 관한 통계자료는 다수 존재하지만 국가 전반에 걸
친 신뢰할 수 있는 통계는 거의 전무하다.

비록 1991년에 조사한 자료지만 다행히 최근에 호주 한인 전체를 대
상으로 직업 상태에 관한 호주 정부의 통계(〈표 4-39〉)가 발표되었는
데 이 자료를 보면 이러한 경향은 매우 현저하게 나타난다. '노동'과
'개인 서비스 노동' 그리고 '중장비 기사'를 합치면 넓은 의미의 노동이
42.3%에 달하고 있다. 관리직과 전문직, 사무원은 합계 27.1%에 불
과하다. 이는 호주 한인의 상당수가 월남전 이후 호주에 건너와 용접
공으로 활동하며 기반을 잡았고 그후 청소업 등에 집중적으로 종사했
다는 역사적 배경에 기인하는 것이지만, 한편 언어 장벽이 존재하는

〈표 4-39〉 호주 한인의 직업(1991년)

직 업	인 수	백 분 율(%)
노 동	1,837	24.8
상 업	1,202	16.2
개인 서비스 노동	841	11.4
관 리 직	746	10.1
전 문 직	722	9.7
사 무·원	538	7.3
중장비 차량기사	451	6.1
계	7,406명	

출처 : Bureau of Immigration, *Korean Community Profile*, 1995.

선진국에서의 경제활동에서 이민 집단이 활동할 수 있는 공간을 보여 주고 있다는 점에서 그리 예외적인 것도 아니다.

이렇게 육체적 노동을 필요로 하는 각종 직업에서 활동하여 기반을 잡은 재외 한인들이 부동산 투기나 부패, 부조리에 대해 어떠한 생각을 가질 것이라는 점은 쉽게 상상할 수 있다. 또한 자수성가한 한인들이 계층 문제나 노동운동에 대하여 어떠한 생각을 가지리라는 것도 쉽게 상상할 수가 있다.

한민족 공동체의 형성에서는 금액으로 표시되는 소득 수준뿐 아니라 경제적 정의에 대한 재외 한인들의 감각에 상당한 차이가 있을 수 있다는 사실을 인식하는 것이 중요하다.

재외 한인 여성의 경우(〈표 4-40〉)에는 거주 국가에 따라 경제활동의 내용이 현저히 다르다. 거주국의 산업 구조와 경기가 여성의 취업을 결정하는 중요한 요소이며 또한 영주권이나 시민권을 잘 부여하지 않는 동남아 각국의 경우에는 원천적으로 여성 취업의 기회가 봉쇄되어 있다. 미국, 호주, 뉴질랜드 등 정식 이민의 경우 여성들은 가

〈표 4-40〉 재미 한인 여성의 취업

(단위 : %)

	한인 여성	미국 여성
전 문 직	12. 4	16. 1
경 영	34. 0	6. 4
사 무 직	13. 4	41. 9
노 동	35. 0	12. 8
기 술	5. 2	1. 8
서비스업	—	19. 8
농 업	—	1. 2

출처 : Yu E. Y. , 1982.

사를 돌보는 외에 취업을 통하여 가계에 현저한 기여를 하고 있으나, 취업의 내용을 살펴보면 거주국의 여성들의 취업 내용과는 현격한 차이가 나고 있다. 미국의 경우 미국 여성의 다수가 '사무직'에 종사하고 있음에 반하여 재미 한인 여성의 경우에는 다수가 '노동'에 종사하고 있다.

한편 '경영'의 비중이 높기는 하지만 이는 소규모 점포의 경영이므로 상당한 정도의 장시간 노동을 포함하는 것으로 보아야 한다.

이는 여성의 가정내 역할과 지위에 상당한 영향을 미치며 또한 여성의 역할에 대한 2세, 3세들의 기대 역시 상이하리라는 것을 의미하는 것이다.

⑫ 본국에 대한 기대

한편 〈표 4-41〉을 보면 재외 한인들의 본국에 대한 기대 역시 이민 시기와 거주 국가의 여건, 생활 정도 등에 따라 현저히 다르다.

재일 교포나 독립 국가 연합의 교포들은 생활 정도가 어려운 경우에도 본국에 돌아가 살려고 하지 않는다. 이미 동화의 정도가 상당히 진전되어 가족과 함께 본국에 영구 귀환하여 다시 생활한다는 것은 엄청나게 어려운 일이다. 특히 한국어 구사 능력에 문제가 있기 때문에 본국에 귀환한다는 것은 재일교포나 독립국가연합의 교포의 경우에 쉽게 가능한 일이 아니며 또한 이를 원하지도 않는다.

재미교포의 경우가 가장 본국에 대한 지원을 많이 기대하고 있다. 이는 재미교포의 교육 수준이 일반적으로 높기 때문이기도 하지만 이민 시기가 오래되지 않아 본국과의 정서적 유대가 강하기 때문이기도 하다. 재일교포의 경우는 차별 문제에 대한 대책과 교육시설 지원을 제외하면 본국의 지원에 대하여 바라는 것이 매우 적은 것으로 나타나고 있으며 '바라는 것이 없다'도 16.1%나 되고 있다.

〈표 4-41〉 해외 동포 정책 : 본국에 대한 기대(중복 응답)

(단위 : %)

지 원 내 용	미 국	일 본	독립국가연합
고국에 돌아가 살 수 있도록 지원	62.0	2.7	9.5
현재 살고 있는 곳에서 차별대우를 받지 않도록 외교적 노력	82.7	65.1	18.7
현지에 고국 기업 진출로 일자리 제공	78.0	11.2	28.3
고국에서의 취업 기회 확대	74.6	6.1	12.7
고국에 투자할 수 있는 기회 확대	79.8	8.1	7.5
고국에 있는 친지 찾아 주기	66.1	0.1	23.9
한국인 단체/모임 지원	65.8	10.7	35.7
교육 시설 지원	83.5	19.0	41.3
기 타	0.0	3.1	9.5
바라는 것이 없다	1.7	16.1	11.3

출처 : 공보처, 《한민족 공동체 의식 조사》, 1995.

이렇게 거주 국가에 따라 본국의 정책에 대한 요구와 기대가 현격하게 차이가 나고 있으며 또한 조사의 성격상 보다 세세하고 구체적인 요망 사항은 반영되지 않고 있음에 따라, 재외 교민 대책은 무엇보다도 현지 교민들의 기대에 대한 정확한 파악을 기초로 하여 수립되어야 한다.

⑬ 이민에 대한 일반적 인식

이민 자체에 대한 일반적인 부정적 인식은 재외 한인에 대한 부정적 인식과 밀접한 관련을 가지고 있다. 〈표 4-42〉를 보면 국내에 거주하는 국민의 38.6%만이 해외 이민에 대하여 긍정적인 시각을 가지고 있었으며, 부정적인 시각이 32.3%이고, 무어라 말할 수 없다는 응답비율은 29.0%였다. 대체로 국민의 61.3%가 해외 이민에 대하여 긍정적이지 못한 시각을 가진 것으로 나타났다.

이는 정부가 추진하고 있는 세계화나 해외 진출에 대하여 상당수 국민이 이를 수용할 수 있는 준비가 아직 되어 있지 못하다는 것을 의미한다. 또한 재외 한인을 포용하는 한민족 공동체를 형성하기 위한 마음의 자세가 아직 확립되어 있지 않다는 것을 의미한다.

따라서 해외 이민이나 해외 진출에 대한 전향적인 자세를 개발하는 교육과 홍보 정책을 추진할 필요가 있다.

〈표 4-42〉 이민에 대한 일반적 인식

(단위 : %)

국민들이 해외로 이민을 많이 가는 것이 좋다	38.6	38.6
무어라 말할 수 없다.	29.0	61.3
국민들이 해외로 이민을 많이 가는 것이 나쁘다	32.3	
합 계	100.0	

출처 : 공보처, 《한민족 공동체 의식 조사》, 1995.

⑭ 재외 한인에 대한 일반적 인식

위에서 살펴본 이민에 대한 전반적인 부정적 태도의 저변에는 해외 이민을 '자기만 잘 살려고 조국을 버리고 떠난 사람' 또는 '조국을 배신한 사람' 등으로 인식하는 경향이 있는 것으로 보인다(〈표 4-43〉).

그 결과 '해외 동포를 무조건 받아들여야 된다'는 주장에 동의한 사람은 33.5%에 불과하였으며 '선별적으로 받아들여야 한다'가 59.7%, 심지어는 '무조건 받아들이지 말아야 한다'가 5.5%나 되고 있다.

이러한 재외 한인에 대한 부정적 시각은 재외 한인의 본국 방문이나 취업시 이들에 대한 적대적인 태도나 뻔뻔스러운 기만 및 착취 행위 등으로 나타나기도 하며 그 결과 본국 사회에 대한 재외 한인의 강한 불만과 비판을 야기하기도 한다.

이는 물론 한민족 공동체의 형성이나 통합을 저해하는 요인이며 재외 한인에 대한 이러한 부정적 인식을 교정하기 위한 홍보 및 교육 대책을 절실히 요구하고 있다.

〈표 4-43〉 재외 한인에 대한 일반적 인식

(단위 : %)

해외 동포를 무조건 받아들여야 한다	33.5	33.5
선별적으로 받아들여야 한다	59.7	66.5
무조건 받아들이지 말아야 한다	5.5	
모르겠다 / 무응답	1.4	
합 계	100.0	

출처 : 공보처, 《한민족 공동체 의식 조사》, 1995.

2) 재외 한인 정책

재외 한인에 대한 정책은 다음과 같은 기본 방침에 입각하여야 한다. 첫째, 무엇보다도 시급한 것은 폭넓은 기초자료의 수집을 통하여 정확한 현상을 파악하고 이에 기초하여 정책을 개발하여야 한다는 점이다. 재외 한인에 대하여는 몇몇 기초적인 통계를 제외하고는 실상에 대한 기본적인 자료가 존재하지 않는다. 재미교포나 재일교포에 관하여는 연구 논문이나 단행본이 상당수 존재하고 있으며 독립국가연합이나 중국, 남미 지역에 거주하고 있는 한인에 대하여도 제한적이기는 하지만 심도있는 연구가 최근 등장하고 있으나, 아ㆍ태 지역의 경우는 유럽이나 중동, 아프리카 등 다른 지역과 마찬가지로 생활 실상에 관한 정보가 극히 제한되어 있다. 이러한 상황에서 정책을 수립한다는 것은 아무리 의도가 좋아도 소기의 목적을 달성할 수 없으며 자칫 한정된 예산의 비효율적인 사용이나 정책에 대한 신뢰감 저하라는 결과를 낳을 수도 있다.

둘째, 정부의 정책은 직접적인 재정지원이나 선심적인 문제 해결보다는 계속 모습을 바꾸어 새롭게 등장하는 각종 문제에 대하여 한인 사회가 스스로 문제해결 능력을 갖추도록 성장하는 것을 도와주는 것을 기본 목표로 하여야 한다. 이러한 문제해결 능력의 배양에는 우선 한인들이 쉽게 모일 수 있는 소공간을 확보하고 공동 관심사에 관하여 의식을 가진 사람들이 협력하고 정보를 교환할 수 있는 네트워크를 형성하는 것 등이 필요하다.

셋째, 한민족 공동체의 구현에 있어 교육 및 문화의 중요성을 생각할 때 이를 위한 정책의 개발이 시급하다. 특히 재외 한인은 지리적으로 분산 거주하면서 각종 생업에 종사하고 있기 때문에 재외 한인 상호간 또는 재외 한인과 본국간의 정치적ㆍ경제적ㆍ사회적 관계는 일부는 밀접할 수도 있으나 대부분은 희박한 실정이다. 따라서 한민족 공동체란 근대 국가를 형성하는 민족 공동체보다도 훨씬 더 공통된 문화에 의존하게 될 수밖에 없으며 한민족 공동체를 위한 교육과 문화정책의 개발은 지속적으로 또한 신중하게 추진되어야 한다.

이러한 기본 방침에 입각하여 다음과 같은 구체적인 정책을 제안하고자 한다. 이미 민족통일연구원에서 상당한 분량의 연구보고서(〈'한민족 공동체' 형성과정에서의 교포정책〉, 1993. 12)를 제출한 바 있으며, 그 외에 외무부와 통일원, 기타 관련 부처에서 각종 의견을 제시하였으며 그러한 정책 제안 중 일부는 이미 실시중에 있다. 여기에서는 보다 기본적인 정책에 대한 논의에 주력할 것이다.

(1) 현상의 파악 및 연구

현재 재외 한인에 대한 종합적이고 체계적이며 심도있는 정보와 연구가 없다는 사실을 감안하여 재외 한인 사회의 현황과 문제점을 실증적·구체적·지속적으로 연구하고 자료를 수집하는 체제를 설립하는 것이 시급하다.

현재 외무부 산하에 재단법인으로 '해외교포문제연구소'가 있으며, 학자들의 모임으로 임의 단체인 '재외한인연구회'가 있으나 전자는 전문 연구인력이 없으며 후자는 규모가 영세한 실정이다.

재외 한인에 대한 심도있는 이해를 위하여는 기초적인 통계 및 기타 자료의 수집 외에도 사회 과학자에 의한 전문적인 연구가 절대적으로 필요하다. 특히 교민 문제에 대한 국내 전문가의 부족 현상을 고려하여 현지의 학자 및 학식 경험자에 대한 연구비 지원이나 공동 연구에의 참여 등도 적극 고려하여야 한다. 문제는 현상에 대한 기초적인 자료수집조차 되어 있지 않다는 점으로 현상파악이 되어 있지 않은 상황에서 정책을 수립하는 것은 한정된 예산의 효율적 집행을 도모할 수 없다. 효과적인 정책의 수립과 집행을 위한 정보의 수집이 중요하다.

최근까지는 통일원, 정신문화연구원, 국민생활협의회 등에서 경쟁적으로 국제 학술회의 및 행사를 개최하여 왔다. 해외의 한인 학자들에게 고국 방문과 인적 교류의 기회를 부여하였다는 면에서는 어느 정도 기능을 하였으나, 보다 내실있는 학술회의를 위하여는 연구과제 형식으로 공모를 받고 연구비를 미리 지급하여 연구케 하고 이를 발표시키는 것이 바람직할 것이다. 체육대회나 문화제 등 각종 행사의 경우에도 사전 준비 등에 만전을 기하여 참가자에게 뜻하지 않은 재정적 부담을 지우게 하는 일은 없어야 한다.

(2) 정부 기구 및 각종 제도의 정비

① 해외 공관의 영사 업무 : 선진국형 영사 업무로의 전환

해외에 비교적 일찍 진출하여 장기간 해외 생활을 한 교민들이 제기하는 불만 사항의 하나는 본국의 정부가 적극적으로 자국민 보호에 힘쓰지 않는다는 점이다. 심지어는 "도와주지는 못할망정 제발 발목이라도 잡지 않았으면 좋겠다"는 말을 하는 사람들도 있다. 한편 재외공관의 영사 업무 담당자로서는 부족한 인력과 예산이라는 매우 현실적인 상황 외에도 최근까지는 남북간의 대치상황에서 국력이 충분히 성장하지 못하여 전체적인 외교적 역량이 부족하기 때문에 어쩔 수 없는 부분도 있었다.

향후에는 사건 발생 후의 사후 처리보다는 예방적 보호에 주력하여야 할 것이며 실패, 문제 및 사고 등의 사례를 수집하고 분석하여 교육이나 인쇄물의 회람을 통하여 이러한 목적을 부분적으로 달성할 수 있을 것이다. 이러한 좋은 예로는 인도네시아 대사관 영사과에서 1995년 7월에 개최한 한국 기업의 진출 사례에 관한 세미나 등이 있다. 몇년 일찍 추진되었더라면 더 좋았을 것이라는 아쉬움이 남기는 하지만 그래도 향후 불필요한 충돌과 낭비를 상당히 예방할 수 있을 것이라 생각된다. 또한 기술, 정책 등 고급 정보의 수집과 분석 및 전파도 경

제 담당이 있기는 하지만 영사과의 중요한 기능의 하나이다. 한편 법률적 조언 및 법률구조 네트워크의 설립과 운영을 지원함으로써 주재국의 한인 사회가 스스로 문제를 해결하는 능력을 배양하여야 한다. 이에 대하여는 특히 '한민족 인권위원회'에 관한 유재건의 제안4)이 참고가 될 것이다.

또한 영사 업무도 어느 정도의 전문화가 필요하다. 각 공관에서는 흔히 가장 신참이 되는 외교관에게 영사 업무를 맡기거나 또는 통신관에게 겸임을 시키는 경우가 많다. 인원 부족과 예산의 문제상 어쩔 수 없었다고는 하지만 나이 어리고 경험이 적은 젊은 외교관에게 영사 업무는 매력도 없고 또한 제대로 수행하기에는 감당하기 어려운 측면도 많다. 더구나 교통의 중심지가 되는 공관에서는 영사가 걸핏하면 본국에서 오는 자칭타칭의 귀빈 접대에 동원되는 상황이라 영사 업무는 외교관으로서 국제 무대에서 활약할 것을 꿈꾸고 외무부에 들어온 젊은 외교관들에게는 일종의 기피 업무가 되고 있는 측면이 있다.

세계화 시대에 영사 업무를 제대로 수행하기 위하여는 영사 업무가 천대받는 비인기 직책이 되어서는 안되며 기능직 하급 직원이나 신참 외교관에게 맡기는 경향도 불식되어야 한다. 영사 업무의 원활한 수행에는 영사의 연령과 인생 경험도 중요하며 또한 인성과 현지 언어 구사 능력 및 현지 실정에 대한 파악 능력 등 영사의 자질도 중요하다. 일부 자질이 부족한 영사가 아무리 외국 생활의 스트레스가 심하다고는 하여도 무심코 던지는 한마디가 교민들에게는 커다란 상처를 남길

---

4) 유재건은 "민족 저력의 확산을 위한 해외 동포 정책"(김상균 외, 《21세기를 향한 한국형 공동체의 모색》, 1994)에서 이철수 사건 등에서 명확히 나타난 바와 같이 신속하고 적절한 전문적인 법적 도움이 절실히 필요하다는 사실을 인식하고 장래 유사한 사건에 대비하여 현지에서 활동하는 교민 법률 전문가 등을 중심으로 경험과 정보를 교환하면서 한인의 인권 옹호에 기여할 수 있는 전세계적 네트워크를 구성할 것을 제안한 바 있다. 아래의 '해외 한민족 인권위원회 설치 문제' 참조.

수도 있으며 또한 다시는 뉴질랜드에서와 같은 어처구니없는 사건5)이 발생하지 않도록 해외 공관 근무자에 대한 선발과 관리에 만전을 기하여야 한다.

아울러 영사가 본연의 업무수행을 위하여 필요한 인적, 물적 지원 등 기본적인 환경이 조성되어야 함은 물론이다. 따라서 영사 업무에 대한 부당한 간섭이나 압력이 배제되어야 하며 또한 본국의 '귀빈'을 위한 빈번한 공항 출영과 관광 및 쇼핑 안내 등도 대폭 축소되어야 한다. 행정지원 및 활동예산의 확대 등의 조치가 뒷받침되어야 하며 대사관이나 총영사관에서 현지 교민 자녀를 엄선하여 채용함으로써(남자의 경우는 공익근무요원 형식도 검토) 인력을 적극적으로 활용하는 방안도 검토해 볼 수 있을 것이다.

② 통일 과정에 대비한 한국 국민과 한민족 개념의 확정

북한의 내부 사정의 변화와 한국의 정치, 경제적 지위 상승으로 인하여 한국에 입국을 희망하는 중국내 조선족 및 북한 여권 소지자가 급격히 증가하고 있는 가운데 이들의 국내법적 지위에 대한 법적, 제도적 보완과 정책적 배려가 시급하다. 특히 북한 여권 소지자는 국내에서는 현행법상 한국 국적이 인정되고 있으나 향후 한국 입국 희망자

---

5) 주 뉴질랜드 한국 대사관에서는 통신을 담당하고 있던 최승진 씨가 국내 정치와 관련하여 외무부가 해외 공관에 민감한 사항에 대한 정보 파악을 지시하였다고 양심 선언을 하고, 주재국에 망명 신청을 하여 물의를 일으킨 바 있다. 통신관으로서 영사 업무를 겸하고 있어 오클랜드에도 순회 영사 업무 차 방문한 바 있었던 최승진 씨의 이러한 언행에 대하여 오클랜드 한인회 간부들을 비롯한 많은 교민들은 한국의 이미지 실추와 교민들의 이미지 저하, 양국 관계의 긴장 등에 대하여 불쾌감을 표시하였다. 최승진 씨는 일찍이 주 태국 대사관 근무중 불미스러운 사건으로 면직된 바 있는데, 복직 후 다시 문제를 일으킨 것이라면서 해외 근무 요원에 대한 허술한 관리를 개탄하는 사람들도 상당수 있었다.

가 급격히 증가할 가능성도 배제할 수 없는 만큼 이들의 지위와 처리에 대한 법적, 제도적 보완이 필요하다.

특히 이민자 중 본국으로의 귀환자 및 북한으로부터의 귀순자의 수도 대폭 증가할 것으로 예상되고 있는바, 혹시 있을지도 모를 위장 귀순자 문제는 물론, 이들의 생활 보호와 국내에서의 적응력을 함양하기 위한 정책적 배려가 필요하다. 현재까지 귀환하거나 귀순한 사람들이 국내에서의 생활에 어떻게 적응하여 왔는가에 대한 현황 연구와 향후 바람직한 적응 대책의 개발이 필요하며, 또한 귀순자가 대량으로 발생할 경우를 대비하여, 일정 기간을 별도의 시설에 집단으로 수용하여 보호해야 할 가능성을 고려하여, 필요한 시설(숙소, 학교, 병원, 체육 시설, 오락 시설, 작업장 등) 및 운영 요원(상담원, 행정 요원, 경비 및 안전 요원, 교육 담당 요원 등)을 확보하는 방안도 통일원, 외무부, 국방부, 안기부, 보건복지부, 노동부, 교육부, 내무부, 지방자치 단체 등 관계 기관 및 이북 5도 도민회 등 유관 단체, 재외한인연구회, 해외교포문제 연구소 등 연구 기관과의 협의하에 검토할 필요가 있다.

③ 재외 한인재단의 설립

재외 한인 문제를 전담할 새로운 정부 기구로서 국무총리나 외무부 산하에 교민청을 설립하여 10개 이상의 부처에 분산되어 있는 교포 행정의 업무를 통괄해야 한다는 의견이 있으나 이는 ㉠ 업무의 집중과 이관은 현실적으로 불가능, ㉡ 교민 거주국 정부의 불필요한 오해, ㉢ 정부 기구라는 이유 때문에 활동에 제약을 받을 가능성 등의 이유에서 바람직하지 못하다는 지적도 있다.

따라서 보다 탄력적으로 운용이 가능하며 또한 적극적으로 거주국 정부에 대하여 요구와 건의를 할 수 있고 활동에 제약을 적게 받는 재단법인 형식의 재외 한인 재단의 설립이 바람직하며 여기에 유급 직원과 자원 봉사자 외에 공무원을 파견 근무케 하는 등의 방안이 적절하

다는 의견도 강력하다. 재단의 설립에 필요한 기금은 민간의 모금운동
과 정부출연 및 기타 성금 등으로 마련하는 방안을 적극 검토할 필요
가 있다. 특히 이러한 재단은 퇴직 공무원의 취업대책이나 명예직, 특
정 정부 부처의 배타적 영역이 되지 않도록 재외 한인 문제에 깊은 관
심을 가지고 노력해 온 전문가들을 반드시 이사진에 포함시켜 출범해
야 할 것이다.

④ 재외 한인회관 건립

민간재단 형식으로 교포문제 연구기관이나 지원기구가 출범할 경우
그 본부가 입주할 회관을 건립하는 것도 바람직하다. 특히 한인재단
이외에도 해외 한인 관련 각종 단체 및 연구소가 입주할 수 있고, 도
서관과 통신시설, 간단한 회의나 행사의 개최, 숙박시설 등을 갖추고
종합적인 정보 센터로서 기능할 수 있는 회관의 건립을 검토한다.

⑤ 해외 한민족 인권위원회 설치

거주국 사회의 차별과 문화적 차이로 인한 오해, 언어 소통의 문제
외에도 현지의 법률과 관행에 대한 무지와 비용 문제 때문에 억울한
일을 당하고도 구제를 받지 못하는 경우가 있다. 이에 대비하여 교민
1.5세나 2세 출신의 현지 법률가 양성 및 법적 구조 네트워크 형성에
노력하여야 한다. 특히 전문적인 법률조언을 필요한 경우 쉽게 접할
수 있으며 또한 기본적인 법률상식에 대한 교육을 통하여 인권침해 사
태를 예방하여야 한다.

이러한 활동은 한인 거주 국가의 법률과 사법 제도, 절차뿐 아니라
법문화(法文化)와 법감정(法感情) 등에 대한 심도있는 이해와 고려를
바탕으로 하는 것이 바람직하다. 또한 거주국 국민의 정의감을 발동시
키고 나아가서 한인의 인권 문제의 해결이 한인들만의 고립된 문제가
아니라, 거주국 사회의 개선과 발전에도 중요하다 사실을 강조하는 등

설득력있게 접근하는 것이 중요하다.

⑥ '재외 한인의 날' 선포

해외 한인의 사기 진작을 도모하고 그 중요성을 부각시키기 위하여 재외 한인의 날을 선포하자는 의견이 제기되고 있다. 재외 한인의 날은 상징의 개발이라는 측면에서 중요하지만 자칫하면 실속없이 국내에서조차 거부감을 야기할 우려가 있으므로, '세계 한민족 체전' 행사 등 기존의 행사에 즈음하여 자연스럽게 선포하는 방안을 검토하는 것이 바람직하다.

⑦ 이중국적, 명예 시민권 및 재산권 문제의 해결

이는 관계 부처의 검토를 거쳐 연구중이다.
국내외 환경의 변화에 능동적으로 대응하고 형평의 원칙에서 벗어나지 않는 범위내에서 민족의 역량이 가급적 최대로 발휘될 수 있도록 추진하는 것이 바람직하다.

⑧ 평통자문위원제도 개선

위원의 선출을 둘러싸고 잡음이 상당히 있어 교민 사회 내부의 대립원인이 되고 있다. 과거에는 현지 공관장과 공관 직원, 서울의 유력인사, 교민 사회의 파벌 등이 복합적으로 작용하여 갈등을 빚기도 하였다. 심지어 일부 교민 지도자는 '교민 사회가 잠잠하려면 평통을 없애야 한다'는 의견까지 피력하고 있다. 현지 교민들의 대다수가 수용할 수 있는 투명한 방법을 도입하여야 한다.

(4) 한국어 교육 및 한국 문화 교육

한민족 공동체는 전세계적 규모로 분산되어 거주하는 한인들의 '상상의 공동체'로 그 형성에는 한국어 교육과 한국 문화의 교육이 압도적으로 중요하다. 우수한 인력의 모집과 전문적인 훈련이 관건인데, 현재 파견되어 있는 교육관, 공보관, 문화원장, 한국학교장 등의 일부

는 매우 우수하며 헌신적으로 노력하고 있으나, 상당수는 업무를 수행
하기 위한 전문적인 훈련을 받지 못하였다는 평을 듣고 있다. 이에 따
라 전문적인 인력의 양성이 필요하다.

①한글 학교 지원

현재 국제학교의 교사의 경우 처우 면에서는 다른 선진국에 비하여
상당히 뒤떨어져 있다. 또한 이들의 경우, 해외 한인의 자녀를 가르치
면서 부딪치게 될 특수한 문제에 대처하기 위한 전문적인 훈련을 받은
것도 아니다.

토요 학교의 형태로 운영되는 한국 학교의 경우는 문제가 더욱 심각
하다. 상당수가 교사 자격증을 가지고 있는 현지 거주 교민의 부인 중
에서 선발되는데 전공 과목과 전연 상관이 없는 국어를 가르치는 것에
도 어려움이 있고 또한 오래 전에 교편 생활을 그만두었던 경우는 요
즈음 아이들을 어떻게 가르칠 것인가에 대한 경험이나 지식이 부족한
실정이다. 처우 또한 보잘 것 없는 경우가 많다. 오로지 열과 성으로
버티고 있다고 해도 과언이 아닌데 이들 교사들에 대한 연수와 훈련
기회의 확대, 처우 개선을 위한 대책이 필요하다. '선생님이 예뻐서,
선생님이 좋아서 공부를 열심히 하기 때문에 선생님들이 화장도 좀 하
고 옷차림에도 신경 쓰시라고 권한다'는 어느 교육 담당자의 말처럼
초등 교육에서 교사가 차지하는 비중을 생각할 때 교사에 대한 대책은
시급하다. 또한 해외 동포 교육을 담당하는 교육 행정가의 육성도 시
급하다. 해외 교민 자녀의 교육 담당자는 교육 문제와 행정 문제의 전
문가일 뿐 아니라 탁월한 외교관이어야 한다. 특히 자녀교육 문제에
지대한 관심을 가지고 있고 또한 나름대로 지식과 경험도 많은 아·태
지역 교민 학부모들을 상대하려면, 교장과 교감도 전문 지식뿐 아니라
교민들의 조바심과 불안감의 원인에 대한 탁월한 이해심과 설득력을
가져야 한다. 이러한 능력을 갖춘 교육 행정가를 양성하기 위한 제도

적 뒷받침이 필요하다.

②국제학교 설립

교민들의 지대한 관심사인 교육 문제를 해결하는 방식으로 홍콩과 싱가포르, 인도네시아 방식의 국제학교의 설립이 바람직한가, 아니면 토요 학교 방식이 더욱 바람직한가는 보다 깊은 연구와 학교 운영 결과에 대한 연구 조사를 필요로 한다. 경우에 따라서는 두 가지가 모두 필요할 수도 있으며 또한 상호 보완적으로 운영될 수도 있다. 현재 태국과 말레이시아 등등이 설립을 추진하고 있으며 이에 대한 정부의 지원을 기대하고 있다. 이 문제는 동남아 지역에 국한된 문제가 아니며 장기적으로는 해외에 국제 한국 학교를 가급적 많이 갖는 것이 국익에 커다란 도움이 될 수 있다는 사실을 감안하여, 기본적인 설립 방법과 절차, 조직 및 운영 모델의 개발 등등 많은 연구가 필요하다.

③한국어 학습 교재 및 교수법 개발과 한국어 교사의 양성

각국의 실정에 맞는 교재와 부교재의 개발 및 교수법의 개발이 시급하다. 현지어가 무엇인가, 영어가 어느 정도의 위치를 차지하고 있는가, 부모의 언어가 무엇인가 등등에 따라 이 문제는 다양한 해답을 갖는다. 특히 한국어의 경우 과거에는 영어나 현지 언어의 습득에만 중점을 두던 재외 한인 부모들이 자녀들의 한국어 교육에 지대한 관심을 갖기 시작하였다. 1.5세나 2세 한인들도 민족 정체성 등 상징적인 이유뿐만이 아니라, 장래의 진로 등 현실적인 필요에서도 한국어의 습득을 중시하고 있다. 또한 한국의 국제적 지위의 상승과 경제적 역할의 증대, 환태평양의 비중 증대 등으로 아시아 국가들에서도 한국어 교육에 대한 관심이 증가하고 있으나, 외국인에 대한 한국어 교육을 위한 교재 및 교수법의 개발 및 교사의 양성은 아직 체계적이지 못한 실정이다.

개선방안의 하나로 미국의 대학이나 일본의 대학, 싱가포르나 홍콩, 호주나 뉴질랜드 등지에 외국인에 대한 한국어 교수법(Teaching Korean as a Second Language) 및 해외 교포 자녀에 대한 한국어 교수법 (Teaching Korean to Bilingual Children)의 석사과정을 개설하는 방안을 적극적으로 검토해 볼 필요가 있다. 일본어의 경우 샌프란시스코 대학(U. C. San Francisco) 등에 언어교육(language instruction)을 위한 석사 과정이 설치되어 있는데, 외국인에 대한 일본어 교육을 별도의 석사 과정에서 전공함으로써 전문적인 일본어 교사 및 강사를 양성하고 있다. 이들은 미국의 유수한 대학에서 일본어를 가르치면서 일본어뿐 아니라 일본 문화를 전파하는 구실을 톡톡히 하고 있다. 이러한 강사 양성 프로그램에 대한 적극적인 연구와 검토가 필요하다.

④ 해외 문화원의 기능 확대 및 해외 한국학 프로그램에 대한 지원

해외의 한국 문화원은 주재국의 국민들을 대상으로 한국 문화를 소개할 뿐 아니라, 필요한 경우 현지에 거주하고 있는 한인들에게도 문화 센터, 사회교육 센터로서의 기능을 할 수 있도록 확대하는 방향을 검토해 볼 필요가 있다. 즉, 한국 문화원은 문화 교류와 상호 이해의 장으로서 한국 문화뿐 아니라 주재국의 사회와 문화에 대한 이해와 연구에도 적극 관심을 기울이고 이를 지원하는 것이 바람직하다.

이는 특히 문화의 교류와 이해는 다른 영역보다도 특히 상호성이 중요하기 때문이다.

한편 해외 각 대학에 설치되기 시작한 한국학 프로그램에 대한 지원을 지속적으로 확대할 필요가 있다. 이러한 프로그램들은 외국 국민과 학자들만을 대상으로 하는 것이 아니라 한인 1.5세나 2세의 교육 기회의 확대에도 매우 중요하다는 점을 감안하여 추진하여야 한다.

⑤ 재외 한인에 대한 사회교육 지원

교민 사회도 점차 청소년 문제, 부인 문제, 노인 문제가 중요한 이슈로 부각되고 있으나 이에 대한 대책이 전무한 실정이다. 교육관이 파견되어 있으나 주로 학교교육을 우선시하고 있으며 주재국 실정이나 언어에 정통하지 못한 경우가 많은 것도 사실이라 한다.

따라서 사회교육, 평생교육 개념의 도입을 통하여 재외 한인 스스로가 필요에 따라 학습을 하고 문제를 해결하기 위한 방안을 논의하며 대책을 수립하도록 지원하는 것을 검토해 볼 필요가 있다. 이를 위한 공간으로 사회교육 시설이나 문화관 같은 것이 필요하다.

현재는 교회, 성당, 사찰 등 종교 단체가 일부 기능을 담당하고 있으나 앞으로는 한인 회관, 도서관, 종교단체 등과 연계를 모색해 볼 수 있다.

해외의 한국 문화원은 외국인에 대한 홍보와 소개를 하는 것도 중요하지만 공휴일이나 업무시간 후에는 재외 한인의 사회교육의 장으로서도 활용될 수 있도록 하는 방안도 검토해 볼 필요가 있다.

⑥ 청소년의 고국 방문 프로그램 개발 및 국내 교육기관과의 연수
   프로그램 확대

하계 방학을 이용하여 교민 자녀들을 모아서 국내 산업시설이나 역사 유적지, 박물관 등을 탐방하는 문화 여행단의 구성을 적극 권장하고 보조하는 것이 바람직하다. 현재 시드니의 롯데 여행사 등이 실시하고 있는데, 이러한 프로그램을 확대하여 실시할 것을 검토해 볼 필요가 있다. 또한 이러한 프로그램을 몇 개씩 묶어서 국내 청소년 및 타지역 거주 해외 동포 청소년과의 교류의 기회로 발전시키는 것도 연구해 볼 가치가 있다.

한편 국내에서의 교육을 위한 기존 프로그램의 대폭 확대도 절실하게 요구되고 있다. 또한 서울의 대학에 주로 집중되어 있는 프로그램

들을 지방의 대학에도 확대함으로써 비용을 낮추고 또한 지방의 대학
생과 초·중·고생에게도 재외 한인 자녀들과의 교류 기회를 증대시
킬 수 있을 것이다. 특히 초·중·고생을 위한 프로그램의 확대가 필
요하며 또한 비영주권자의 자녀를 위한 수속의 편의도 개선하여야 한
다. 현재로서는 서류 수속이 너무 복잡하여 방학중에 자녀를 한국에
보내기 힘들다는 교민들도 있다.

⑦ 재외 한인 언론에 대한 지원

현지 방송에 대한 프로그램 지원을 비롯하여 비디오 테이프의 경우,
판권 문제와 판매 조직 문제에 대한 대책이 있어야 한다. 이에는 특히
각 방송국 영상 사업단과의 협조가 필요하다. 저작권을 보호하면서도
홍보와 교육 효과를 고려하여 가급적 널리 보급될 수 있도록 하는 방
안을 연구하여야 한다. 자칫 저작권 보호를 앞세우다가는 보급에 문제
가 있을 수도 있다.

또한 영어를 비롯한 각국어로 제작된 영상매체의 개발이 시급하다.
상당히 많은 재외 한인의 2세가 한국어로만 제작된 영상매체를 감상하
는 데 어려움을 느끼고 있다. 정확한 영문 자막 등 각국어로 된 자막
의 삽입은 한국 문화의 보급과 한국어 학습에 지대한 기여를 할 것으
로 생각된다.

(5) 본국 귀환시 문화충격 완화 및 재적응 강화

무엇보다도 출입국 관련 공무원 및 세관 요원에 대한 교육이 절실하
다. 외국인에게는 어느 정도 친절하게 대하게 되었는데 한국인, 그것
도 재외 한인이라면 상당히 불친절하며 때로는 조국을 배반하고 떠난
사람이라고 생각해서인지 적개심마저 나타내는 경우도 있다고 한다.
또한 외국인 노동자 및 연변 교포 노동자의 증가로 출입국 관련 공무
원들의 태도가 많이 거칠어진 경향이 있다는 평을 듣고 있다. 과도한

업무량의 결과이기도 하겠으나 공항이나 항만에서 입국시에 거친 대우
를 받게 되면 재외 한인으로서는 매우 커다란 충격을 받게 된다. 또한
재외 한인이라면 바가지 요금을 강요하는 택시 기사 등 서비스업 종사
자의 태도도 시정되어야 한다.

각급 학교의 교사들에게도 재입국 자녀의 학교생활 적응에 각별한
관심을 갖도록 주지시켜야 하며 사례 연구 등을 통하여 가급적 문화
충격을 줄이도록 노력하여야 한다. 세계화의 진전에 따라 장기 해외
체류자의 수는 기하급수적으로 증가할 것이다. 이들의 자녀가 귀국 후
에 학교생활에 적응하지 못하거나 대학 진학에서 커다란 어려움을 겪
어야만 한다면, 이는 해외 근무에 대한 기피 현상으로 나타날 것이다.
이러한 우려는 이미 발생하고 있다.

한편 특례 입학 제도의 개선을 통하여 문제점을 해결하되 당사자에
게 불이익이라고 간주될 수 있는 결과를 가져오는 빈번한 제도의 변경
은 지양하여야 하며, 제도는 예측 가능성과 형평성을 갖도록 운영되어
야 한다.

(6) 해외 한인 사회의 통합을 위한 대책

해외 한인 사회가 통합을 이루지 못하는 커다란 원인의 하나는 구포
(舊胞), 중포(中胞), 신포(新胞) 등 이민 시기에 따른 간극이다. 이러
한 간극은 또한 교포간의 학력 차이나 계층 문제와도 중첩되어 매우
복잡한 양상을 보일 수도 있다. 한편 과거 유신 시절이나 권위적인 정
권 시절에는 정부의 정통성이 부족함에 따라 현지 공관이나 본국 정부
가 해외 교민에 대한 대책의 일환으로 교민 회장 등에 대한 특별 예우
를 한 것도 원인의 일부를 제공하였다. 이러한 분열에는 정부의 책임
도 일부 있었다는 사실을 직시하여야 한다. 한편 현지 교민들도 모든
일을 교민회를 통하여 해결하려고 할 것이 아니라, 분야별로 필요한
경우 학습 그룹을 결성하거나 다른 지역과의 연대를 통하여 문제를 해

결하려 노력하여야 할 것이다.

　또한 한인간의 분쟁에 대한 중재 방법을 개발하는 것도 중요한 과제이다. 사소한 문제 등은 현지 사회의 경찰력이나 법원에 제소할 필요 없이 자체적으로 중재를 통하여 어느 정도 성공적으로 해결을 하는 것도 한인 사회의 단결력과 자정능력을 높이는 결과가 된다.

　한편 많은 지역의 한인회가 아직 자체 회관을 가지고 있지 못하며 비싼 사무실 임대료와 사무비, 인건비를 지출하여야 한다. 한인회가 어느 정도 기틀을 잡을 때까지는 정부의 보조금이 필수적이며, 현지 공관에서도 하루 빨리 한인회가 법인 회비와 개인 회비로 경상비용을 충당할 수 있도록 지원하여야 한다. 특히 한인회에 대한 지원금 규모 및 지원 요건을 명확히 규정함으로써 장기적으로 한인회의 재정적 안정과 독립에 기여할 수 있을 것이다.

　현지에서 기업 활동을 하는 수많은 교민들의 불만 사항 중의 하나는 본국 대기업과의 관계 문제이다. 대기업의 입장에서도 나름대로 사정이 있겠지만, 중소 기업을 경영하고 있는 한인들로서는 대기업의 행동에 대하여 매우 섭섭한 감정을 가지고 있는 경우가 많다. 이른바 현지 사정에 정통한 교민을 소외시키고 현지인과 거래를 하거나 또는 교민을 내세워 시장 조사와 개척을 하고는 일정 기간이 지난 후 사업을 빼앗아 버리는 사례가 있었다고 교민들은 믿고 있다. 교민들은 본국의 대기업과 신뢰에 기초하여 협력한다면 커다란 성과를 거둘 수 있으리라고 믿고 있다. 위험부담을 줄이기 위하여 그동안 어느 정도 신뢰할 만하다고 정평이 난 소수의 현지 교민 기업인에게만이라도 시험적으로 사업상의 협력 기회를 부여해 보는 것이 바람직하다는 의견을 가지고 있는 교민 사회의 지도자들이 많다. 현지의 언어 능력과 현지 사정에 대한 정보를 가진 교민 사업가와 자본과 기술을 가진 한국의 대기업이 상호 협력하여 서로의 단점을 보완하고 장점을 살릴 수 있다면, 당사자는 물론 국가 발전에 크게 기여할 것이라는 주장이다.

(7) 해외 한인 사회의 현지 적응 및 생활, 복지, 민원 대책

수많은 교민들이 해외에서 현지어 및 현지 문화에 대한 이해의 부족
으로 불필요한 손해와 갈등을 겪어 왔음을 감안하여, 해외로의 출발
전 또는 도착 후 현지의 문화를 존중하도록 강조하여야 하며, 장기 거
주를 원하는 사람에 대하여는 교육을 위한 기회를 마련해야 한다. 이
러한 교육은 현지에서의 사회교육과도 관련하여 추진할 수 있다. 과거
와 같은 강제적 일괄적 교육은 효과가 적으며 보다 실질적이고 깊이있
는 내용의 교육을 선택할 수 있도록 하여야 한다.

이러한 교육은 상대방의 사회와 문화에 대한 존중과 이해를 기반으
로 하여야 하며 또한 인종적인 우월감이나 열등감을 불식시키는 데 중
점을 두어야 한다. 이는 정부가 중점적으로 추진하고 있는 세계화와도
직결되는 중요한 문제이다. 최소한 고등학교 사회·문화 과목의 내용
을 보강하여 '다른 민족과 더불어 사는 법'에 대한 교육을 강화해야 하
며 또한 대학의 교양과정에도 인종적 갈등이나 타문화 이해와 커뮤니
케이션을 다루는 인류학 과목 등을 개발하도록 적극 권장해야 한다.

또한 기독교가 소수종교인 국가에서의 선교 활동에 대하여 적절한
지도가 필요하다. 종교의 자유는 소중한 것이며 기독교인에게 있어 포
교 활동은 매우 중요한 것이지만, 지나치게 '티를 내는 행동'이나 적극
적인 태도는 자칫 현지인의 반작용을 야기할 우려가 있으므로 과거의
여러 사례들에 대한 연구와 홍보를 통하여 거주 국가의 반발과 혐오감
을 최소화하는 선교 방법의 개발에 노력하여야 한다.

무엇보다도 시급한 것은 많은 재외 한인 가정이 안고 있는 가정 문
제, 특히 가정내 폭력과 대화의 단절, 청소년 비행, 가출 등 자녀 문
제에 대한 상담 및 지원을 위한 네트워크의 구축이다. 이민 가정은 엄
청난 가정 내외의 요인으로 인한 압력을 받고 있다. 가정내 폭력, 부
모 자식간 대화의 단절, 청소년 범죄 등의 문제를 가족이 예방하고 또
한 문제 발생시 스스로 대처할 수 있도록 지원하는 것은 사후 해결을

도와주는 것 이상으로 중요하다. 이러한 문제에 대하여 경험과 지식과
사명감을 가지고 현지 한인들을 교육하고 조직하여 자체 대처 능력을
갖추도록 상호연계활동(networking)을 할 수 있는 전문가 및 자원 봉사
자를 양성하여야 한다. 특히 현지에 거주하고 있는 자원 봉사자, 종교
인, 교육자 등을 중심으로 상담 요원의 훈련과 연수, 정보 교환 및 협
력이 가능하도록 방안을 모색하여야 한다.

　또한 재외 한인 자녀에 대한 교육 기회 및 취업, 활용 방안에 적극
적으로 관심을 가져야 한다. 정부가 나서서 이들의 취업을 알선해 줄
수는 없다 하더라도 이들이 한국내에서 직장을 얻을 경우 체류 자격이
나 세금 문제에 대하여 형평을 고려하되 적극적으로 편의를 보아주는
것이 필요하다. 또한 민간 단체 등에서 취업 및 고용 정보를 집중하여
관리함으로써 취업과 고용의 편의를 도모할 수도 있다.

　영주권을 얻기가 어려운 국가에 거주하는 교민의 자녀에 대하여 병
역법상의 특례 범위를 명확히 하고 이에 대하여 적극적으로 상담을 해
주어야 한다. 특히 군복무 여건에 대하여는 문화 충격으로 인한 부적
응 문제 등 상당한 불안감을 가지고 있다는 사실을 감안하여 내무 생
활에 대한 지휘 감독과 적극적인 홍보를 통해 이를 극복하는 한편, 공
익 요원 등의 제도를 적극 활용하는 방안도 검토되어야 한다. 또한 재
외 한인 자녀들은 별도의 훈련과정을 거치게 한 후에 특수 부대로 편
성하거나 별도 관리하여 정보, 교육, 어학, 홍보 등의 임무에 활용하
는 것도 검토해 볼 필요가 있다. 한편 민간 단체의 집단 맞선, 각종
행사 등을 통하여 재외 한인 자녀들이 국경을 초월하여 배우자를 만날
수 있는 기회를 가급적 많이 만들어 이들의 결혼 문제에도 적극적인
지원을 하는 것이 필요하다. 그 외에도 이민 1세대의 귀소의식(歸巢意
識)을 고려하여 '망향의 동산' 등에 대한 홍보를 적극적으로 추진하며,
각종 명목의 반강제적 모금도 중단하여야 한다.

(8) 민족 공동체 상징의 개발과 보급

한민족 공동체의 형성을 위하여 결코 빼놓을 수 없는 것은 축제의
개발이다. 축제는 스포츠 행사뿐 아니라 여러 다양한 문화제를 포함한
다. 축제는 전통 문화의 보존 및 소개의 계기가 될 수도 있으며 또한
각기 거주하는 국가의 예술과 의상, 음식 등 문화 전반을 소개하는 자
리를 마련함으로써 우리의 문화를 더욱 풍요하게 하고 또한 세계화를
촉진하는 계기로 삼을 수도 있다. 중요한 것은 이러한 어우러지는 축
제의 자리는 뒤르켕(Durkheim, 1912)이나 터너(Turner, 1969 : *commu-
nitas* 개념) 등의 사회학자, 인류학자가 주장한 바와 같이 공동체성을
강조하고 확인하는 계기가 된다는 점이다.

특히 전세계에 살고 있는 한민족이 같이 부를 수 있는 노래의 개발
같은 것은 적극적으로 추진해야 한다. 같은 곡조의 노래를 한국어뿐
아니라 각기 거주하고 있는 나라의 언어로 부를 수 있다는 것 또한 세
계화 시대의 한민족 공동체의 존재를 확인시켜 주는 중요한 상징이다.
과거 올림픽에 즈음하여 유행하였던 〈아 대한민국〉에 상응하는 새로
운 감각의 애족가〔愛族歌(?)〕를 개발하도록 한민족 가요제를 중고등
부, 대학생부, 성인부 등으로 나누어 개최하는 것도 하나의 방법일 것
이며 아쉬운 대로 〈열린 음악회〉 같은 것을 세계의 교포 집중 거주지
를 순회하며 개최하는 것도 방법일 것이다.

또한 그렇게 새로이 개발된 노래들뿐 아니라 기존의 〈아름다운 강
산〉 등의 훌륭한 노래도 각국어로 취입하여 보급하는 방안을 연구해
볼 만하다. 이 경우 외국인과의 사이에서 태어난 가수나 재외 한인 출
신의 가수 등을 활용하는 것은 한민족이 최근까지 소극적으로 대하였
던 구성원들, 즉 이른바 혼혈아(부정적인 이미지를 가진 용어로서 보다
긍정적인 표현이 필요), 국제 결혼자, 해외 입양아 등에 대하여 적극적
인 관심을 보이기 시작한다는 사실을 시사하는 커다란 상징적 효과를
가져올 수 있을 것이다.

이와 더불어 각종 의상 및 마크, 디자인의 개발도 병행해야 한다. 이러한 상징의 개발은 국가 이미지 개선 노력과도 연계된 문제로서 적극적으로 추진되어야 한다.

(9) 사이버스페이스 속의 한민족 공동체

인쇄술의 등장이 서로 얼굴도 마주친 적이 없는 사람들 사이에 공동체의식을 강화하여 '상상의 공동체'로서의 근대 민족을 형성하는 데 기여하였다면(Anderson, 1983), 현대의 컴퓨터와 커뮤니케이션 기술의 발전으로 가능해진 사이버스페이스(cyberspace) 속에서 국내외에 거주하는 한인들이 서로 만나고 이야기하고 느낌을 나눔으로써 한민족 공동체를 활성화하는 것도 충분히 가능할 것이다. 특히 사이버스페이스의 이용은 비용이 상대적으로 저렴하고 시간과 공간에 거의 구애받지 않고 상시 접촉이 가능하며 일방통행적이 아니고 또한 다양한 자료를 교환할 수 있을 뿐 아니라 젊은이들에게 호소력도 크다. 이러한 점에서 한민족 공동체의 전지구적인 네트워크를 건설하는 것은 시급히 추진해야 할 과제의 하나이다.

5. 사회통합의 전망

사회통합은 비통합적인 상태에 있는 사회안의 집단이나 또는 개인이 서로 적응함으로써 단일의 집합체로 통합되어 가는 과정으로 이 과정에 있어 사회는 보다 분산적인 상태로부터 보다 결합적인, 단면적인 상태로 전화(轉化) 한다. 사회통합은 일반적으로 문화적 통합과 사회적 통합으로 구분하여 생각할 수 있다. 문화적 통합이란 문화적 기준들간의 일관성을 의미하는데, 만일 붕괴될 경우 자살이나 범죄의 증가, 권태, 불안정 등의 원인이 된다. 문화적 통합은 개인에게 도덕과 활기를 주며 또한 사회적 통합 등의 원천이 된다. 사회적 통합에는 두 가지 측면이 있는데 하나는 단위 집단들 내부에서의 집단 구성원들간의 통합이며, 또 하나는 보다 더 큰 집단을 이루는 단위 집단들간의 통합이다. 현대사회의 악과 분열상에 직면하여 사회통합을 긍정적인 것으로 간주하면서 이를 달성하기 위한 정책을 추구할 경우, 한편으로는 '우리가 상실한 세계' 또는 '좋았던 옛날'에 대한 낭만적인 복고라는 지적도 있지만 궁극적으로 탈인간화에서 벗어나서 질적 삶을 영위할 수 있는 사회를 모색할 수 있으리라 본다.

지금까지 사회통합에 대한 개념적 고찰은 많았지만 경험적 연구는 극히 적으며 그나마 설득력있는 지표의 발견과 측정은 더욱 어렵다. 또한 사회통합의 지표가 갖는 문화적 매몰성(cultural embeddedness) 때문에 국내적 비교는 어느 정도 가능하지만 通문화적 비교 연구(cross-cultural comparison)에 사용할 수 있는 지표의 개발은 본격적으로 시도된 바가 없었다고 할 수 있다. 따라서 각국의 상이한 문화적 역사적 차이를 무시한 국제간의 비교는 무의미하다. 더욱이 선진국이 될수록 사회통합도가 낮아지는 것으로 나타나는 지표를 사용하는 공시적 비교와 분석은 현재보다 더욱 현실이 악화될 것을 정책 목표로 하게 되는 모순적 결과를 낳을 수도 있다. 이러한 경우에는 국내의 사회통합 지표의 변화를 통시적으로 분석하는 것이 유용하다고 본다. 이러한 실정을 감안하여 사회통합 지표를 사회안전, 계층간·성별·연령별 불평등, 가족의 안정, 한민족 공동체의 활성화로 나누어 분석하고 이에 대한 구체적 전략과제를 제시하였다.

앞에서 제시한 네 분야의 과제를 실천하여 각종 범죄로부터 안전하게 자신이 속한 직업세계와 안정된 가족 생활에서 성별, 연령, 계층에 상관없이 각자 역할을 수행할 수 있고 한민족을 동포적 차원에서 모두 끌어안을 수 있다면, 우리 사회가 활기찬 공동체적 통합이 이루어져 21세기 한국인이 추구하는 삶의 질 향상이라는 공통의 목표를 달성하

리라 본다. 이것이 바로 한국이 세계의 중심국가로 위치지우는 데 버
팀돌이 될 것이다.

〈김태현, 한경구〉

참 고 문 헌

가바리노. 《문화인류학의 역사》. 한경구·임봉길 역. 일조각. 1994.

공보처. 《광복 50주년 한민족 공동체 의식조사》.

김경동. 《한국인의 가치관과 사회의식 - 변화의 경험적 추적》. 1993.

김태현. 《노년학》. 교문사. 1994.

민족통일연구원. 《한민족 공동체 형성과정에서의 교포정책》. 민족통일연구원.
　　　1993.

송 복. 《세계화 전략으로서의 공동체 재건》. 공보처. 1995.

유재건. "민족 저력의 확산을 위한 해외동포 정책." 김상균 외. 《21세기를 향한
　　　한국형 공동체의 모색》. 1994.

외무부. 《세계국가편람》. 1994.

──·《외교백서》. 1995.

이광규. 《재일 한국인》. 일조각. 1984.

──·《재미 한국인》. 일조각. 1988.

──·《재중한인》. 일조각. 1994.

──·《새로운 민족관의 수립을 위하여》. 서울대학교 출판부. 1994.

이시재 "일본의 지역생활조직연구 : 町內會 활동을 중심으로." 《지역연구》
　　　2 (3) (1993).

이종훈. "교민정책의 문제점과 향후과제." 《현안분석》 제 58 호. 국회도서관.
　　　1993.

최성재. "가족과 사회정책." 《가족학 논집》 제 4 집 (1992).

통계청. 《한국의 사회지표》. 1994.

──·《계간 국제 통계》. 1995.

──·《통계로 본 한국의 발자취》. 1995. 8.

──·《세계와 한국》. 1995.

통일원. 《한민족 공동체 형성의 모색》. 통일원. 1990.

치안본부. 《'87 외국 범죄 통계》. 1989.

한경구. "일본인론·일본문화론." 최상용 외. 《일본·일본학 : 현대 일본연구의
　　　쟁점과 과제》. 오름. 1995.

────·《공동체로서의 회사 : 일본 기업의 인류학적 연구》. 서울대학교 출판부. 1994.

────·《세계 한민족 총서 : 아·태편》(근간). 1996.

한민족축전본부.《세계 한민족 편람》. 국민생활체육협의회. 1994.

古代學協會 編.《共同體の硏究》上卷. 理想社. 1958.

神島二郎.《近代日本の精神構造》. 岩波書店. 1961.

ハルミ ベフ.《イデオロギ-としての日本文化論》. 思想の科學社. 1987.

Anderson, Benedict. *Imagined Communities : Reflections on the Origin and Spread of Nationalism*. London and New York : Verso. 1983.

Angell, Robert Cooley. *Free Society and Moral Crisis*. Ann Arbor : The University of Michigan Press. 1958.

Angell, Robert Cooley. "Social Integration." *International Encyclopedia of Social Science*. New York : Macmillan. 1968.

Benedict, Ruth. *The Chrysanthemum and the Sword : Patterns of Japanese Culture*. Boston : Houghton Mifflin. 1946.

Benedict, Ruth. *Patterns of Culture*. Boston : Houghton Mifflin. 1961(1934).

Bodnar, John. *The Transplanted : A History of Immigrants in Urban America*. Bloomington : Indiana University Press. 1985.

Bonacich, Edna. "A Theory of Middleman Minorities." *American Sociological Review* 37(1973). pp. 547~559.

Bonachch, Edna. "The Social Costs of Immigrant Entrepreneurship." *Amerasia* 14(1) (1988). pp. 119~128.

Bonacich, Edna & Tae-Hwan Jung. "A Portrait of Korean Small Business in Los Angeles." Yu et als. 1982. pp. 75~98.

Cheng, Lucie & Edna Bonacici. *Labor Immigration Under Capitalism : Asian Workers in the United States Before World War* II. Berkeley and Los Angeles : University of California Press. 1984.

Choi, Daniel Hyukjoon. "The Other Side of the Model Minority Myth." *YISEI*. Spring, 1992.

De Vos, George & Lola Romanucci-Ross(eds.). *Ethnic Identity : Cultural Continuities and Change*. Chicago : The University of Chicago Press. 1982.

214

Durkheim, Emile. *The Elementary Forms of the Religious Life.* New York : Macmillan. 1954 (1912).

Durkehim, Emile. *Suicide : A Study in Sociology.* New York : The Free Press. 1966 (1897).

Durkheim, Emile. *Division of Labor in Society.* New York : The Free Press. 1960 (1893).

Garon, Sheldon. *The State and Labor in Modern Japan*, 1868~1952. Berkeley and Los Angeles : University of California Press. 1987.

Han, Kyung-Koo. "Strangers, Traitors, Kinsmen, Countrymen : The Relationship between Native Koreans and Koreans Residents Abroad in the Context of Korea's Internationalization." Paper presented at the 1994 Annual Meeting of the American Anthropological Association. 1994.

Hillery, George A. Jr. *A Research Odyssey : Developing and Testing a Community Theory.* New Brunswick and London : Transaction Books. 1982.

Hofsteed, Great. *Cultures and Organizations : Software of the Mind.* 차재호 · 나은영 역. 학지사. 1995.

Hu, Arthur. "Asian Americans : Model Minority or Double Minority?" *Amerasia* 15 (1) (1989). pp. 243~257.

Kim, Ill-Soo. *New Urban Immigrants : The Korean Community in New York.* Princeton : Princeton University Press. 1981.

Kim, Youn-Jin. "From Immigrants to Ethnics : The Life-Worlds of Korean Immigrants in Chicago." Unpublished Ph. D. Dissertation. 1991.

Kwak, Tae-Hwan, & Seong Hyong Lee (eds.). *The Korean-American Community : Present and Future.* Seoul : Kyungnam University Press. 1991.

Lee Seong-Hyong & Tae-Hwan Kwak. *Koreans in North America : New Perspectives.* Seoul : Kyungnam University Press. 1988.

Levine , Donald N. "Cultural Integration." *International Encyclopedia of Social Science.* New York : Macmillan. 1968.

Merton, Robert K. *Social Theory and Social Structure.* Glencoe, Ⅲ. : The Free Press. 1957 (1949).

Min, Pyong-Gap. "Korean Immigrant Entrepreneurship : A Comprehensive Explanation." Lee, & Kwak. 1988. pp. 153~176.

Min, Pyong Gap. "The Role of a Social Scientist in Social Change : A Response to Edna Bonacich." *Amerasia* 16(2) (1990).

Nisbet, Robert A. *The Quest for Community : A Study in the Ethics of Order and Freedom.* New York : Oxford University Press. 1953.

Park, Kye-Young. "The Korean American Dream : Ideology and Small Business in Queens." New York. Unpublished Ph. D. Dissertation. 1990.

Parsons, Talcott. *The Social System.* Glencoe, Ill. : The Free Press. 1951.

Sapir, Edward. "Culture, Genuine, and Spurious." *Selected Writings in Language, Culture, and Personality.* Berkeley : University of California Press. 1949(1924).

Sumner, William G. *Folkways : A Study of the Sociological Importance of Usages, Manners, Customs, Mores, and Morals.* New York : New American Library. 1960(1906).

Suzuki, Bob H. "Education and the Socialization of Asian Americans : A Revisionist Analysis of the 'Model Minority' Thesis." *Amerasia* 4(2) (1978). pp. 23~51.

Turner, Victor. *The Ritual Process : Structure and Anti-Structure.* Ithaca and London : Cornell University Press. 1969.

Yi, Jeongduk. "Social Order and Contest in Meaning and Power : Black Boycotts against Korean Shopkeepers in Poor New York City Neighborhoods." Unpublished Ph. D. Dissertation. CUNY. 1993.

Yu, Eui-Young et als. *Koreans in Los Angeles : Prospects and Promises.* Los Angeles : The Korea Times. 1982.

Bureau of Immigration, Multicultural, and Population Research. *Community Profiles, 1991 Census : Korean Born.* Canberra : Australian Government Publishing Service. 1995.

5장

삶의 질 향상 : 복지정책

1. 신문명시대

현재 우리나라는 개발도상국의 위상을 벗어나 선진국으로의 진입과 통일을 국가적 과제로 안은 채 21세기를 맞이할 시점에 와 있다. 60년대 이후 우리 국민들이 땀흘려 노력한 결과 경제적으로는 무역규모 세계 12위라는 괄목할 만한 성장을 이루었고, 정치적으로는 문민정부의 등장과 지방자치의 실시로 정치적 민주화의 길로 진입하기 시작했으며, 사회적으로는 여가생활을 즐기고 각자의 개성을 중시하는 등 개인의 자율성이 증대하고 있다.

그러나 이러한 각 영역의 발전에도 불구하고 급격하게 진행된 경제·사회적 변동으로 인하여 교통의 혼잡, 환경 오염, 농·어촌 해체, 가치관 혼란, 청소년 문제, 대가족 구조의 와해와 노인문제, 산업재해, 주택문제, 치안문제 등 사회의 여러 분야에서 새로운 문제가 대두

218

되고 있다. 또한 경제의 성장과 사회변화를 반영하여 국민들의 욕구와 요구 또한 의·식·주의 기본적인 범주에서 벗어나서 다양하게 분화되고 있다.

실제로 우리의 생활을 돌이켜 보면 아침부터 복잡한 교통에 시달리는가 하면, 청소년들은 쉽게 약물의 유혹에 빠지고 있으며, 성수대교와 삼풍백화점의 붕괴 이후 각종 안전사고에 대한 불안 속에서 하루하루를 살아가고 있다. 또한 깨끗한 식수를 걱정하지 않던 우리가 이제는 생수를 사 먹어야 하고 시골로 벗어나야만 이따금씩 맑은 공기를 마실 수 있는 안타까운 처지가 되었다. 그리고 물질적 풍요 속에서 전통적인 상호부조의 인정미는 점차 사라지고 개인적이고 이기적인 경향이 증대하고 있다. 이는 물질적이고 양적인 측면에서의 삶의 질이 상당 정도 향상되었음에도 불구하고 우리가 진정으로 행복한 삶을 향유하기 위해서는 질적이고 정신적·사회적인 측면에서 많은 노력을 기울여야 한다는 것을 보여준다.

이런 시대적 상황을 반영하여 대통령도 '95년 3월 코펜하겐에서 열렸던 유엔 사회개발 정상회담(WSSD)에 참석하고 귀국한 뒤에 '삶의 질의 세계화'를 선언하였다. 이 선언에서 선진복지사회를 실현하기 위한 5대 원칙을 제시하였는데, 그 중 첫째가 삶의 질의 보장이었다[1]. 이후 삶의 질은 그것이 정책 차원이든 생활 차원이든 우리 사회에서 중요한 이슈가 되었으며 사회적으로 자주 인용되는 용어가 되었다.

하지만, 삶의 질이란 용어의 빈번한 사용에도 불구하고 삶의 질이 무엇을 의미하는지, 삶의 질을 어떻게 측정할 것인지, 그리고 그 수준은 어느 정도인지에 대한 심도 있는 논의는 찾아보기 어려운 실정이다. 만일 삶의 질에 대한 명확한 개념의 규정, 측정 방법, 수준에 대

---

1) 대통령이 제시한 사회복지의 세계화를 위한 5대 원칙은 ① 삶의 질의 보장 ② 생산적 복지의 제공, ③ 관·민 부문 간의 협력, ④ 사회복지제도의 효율성 제고, ⑤ 사회안전망의 확립으로 구성되었다.

한 합의가 없다면 대통령이 밝힌 정책과제는 물론 삶의 질에 관련한 여러 가지 정책구호는 자칫 허상으로 남을 가능성이 크다.

따라서 삶의 질에 대한 개념 정의를 구체적으로 논의하고, 그것과 관련된 지표들을 정리하고 분석한 후 현재 우리나라의 삶의 질의 수준을 확인할 필요가 있다. 나아가서 앞으로 우리가 살아갈 21세기에서의 삶의 질을 높이기 위한 정책방향을 모색해야 한다. 이런 작업은 앞으로 우리가 무엇을 위해 노력해야 하며 그런 노력이 결실을 맺을 즈음 우리의 삶의 모습이 어떻게 전개될 것인가를 예측하는 데 도움을 줄 수 있는 작업이 되리라고 생각한다.

2. 삶의 질과 사회복지

1) 삶의 질의 개념과 범주

삶의 질이란 개념은 시대와 공간에 구애받지 않는 절대적 개념이라기보다는 한 사회의 경제 · 정치 · 사회의 발전 수준과 사회구성원들의 가치관과 관습에 따라 변화할 수 있는 상대적 개념이라고 할 수 있다. 따라서 삶의 질의 개념을 정의내리기 위해서는 사회성원들을 둘러싼 환경적 요소들의 변화에 대하여 개인과 사회가 어떻게 느끼고 판단하는가를 상대적인 관점에서 확인하고 평가해야 하며, 따라서 이러한 평가와 정의는 일반적으로 주관적이고 규범적인 성격을 띠게 된다.

이런 삶의 성격은 레셔(Rescher)의 정의를 살펴보아도 확인된다. 레셔는 삶의 질을 삶에 대한 높은 만족감 혹은 행복감으로 보고 있다(한국 사회복지 협의회, 1995 : 13~14 재인용). 이 정의에 따르면 만족감은 본인 자신에 의하여 경험되는 느낌으로서 주관적인 것이다. 한편 그는 사람들과의 관계를 강조하여 삶의 질이 타인과의 관계에서 인정되는 측면을 언급하고 있는데, 이는 비록 삶의 질이 주관적이고 규범적이긴 하지만 한편으로는 타인과의 관계 속에서 상대적으로 결정되는 개념임을 보여 주고 있다.

그런데, 주관적인 만족감이 삶의 질이라고 정의를 내릴 경우, 만족감을 초래하는 요소를 기준으로 주관적인 측면과 객관적인 측면으로 나눌 수 있다. 앤드류스(Andrews)의 설명처럼 삶의 질이라는 주관적인 만족감은 한편으로는 소득 수준, 소음 정도, 주거 환경, 교통 사정 등과 같이 객관적인 상황으로부터 연유할 수 있고, 다른 한편으로는 친밀감, 사랑, 우정, 존경 등과 같이 주관적인 감정으로부터 연유할 수도 있다(Andrews, 1976 : 4~5).

이상을 종합하여 이 책에서는 삶의 질을 사회적 조건 및 제도와 사회성원의 상호작용의 결과를 반영하는 것으로 개인의 삶을 가치있고 윤기있게 만들어 주는 만족감의 총량으로 정의내린다. 이 정의는 사회적 조건과 제도가 개인의 복지에 상당한 영향을 주는 객관적 상황이나 물질적 요소를 포함하고 있으며, 또한 사회적 조건 속에서 존재하는 사회구성원이 제도나 사람들과의 관계 속에서 느끼는 성취감, 애정과 친밀감, 자유와 자율 등과 같은 주관적이고 심리적인 요소를 포함하고 있다.

앞에서 삶의 질의 일반적 개념을 규정하면서 삶의 질이 상대적임을 살펴보았다. 즉, 삶의 질은 시간적·공간적인 제약 속에서 사회 혹은 국가마다 다양하게 규정될 수 있는 것이다. 이러한 다양성과 상대성이 중요한 분석 대상이 되는 이유는 상대성과 다양성의 개념이 한 사회나 국가가 경제·사회·정치적으로 변화하고 발전하는 과정에서 국민들의 요구와 행위 목적에 영향을 주기 때문이다. 즉, 상대성과 다양성은 한 국가의 국민 혹은 사회성원들이 요구하거나 달성하고자 하는 삶의 질이 다르게 나타날 가능성을 내포하고 있기 때문이다. 따라서 일반적 개념으로부터 좀더 구체적인 범주들로 삶의 질의 개념을 세분할 필요가 있다.

삶의 질의 상대성과 다양성을 여러 가지 측면에서 살펴볼 수 있겠지만, 여기서는 욕구(needs)라는 개념을 중심으로 살펴보기로 하겠다. 욕구를 살펴보는 주된 이유는 욕구와 만족감의 밀접한 관계에 근거한다. 즉, 삶의 질이 만족감의 총량으로 정의될 경우에 만족감이라는 개념은 결국 특정한 욕구가 충족됨을 의미하게 되며 만족감의 총량(삶의 질)이 다양하다는 것은 궁극적으로 욕구의 다양성을 반영하는 것이다.

매슬로우(Maslow)는 욕구를 다섯 단계로 구분하였는데 가장 기초적이고 시급하게 충족되어야 할 '① 생리적 욕구'를 저변에 놓고 상위로 올라가면서 ② 안전의 욕구, ③ 소속과 애정의 욕구, ④ 자존의 욕구, ⑤ 자아실현의 욕구와 같은 순서로 제시하였다(현외성 외, 1994 : 11~18). 이 책에서는 이러한 다섯 단계의 욕구들이 가지고 있는 속성과 관련하여 삶의 질의 개념을 ① 주관적 · 객관적 범주, ② 국가의 발전 정도에 따른 범주, ③ 계층별 범주로 나누어 논의하고자 한다[2].

(1) 주관적 · 객관적 범주

앞에서 인용한 앤드류스의 설명처럼 주관적 차원의 만족감(삶의 질)을 초래하는 요소를 크게 주관적인 요소와 객관적인 요소로 분류할 수 있다. 이를 매슬로우의 욕구체계와 관련시켜 보면 객관적 범주는 주로 저변의 욕구, 즉 생리적 욕구와 안전의 욕구에 관련되는 개념이라고 할 수 있다.

생리적 욕구의 경우 가장 중요한 것은 의 · 식 · 주인데 이 의 · 식 · 주는 사회 · 경제적인 물적 조건으로 앤드류스의 객관적 요소에 해당한다. 또한 안전의 욕구는 여러 가지 사회시설의 안전과 범죄 등 사회적 관계에서 안전을 모두 지칭하는 것으로 주관적 요소와 객관적 요소

---

2) 물론 이외에도 삶의 질에 대한 다양한 범주 구분이 있을 수 있다.

가 혼합되어 있다. 다음으로 소속과 애정, 자존심, 자아실현 등은 모두 주관적 요소에 해당한다.

여기서 관심을 가져야 할 중요한 점은 저변의 욕구일수록 각 국가나 사회가 우선적으로 충족시켜 주려고 하는 욕구이고 상위의 욕구를 충족시키기 위해서는 국가의 경제력과 새로운 합의 등 국가·사회적으로 더 많은 노력이 요구된다. 이렇게 볼 때, 일반적으로 객관적 범주의 삶의 질에 대한 보장이 주관적 범주에 속하는 삶의 질보다는 우선적으로 보장되어야 한다고 할 수 있다.

(2) 발전 정도에 따른 범주

국가의 발전 정도라는 것이 무엇을 기준으로 할 것인가에 따라 다양한 논의가 있을 수 있다. 즉 1인당 국민소득, 정치적 민주화 정도, 사회의 자율성 정도 등 많은 지표들이 있을 것이다. 그러나 어느 지표를 기준으로 하든지 모든 국가와 사회는 시간의 경과에 따라 발전의 정도가 다를 것이고 충족되는 욕구의 수준도 달라질 것이며 따라서 삶의 질도 다르게 평가할 수 있다. 이런 측면은 시간과 발전 단계에 따른 삶의 질의 범주가 국가의 삶의 질의 비교에 용이할 수 있음을 보여준다.

예를 들면, 시간을 종단적으로 고려할 경우 우리나라의 경우 1인당 국민소득이 1,000 달러도 안되던 경제개발의 초기와 1인당 국민소득 10,000 달러를 바라보는 현재를 비교하면 각각의 욕구수준과 삶의 질은 분명히 다를 것이다. 현재가 과거보다는 좀더 주관적 범주의 삶의 질을 중시하려는 경향이 강할 것이다. 또 시간을 횡단적으로 고려할 경우 1인당 국민소득이 30,000 달러를 넘는 스위스와 빈곤 및 내전으로 고난을 겪고 있는 소말리아의 삶의 질을 동일한 수준에서 논의하기는 힘들다. 따라서 삶의 질의 비교, 특히 국가간의 비교는 국가의 발전단계 및 시간의 변화라는 변수를 고려해야 할 것이다.

(3) 계층별 범주

삶의 질을 사회를 구성하는 계층별로 나눌 수도 있다. 어느 사회든지 직업, 소득, 성, 연령 등의 다양한 요소들에 의하여 서로 구분되는 계층을 형성하게 된다. 이렇게 형성되는 각 계층은 나름대로의 고유한 특성을 보이며 그러한 특성에 따라 우선적으로 충족되어야 할 욕구의 순서도 다르며 따라서 삶의 질의 내용도 다르다.

예를 들면 동일한 시점과 동일한 GNP 시대에 산다고 할지라도 아이들의 욕구와 어른들의 욕구가 다르고, 빈민지역의 욕구와 부유한 지역의 욕구도 다르다. 따라서 이러한 욕구를 충족시키려는 자원과 수단도 다르고 궁극적으로는 삶의 질의 내용도 다르다고 할 수 있다. 어느 계층은 객관적 범주의 삶의 질이 상대적으로 중요할 수 있고 어떤 집단은 상대적으로 주관적 범주의 삶의 질이 중요한 관심사가 될 수 있는 것이다.

이상으로 개념적인 차원에서 삶의 질을 몇 가지 범주로 구분해 보았다. 여기서 지적할 것은 개념적 차원에서는 범주의 구분이 되지만, 실제로 각 사회나 국가에서 삶의 질을 높이려고 하는 시도들은 아직도 대부분이 객관적 범주의 삶의 질에 주안점이 두어지고 있다는 사실이다. 또한 그 객관적 범주의 삶의 질의 보장 정도도 국가의 발전 정도에 따라 상이하며 계층별로 보면 사회적 약자라 할 수 있는 노인, 아동, 여성, 빈곤층의 삶의 질을 높이기 위해 좀더 많은 노력을 기울이고 있다.

앞으로의 비전과 정책과제를 탐색하는 과정에서 외국과의 비교는 벤치마킹 (bench-marking) 을 위해 꼭 필요하다. 이 책에서는 외국과의 삶의 질을 비교함에 있어 주로 객관적 범주를 중심으로 살펴보고, 국가의 발전정도에 관해서는 1인당 국민소득을 기준으로 국가간의 삶의 질을 비교하고자 한다.

2) 삶의 질의 제약 요소

선진국 진입을 목표로 하고 있는 지금 우리의 삶의 질에 영향을 주는 가장 중요한 요소들은 무엇인가? 세세하게 분석할 경우 다음에 제시할 여러 관련 지표들 외에도 수많은 요소들을 거론할 수 있겠다. 하지만 여기서는 문화를 제외한 정치, 경제, 사회, 사회복지, 보건·의료, 환경의 여섯 부분을 중점적으로 논의하고자 한다. 문화분야와 삶의 질이 밀접한 관계를 가지고 있는 것은 두말 할 필요가 없다. 그럼에도 불구하고 이 책에서 제외하는 것은 삶의 질에 대한 개념상의 문제가 아니라 정책기획위원회의 출판 구상 때문에 그렇게 된 것이다. 즉 정책기획위원회가 이 책과 함께 발간한 다른 책(《정보화시대의 문화·여성》등)이 이 문화 부문을 다루고 있기 때문이다.

(1) 정치부문

일반적으로 정치는 국민들의 이해 대립과 갈등을 조정하고 국민들의 여론을 발전적인 방향으로 이끌어가며 미래의 비전을 제시하고 여타 다른 분야가 나아갈 방향을 선도해야 한다. 그러나 우리나라의 경우 정치분야의 경쟁력이 경제나 여타 분야에 비교하여 뒤지고 있다는 것이 일반적인 평가이다. 자주 지적되는 국회의원의 자질문제, 국회운영의 변칙과 파행, 정치인의 부정부패, 권위주의적 권력형태 등은 민주주의정치 실현이라는 정치적 측면에서 평가할 때 우리 정치의 후진성을 여지없이 보여준다.

정치적 후진성이 국민의 삶의 질에 미치는 영향은 크게 두 가지 측면에서 살펴볼 수 있다. 우선, 정치 자체가 국민의 삶의 질에 직접적으로 영향을 미치는 것으로 강권통치에 의한 자유와 권리의 제한, 그리고 부패로 인한 국민의 심리적 허탈감과 분노 등을 예로 들 수 있다. 박정희 정권의 유신과 각종 긴급조치에 의한 자유 제한과 12·12

및 광주민주화운동의 폭력 진압을 통해 등장한 5·6공 정권의 강권통
치는 통치 기간 내내 국민을 갈등과 대립의 구도 속에서 살아가게 만
들었다. 그리하여 그 과정에서 수많은 사람들이 자유를 제한당하고 권
리를 박탈당해야 했다. 또한 그러한 정권의 붕괴는 많은 국민의 희생
을 바탕으로 이루어지는 불행을 반복해야 했다. 그리고 무시할 수 없
는 것이 정치권의 부패문제이다. 이승만 정권의 부패, 이후 군사통치
기간의 정경유착과 각종 부패는 한번의 역사적 단절이나 개혁없이 계
속해서 우리 국민들을 심리적 허탈감에 빠뜨렸다고 할 수 있다. 최근
의 노태우 씨 비자금 문제에서 드러나고 있듯이 정치지도자들의 부패
는 국민의 분노와 허탈감으로 이어져 국가 체제 자체에 대한 불신을
초래할 심각한 위험을 안고 있다.

다음으로는 정치적 후진성이 간접적으로 국민의 삶의 질을 제약하
는 측면이다. 이는 급박하게 돌아가는 국제 경쟁력 시대에서 정치문제
가 경제·사회 등 여타 분야의 경쟁력을 저하시키는 원인으로 작용함
을 의미한다. 전직 대통령의 비자금 사건과 관련하여 미국과 구미의
선진국이 국내의 비자금 관련 재벌기업의 신용도를 재평가하는 등의
불길한 움직임을 보여 우리의 경제권을 긴장시킨 사례가 있다. 또한
국가의 정치제도가 정치인의 권세와 당리당략에 의해 좌우되는 상태에
서는 국민이나 기업이 투자를 마음놓고 할 수 없는 등의 문제를 야기
시킨다. 정치의 역할이란 미래에 대한 예측을 가능한 한 안정적이고
정확하게 할 수 있도록 사회 시스템을 조정하고 구축하는 역할을 하는
것이다.

이러한 정치권의 특성은 국민의 의견에서 그대로 확인할 수 있다.
'95년 9월 하순에 실시된 한 여론 조사에 따르면 국민들이 가장 심각
한 사회문제로 지적한 것은 정치권의 부정부패(29.1%)였다4). 이 결

---

4) 《경향신문》, 1995. 10. 6일자.

226

과는 국민의 세금이 엉뚱한 곳에 흘러 들어갈 가능성, 검은 돈과 정치
인의 결탁으로 인한 국가 시스템의 왜곡, 국민의 사기저하와 불신 등
여러 가지 문제에 대한 국민의 우려섞인 답변이라고 할 수 있다. 결국
삶의 질이 인간욕구의 만족에 관계된 것이라면 정치권은 물론 국가적
차원에서 부정부패의 고리를 단절시키는 것이야말로 최우선의 중요한
과제임에 틀림없다.

(2) 경제부문

① 물 가
전통적으로 거시경제 분야에서 문제가 되는 것은 실업과 물가이며
이와 결부된 소득과 소비의 수준 및 분배문제도 중요한 정책적 이슈이
다. 우선 실업을 보면 최근 몇 년간 2% 내외의 실업률을 보임으로써
거의 완전고용에 가깝다. 10%를 훨씬 상회하는 유럽의 실업문제와 비
교하면 우리나라의 실업문제는 현재로서는 국민의 삶의 질에 악영향을
미친다고 할 수 없다.

다음으로 물가문제를 보면 실업에 비하여 정책적 중요성이 크다고
할 수 있다. 실제로 1988년에서 1993년 사이의 소비자 물가 상승률을
비교해 보면 우리나라는 19%로서 캐나다(3.36%), 스웨덴(3.39%),
영국(5.65%), 미국(4.09%)보다 매우 높음을 알 수 있다. 또한 국내적
으로 보아도 이러한 증가율은 문제가 된다. 지난 1965년에서 1992년
사이의 연평균 물가상승률은 연평균 경제성장률을 크게 상회하고 있
다. 결국 높은 물가 상승률은 임금의 상승 및 국민소득의 증가 효과를
상쇄하는 쪽으로 작용하여 국민의 소비수준을 제약하기 때문에 그만큼
국민의 삶의 질이 저하된다고 할 수 있다.

② 경제정의 : 상대적 박탈감

경제정의는 앞서 언급한 물가와도 밀접한 관계에 있다. 그 이유는 물가가 부동산 투기와 같은 정의롭지 못한 축재수단과 관련되기 때문이다. 즉 물가의 불안정한 상승은 화폐를 투기성 부동산으로 유입시킬 것이며 물가상승으로 인한 부의 증가는 대다수 서민들로 하여금 소득격차를 크게 하는 동시에 상대적 박탈감을 확대시켜 개인의 만족도를 떨어뜨리고 사회통합을 저해하는 요인으로 작용할 것이다.   ·

경제정의와 관련된 또 다른 문제는 빈부격차이다. 앞서 소개한 여론조사에 의하면 답변자들은 빈부의 격차를 가장 심각한 사회문제 중 2위(17.8%)로 꼽았다. 그러나 통계청의 지니계수에 의한 불평등도를 보면 0.3355로서 영국(0.3236), 프랑스(0.3219)와 비슷한 수준이며 일본(0.287)과 독일(0.300)보다는 높은 것으로 나타나 서구 선진국에 비하여 분배상태가 비슷하거나 조금 좋은 것으로 나타나고 있다. 그러나 보다 중요한 문제는 여론 조사의 결과에서 보듯이 국민들이 피부로 느끼는 상대적인 빈부격차가 통계 수치 이상이라는 사실이다. 실제로 한 연구결과에 따르면 비근로소득인 가계자산의 지니계수는 0.590으로 근로소득의 지니계수 0.33보다 매우 높게 나타나고 있다[5].

이렇게 국민들이 피부로 느끼는 불평등도가 높은 이유는 부동산투기와 같은 비정상적인 방법에 의한 졸부들의 등장, 재분배적 성격이 약하고 자영업자 및 부유층에 대한 조세탈루를 막지 못하는 간접세 중심의 조세제도, 재분배 효과가 약한 사회복지제도 등에 원인이 있다고 할 수 있다. 또한, 비교적 평등하게 분배된 근로소득보다는 자산소득과 같은 비근로소득이 불평등하게 분배되어 있기 때문이다. 더구나 최근에 국민들을 분노하게 만든 정치권의 비자금과 대형 금융사고, 그리고 부동산 투기에 의한 치부 등의 사건은 피부로 느끼는 불평등도를

---

5) 백욱인, "계급별 생활상태 연구," 서울대학교 사회학과 박사학위논문, 1994, p. 38.

더욱 가중시키고 있다.

(3) 사회부문

① 사회적 안전성

최근에 연이어 발생한 성수대교의 붕괴, 대구 가스폭발, 삼풍백화점 붕괴사건 등의 대형 참사는 대표적인 인재로서 경제개발 제일주의 시대 즉, 국민의 안전보다는 국민의 물질적 욕구를 해결하는 데 급급했던 시대의 문제가 이제 와서 드러난 사건으로 볼 수 있다. 이런 맥락에서 보면 우리 사회는 앞으로도 이러한 대형 참사가 발생할 가능성을 여전히 안고 있다고 할 수 있다.

사회적 안전문제는 인간행위의 측면에서도 발생한다. 각종 범죄의 문제가 대표적인 것이다. 최근의 각종 여론 조사를 보면 범죄에 대한 불안감이 나타나고 있다. 그리고 범죄의 특징 또한 저연령화, 흉포화, 그리고 마약·사기 등과 같이 특수화하는 경향을 보이고 있다. 한편, 비록 범죄의 범주는 아니지만 미혼모, 이혼의 증가 등도 인간 행위로부터 비롯된 각종 불안의 요인이 인간 자신의 안전을 위협하여 삶의 질을 저하시키는 예라고 할 수 있다.

② 공동체 의식의 결여

현재 사회적으로 삶의 질에 영향을 미치는 또 다른 중요한 요소는 공동체 의식의 결여이다. 산업화가 고도화되면서 가족구조가 핵가족으로 변화하였고 인간 행위는 점차 개인적 단위로 좁혀지고 익명성 또한 증가하고 있다. 그 결과 이웃, 동료, 집단, 공동체라는 기존의 사회적 단위들은 그 역할이 약화되고 있다. 이런 추세는 한편으로는 각 개인의 개성 신장, 자율성의 신장과 같은 긍정적인 측면을 보여주지만, 다른 한편으로는 개인 혹은 집단적 이기주의와 같은 바람직하지 못한 측면도 보여준다.

최근 우리 사회에서는 남과 더불어 살기보다는 자신들만을 위한 이기적인 발상이 서로 충돌하면서 갈등을 빚어내고 있다. 가장 대표적인 예가 쓰레기장을 둘러싼 지방자치체간의 대립과 원자력 발전소 및 핵폐기물 처리장의 부지 설정을 둘러싼 갈등이다. 궁극적으로 보면 쓰레기장이나 핵폐기물 처리장은 어느 개인 혹은 집단에게도 필요한 시설이다. 따라서 양자의 행복을 위한 문제해결책은 서로가 조금씩 양보하여 더불어 살 수 있는 방안을 찾는 것이다. 그럼에도 불구하고 서로의 이익을 우선하여 거리에 쓰레기를 방치하여 악취를 풍기고 핵폐기물을 방치하여 방사능의 위험에 노출된다면 서로의 삶의 질에 치명적인 영향을 줄 수 있다.

(4) 사회복지 부문

우리나라의 사회복지에 대한 국가의 책임은 매우 미약하며 그렇다고 해서 민간부분의 복지제도가 온전하게 갖추어져 있는 것도 아니다. 자본주의 국가에서 국민의 삶의 질을 제도적으로 확보할 수 있는 가장 좋은 수단이 사회복지제도임을 고려할 때, 이 분야에 대한 투자가 부족하다는 사실은 문제점을 드러낸 것으로 해석할 수 있다. 실제로 우리나라는 총국민소득에 대한 사회보장급여의 비율이 0.9%로서 매우 낮으며, 독일(10.8%), 일본(10.0%) 등의 선진국에 비하여 1/6~1/10 정도에 불과하다. 이는 국가의 사회복지에 대한 투자가 매우 인색함을 보여 주는 것이다.

이러한 현상은 60년대 이후의 우리나라 발전전략으로부터 기인한다. 60년대 이후 각 정부는 절대빈곤의 해소를 목표로 국가 주도의 강력한 경제성장 정책을 전개해왔다. 따라서 외국에서 들여온 차관 등 대부분의 국가 자원은 경제성장과 연관된 부문에 투입되었고 설사 다른 분야에 자원이 투입될 경우도 그것이 경제성장에 도움이 되어야만 정당화될 수 있었다. 이런 상황에서 비생산적인 분야로 인식되었던 사회복지 분야에 대한 투자는 기대하기 어려웠던 것이다.

그러나, 현재 시점의 우리나라는 수출 1,000억 달러와 1인당 국민소득 10,000 달러 시대에 돌입했기 때문에 더 이상 옛날 방식만을 고집할 수 없는 단계에 이르렀다. 왜냐하면 이제는 상대적 빈곤과 재분배가 중요한 문제로 부각되었고 소득이 급속하게 증가함에 따라 국민들의 삶의 질에 대한 관심도 문화, 레저, 스포츠 등 다양하게 표출되고 있기 때문이다.

따라서 이제는 국민의 삶의 질을 결정하는 주된 요소가 물질적인 부의 전체적 성장이라기보다는 ① 축적된 부의 공평한 분배와 ② 다양화되는 레저, 스포츠, 문화 등의 욕구가 충족되는 수준이라고 할 수 있다.

(5) 보건·의료 부문

보건의료를 논할 때 대부분의 경우 두 가지의 관점에서 논하게 된다. 형평성의 관점과 효율성의 관점이다. 효율성이 중요시된다는 점에서는 보건의료도 경제의 다른 부문과 마찬가지이다. 그러나 형평성이 중요시 된다는 점에서, 보건의료는 경제의 다른 부문과 현격한 차이를 갖게 된다. 왜 형평성이 강조되느냐에 관하여는 이미 많은 문헌이 그 논리적, 역사적, 그리고 철학적인 근거를 제시하고 있다. 경제학적으로는 정보의 비대칭과 불확실성에 기인한 시장의 실패가 형평성 강조의 이론적인 근거가 되고 있다.

형평성과 효율성 중에서 어느 것이 우선적으로 강조되어야 하느냐에 관한 논의도 중요성을 갖는다. 왜냐하면 의료제도 구성의 상당 부분이 이에 영향을 받기 때문이다. 대부분의 유럽국가는 형평성의 관점에서 의료제도의 기본골격을 먼저 마련한 후 효율적인 자원배분을 위한 정책을 구사하고 있다. 이들과는 대조적으로 미국은 다분히 효율성

위주의 의료제도를 운영하면서 형평성 제고를 위한 보완적인 '장치를 갖추고 있다.

우리나라는 뚜렷한 구분이 어려운 경우에 해당한다. 미국과 일본의 영향을 많이 받으면서 정책상의 선택이 분명하지 않은 채 의료제도가 구성되었으며, 경제성장과 함께 제도가 커지면서 그 상태로 굳어지고 있다. 어느 쪽에 정책의 우선순위를 두는 것이 우리에게 이득이 되고 선진화를 위한 초석이 될 수 있느냐에 대한 논의는 일단 보류하더라도 현재로서 우리에게 절실한 것은 보건의료정책이 형평성이든 효율성이든 그 기본방향의 선택이 필요하다는 점이다. 선진화를 염두에 둘 때에 '무정책이 정책'이 되는 경우가 있어서는 안될 것이다.

보건의료 부문의 정책부재는 불행하게도 우리의 제도를 비형평적이고 비효율적인 제도로 만들어 가고 있다. 전국민 의료보험이 사회보험으로 시행되고 있음에도 불구하고 지불능력이 약한 사람은 의료 서비스에 대한 접근이 제한되어 있거나 혹은 접근되더라도 양질의 서비스에의 접근이 어려운 반면에, 부유계층은 양질의 의료서비스를 거의 제한 없이 향유하고 있다. 장애인이나 노인계층에 대한 보건의료 차원의 별도의 배려가 또한 결여되어 있는 것도 우리나라가 OECD 선진국과 현격하게 다른 점이다. 효율성의 차원에서 볼 때에 1차 의료가 간단히 그리고 값싸게 해결할 수 있는 많은 질병을 2~3차의 값비싼 전문의료가 취급하는 현상이 두드러지며, 많은 수의 환자들이 외래진료시 2일에 한번 꼴로 의사를 방문해야 하는 과잉진료가 당연한 것처럼 받아들여지고 있다. 정상분만보다는 수술에 의한 유도분만이 선호되면서 우리나라의 인공분만율이 미국을 앞지르게 되었으며, 일부 의료인의 도움에 의한 선택적 유산은 우리나라를 세계에서 가장 높은 남아비율을 갖는 나라로 만들었다.

현재의 우리나라 경제수준의 발전정도와 국민 의식수준의 변화정도를 감안한다면 우리나라와 OECD 간의 지표상의 격차는 별다른 정책

수단의 강구가 없더라도 어느 정도 해소될 수 있을 것이다. 그러나 삶의 질을 논하는 입장에서 보았을 때에 21세기에 우리나라가 선진대열에 진입하기 위해서는 보건의료 부문이야말로 적극적인 정책수단의 강구가 절실한 분야라고 판단된다. 즉 국민이 체감하는 보건의료상의 삶의 질의 향상은 정부의 적극적인 정책상의 개입없이는 어렵다고 보아진다.

위의 간단한 언급에서 예시하였듯이 우리는 형평성과 효율성의 양면에서 상당한 문제점을 안고 있으며 이들 문제를 해결하여 선진국에 진입하기 위하여는 정책적인 배려와 지원이 필요하다. '적게 주는 것은 수용하지만 불공평하게 주는 것은 수용할 수가 없다'는 어느 대기업의 노동조합이 내건 슬로건이 앞으로의 보건의료정책이 추구해야 할 일차적인 정책방향이 아닐까 한다. 경제적 부의 정도가 개인능력의 정도에 의존하듯이 질병에서의 해방도 경제적 능력에 의존해야 한다는 논리를 대다수 국민이 수용한다면, 보건의료도 시장기능에 맡기는 것이 가장 좋은 방법이다. 그러나 대다수 유럽 선진국이 그러하듯 경제적 능력에 관계없이 모든 국민은 질병으로부터의 해방에 대한 최소한의 권리를 가진다는 통념이 사회내에서 성립된다면, OECD 국가들에서처럼 보건의료에 대한 정부정책의 적극적인 개입이 필요하다. '무정책이 정책'이 된다면 보건의료 부문을 통한 삶의 질의 향상은 기대하기 어렵다.

미국의 일간지 *Boston Glove*는 최근(1995년 10월)의 사설에서 '한 정부의 책임 중에 국민을 건강하게 하는 책임보다 더 중요한 책임이 있겠는가' 하는 주장을 펴고 있다. 굳이 이 신문의 사설이 아니더라도 정부운영의 궁극적인 목적이 국민복지의 극대화에 있다면 국민을 건강하게 해주는 정부정책은 필요하며 당연시되는 것이다. 이것은 공산주의나 사회주의 국가에서만 통용되는 논리는 물론 아니다. 자본주의가 팽배한 서구에서 200여 년 전에 시작되어 현재까지 오랜시간 동안 견지되어온 통치철학이며 국민적 합의인 것이다. 우리는 세계 대부분의 국가에서 통용되는 보건의료에 대한 이러한 기본시각을 눈여겨 보아야 하며 존중하는 자세가 필요하다. 이것은 우리가 OECD 선진대열에 끼이기 위한 진정한 전제조건이 되기 때문이다.

우리나라의 보건의료제도는 내용적으로도 많은 문제점을 안고 있는 것으로 판단되고 있다. 특히, 미래지향적인 시각을 가지고 볼 때, 21세기 우리나라의 보건의료는 부정적인 측면이 많은 것으로 지적된다. 우리의 보건의료가 부정적일 수 있는 세 가지 이유는 다음과 같이 설명할 수 있다.

첫째, 보건의료 이용의 증가 및 접근도의 향상이 있지만 너무 많은 비용이 지불되고 있으며 또한 상당히 많은 자원이 낭비되고 있다는 것이다. 즉, 자원사용의 낭비적인 요소 때문에 현 수준의 자원으로 보다 많은 사람들이 더 나은 건강을 유지할 수 있음에도 불구하고 그러하지 못하다는 것이다.

둘째, 국민 중의 일부는 양질의 의료서비스를 충분히, 때로는 필요 이상으로, 향유하고 있는 반면에 이들보다 훨씬 많은 수의 사람들은 필요한 서비스를 제때에 받지 못하고 있다. 특히 빈곤층, 장애인, 그리고 경제력 없는 노인층에 대한 적절한 배려가 제도적으로 뒷받침되지 않음으로써 이들 중의 상당수는 적절한 의료서비스를 받고 있지 못하며, 경우에 따라서는 생존에 필요한 서비스를 받기 위하여 경제적 파탄을 감수하여야 하는 전형적인 개발도상국형 현상이 아직 우리에게서 발견되고 있다.

셋째, 남북한의 통일이 가져올 수 있는 남한에 대한 잠재적인 부담은 사회보장 부문 전체에서, 특히 보건의료 부문에서 두드러지게 클 것인데 우리의 제도는 이러한 부담증가에 적절히 대응하기 어려운 구조적인 문제를 안고 있다. 경우에 따라서는 보건의료 부문 때문에 통일과정에 장애가 발생할 가능성도 배제하기는 어려운 상황이다.

(6) 환경 부문

1992년 6월 브라질의 리우데자네이로에서 열린 '환경과 개발에 관한 유엔회의(UNCED)'에서는 세계 각국의 정상과 환경전문가들이 대거 참석하여 21세기 지구환경보전을 위한 과제들을 채택하였다. 지구 온난화, 오존층 파괴, 핵연료의 사용, 야생동물의 멸종위기 등 지구환경이 날로 악화되어 가고 있는 상황에서 지구환경보호를 위한 국제적 움직임은 앞으로 더욱 강화될 것이다. 한편 국내적으로도 국민생활의 질적 향상과 쾌적한 환경을 위하여, 환경보전과 지속적 성장을 균형있게 이끌어 나가는 것이 중요한 정책과제가 되고 있다. ISO(국제표준화기구)를 비롯한 국제기구 및 국제협약들은 제품의 최종생산물뿐만 아니라 제품생산을 위한 원료채취와 생산과정이 환경에 미치는 영향까지도 규제하려는 움직임을 보이고 있어 환경문제는 더 이상 한 국가내의 고유한 문제가 아니라는 것을 실감하게 된다. 더구나 환경문제가 국제무역에서 주요한 제약조건이 되어감에 따라 환경이 국내경제 전반에 미치는 영향은 광범위할 것으로 예상된다.

그동안 우리나라는 수출위주의 경제성장으로 인해 환경문제가 관심의 대상에서 멀리 떨어져 있었던 것이 사실이다. 그 결과 우리나라에서는 마음놓고 숨쉴 수 있는 공기, 안심하고 마실 수 있는 물과 같은 천연자원이 점차 사라져 가고, 대신에 각종 폐기물과 매연, 먼지, 소음 등이 우리의 삶을 위협하고 있다. 경제성장으로 인한 소득수준의 향상만이 삶의 질을 높여 줄 것으로 기대했던 우리의 생각이 그릇된 것이었음을 일깨워 주고 있는 것이다.

우리나라는 1996년 말에 선진국들의 모임인 OECD(경제협력 개발기구)에 가입할 것을 신중히 고려하고 있다. 이것은 우리나라의 위상을 선진국 수준으로 끌어올리는 중요한 계기가 될 것으로 여겨진다. 하지만 이 기구의 가입을 위해서는 준수해야 할 많은 의무사항이 있으며, 현재 OECD 선진국들과 우리나라의 환경수준은 상당한 차이가 있는 것으로 알려지고 있다. 선진국들이 향유하고 있는 쾌적한 환경은 아무 대가없이 저절로 이루어진 것이 아니라, 각고의 노력 끝에 성취한 결과물이다. 현재 우리나라도 이러한 현실을 직시하고 더 나은 환경을 위하여 많은 노력을 하고 있다. 그러나 이들 선진국들과는 아직도 많은 격차를 보이고 있으며, 이러한 차이를 줄이는 것이 우리의 임무라고 할 수 있다.

3) 사회복지의 개념과 범주

앞에서 우리의 삶의 질에 영향을 주는 요소들을 여섯 가지의 범주로 구분하여 살펴보았다. 물론 이외에도 문화 등의 여러 요소도 상정할 수 있을 것이며 그것들 또한 삶의 질과 관련하여 볼 때 어느 하나라도 소홀히 할 수 없다. 그러나 정치와 경제 부문은 정책기획위원회에서 시리즈로 계획한 다른 책(《세계화를 지향하는 한국정치》; 《21세기 한국경제의 새로운 지평을 향하여》)에서 다루어질 것이며 사회부문은 이 책의 4장에서 다루어졌기 때문에 이 장에서는 제외시킨다. 따라서 이 장에서는 사회복지, 보건·의료, 환경의 세 분야만을 다루기로 한다.

그리고 이 세 분야도 넓은 의미의 사회복지라는 차원에서 접근할 것이다. 왜냐하면, 현대자본주의 국가가 국민들의 삶의 질을 향상시키려는 노력의 일환으로 사회복지의 개념을 점차 확대시키는 추세를 보여주었기 때문이다.

특히, 2차대전 이후 서구유럽을 중심으로 한 복지국가는 국가가 국민의 삶의 질을 책임지는 하나의 제도적 전형을 보여주고 있다. 이러한 측면에서 본 절에서는 삶의 질과 밀접한 관계에 있는 사회복지의 개념을 개괄적으로 살펴보고 사회복지와 관련된 지표들을 선정하기로 한다.

(1) 사회복지 개념

사회복지의 개념과 내용은 논자마다, 논의의 맥락에 따라 매우 다양하기 때문에 보편적이고 일관되게 정의하기 어렵다. 이는 사회복지 제도의 발달이 역사적 과정의 산물이고 각 국가와 사회의 고유한 특수성을 반영하기 때문이다. 그럼에도 불구하고 사회복지는 삶의 질을 제고시키는 중요한 수단의 하나라는 점에서 공통성을 발견할 수 있다.

어원적으로 보면 'welfare'는 안락하고 만족스런 상태를 의미한다. 이 개념은 '안락' 혹은 '행복'이라는 추상적 의미와 '상태' 혹은 '상태로 살아간다'라는 실천적 의미를 동시에 포함하고 있다. 여기에 'social'의 개념이 더해지면 사회적 노력이라는 의미가 더해지는 것이다. 따라서 사회복지는 어원적으로 인간이 안락하게 살아갈 수 있도록 보장하는 사회적 차원의 실천 활동을 의미한다. 사회복지가 가치 지향적이면서도 실천성을 포함하고 있음은 이러한 어원적 정의에서도 알 수 있다(장인협, 1988 : 1~7 ; 전남진, 1987 : 3~10).

그러나 실제에 있어 사회복지는 다양한 개념으로 정의되고 있다. 여기서는 제도의 영역을 기준으로 협의의 개념과 광의의 개념으로 나눌 수 있다. 제도의 영역을 중심으로 하는 이유는 삶의 질의 보장이라는 공통점을 전제로 하는 경우 다른 질적 개념의 분류보다는 제도로 구분하는 것이 용이하며 이 책의 목적을 고려할 경우 제도상의 영역을 일정 정도 제한할 필요가 있기 때문이다.

첫째, 협의의 개념으로 사회복지를 정의하면 사회보험, 공적부조 그리고 사회복지 서비스의 제도영역으로 한정할 수 있다. 이 경우 사회보험은 국민연금, 군인연금, 공무원연금, 의료보험, 산재보험, 고용보험 등의 제도를 포함하며 공적부조는 세금을 재원으로 하여 급여를 제공하는 제도로서 생활보호사업을 대표적인 예로 들 수 있다. 사회복지 서비스는 국가와 민간이 연계되어 각종 서비스 프로그램을 제공하는 분야로서 주로 아동, 노인, 장애인, 여성 등과 같은 특수대상

자를 목표로 하고 있으나 점차 일반대상자를 포함하는 방향으로 나아
가고 있다.

둘째, 광의의 개념으로 사회복지를 정의하면 개인과 전체사회의 안
녕을 증진시키기 위한 모든 종류의 사회적 개입을 포함한다. 즉 앞서
말한 협의의 세 영역은 물론 환경, 교통, 주택, 교육, 치안 등 거의
모든 제도들이 포괄된다. 실제로 인간이 만든 거의 모든 제도의 궁극
적인 목적은 인간생활의 편리와 복리의 향유에 있다고 할 수 있다.

이 책의 경우는 사회복지를 협의적 개념보다는 넓게 정의한다. 그
러나 모든 제도를 포함하는 경우 개념정의 및 분류의 실익이 없어지므
로 양자를 고려하여 다음과 같이 정의하기로 한다. 즉, 사회복지의 범
주를 '사회통합'에 관련된 부문과 '사회욕구'의 부문으로 분리하여 정의
한다. 첫째, 사회통합을 위한 사회복지는 사회성원과 집단들이 상호간
의 분열과 대립을 극복하고 상부상조와 상호존중을 기반으로 하여 안
정된 생활을 영위할 수 있도록 보장하는 것이고, 둘째 사회욕구의 향
상을 위한 사회복지는 사회 성원과 집단으로 하여금 각종의 결핍과 그
로부터 파생되는 문제 상황으로부터 벗어나 자신의 삶의 존재가치를
높이고 정상적인 사회인으로서 적극적인 삶을 살아갈 수 있도록 보장
하는 것이다.

(2) 사회복지 지표

앞에서 고찰한 사회복지의 개념을 보다 현실감있게 검토하려면 관
련 사회지표를 활용하는 것이 편리하다. 사회복지 관련 지표를 이 책
에서는 다음과 같이 총괄지표, 사회통합에 대한 지표, 사회욕구에 대
한 지표로 나누어 다양한 항목을 제시해 보도록 한다.

① 총괄지표
   • GNP 대비 사회보장급여비
   • 조세부담률 : 복지의 재원과 사회보장세의 비중

② 사회통합 지표

　가. 사회안전

　　㉠ 범죄로부터의 안전

　　　• 범죄율

　　　• 범죄피해에 대한 두려움의 정도

　　　• 주요 범죄의 미신고 이유

　　　• 각국의 마약류 범죄 계수

　　　• 마약류 사범 단속

　　　• 소년범죄

　　　• 경찰 1인당 주민 수

　　㉡ 인위적 사고로부터의 안전

　　　• 산업재해율

　　　• 교통사고 사망자와 사망률

　나. 계층간 불평등

　　　• 5분위별 소득분포

　　　• 지니계수

　　　• 성별 임금격차

　　　• 남녀 경제활동비율

　　　• 고령 취업자 비율

　　　• 노인취업자의 종사 상태

　　　• 노후준비방법

　　　• 세대간 가치관 차이

　　　• 50개국과 3개 지역에 대한 권력거리수치(PDI)

　　　• 주관적 계층 귀속의식

　　　• 사회적 이동 가능성에 대한 태도

　다. 가족의 안정

　　　• 교통사고 사망자와 사망률

- 주택마련기간
- 결혼 후 내집마련 시기까지 이사 횟수
- 주당 평균 근로시간
- 연도별 이혼율
- 이혼 사유별 구성비
- 실업 · 가족급여 · 기타 정부지출비

(*한민족 공동체의 의식에 관한 조사 지표는 이 책의 4장 참고)

③ 사회욕구 지표

　가. 소득 및 소비

- 1인당 GNP, GDP
- 1인당 에너지 소비량
- 1인당 1일 영양섭취량

　나. 사회보장

　　㉠ 소득보장

- 연금에 대한 정부지출비
- 실업 · 가족급여 · 기타 정부지출비

　　㉡ 의료보장

- 의료보장에 대한 정부지출비

　　㉢ 주택 및 주거환경

- 주택보급률
- 주택규모
- 상수도 보급률
- 하수처리시설 이용인구의 비율

　　㉣ 교 통

- 승용차 보급 비율
- 출근 소요시간 및 교통수단

다. 보 건
- 평균 기대수명
- 영아사망률
- 흡연율
- GDP 대비 보건의료 투자비율
- GDP 대비 공공보건의료비의 비중
- 인구 만 명당 의사 수

라. 환 경
- 단위면적당 아황산가스 배출량
- 단위 총생산별 아황산가스 배출량
- 각국의 1인당 연간 쓰레기 발생량
- 각국의 단위 면적당 쓰레기 발생량
- 주요 도시의 대기 중 아황산가스 농도
- 주요 도시의 대기 중 질소산화물 농도
- 주요 도시의 대기 중 입자상 물질 농도
- 쓰레기 발생률 : 1인당, 단위 면적당
- 각국의 산성비 농도
- 주요 하천의 BOD 농도
- OECD 국가 정부의 환경연구개발 투자
- OECD 국가의 환경시장 규모
- OECD 국가의 환경산업 규모
- 세계의 환경시장 규모

마. 교 육
- 유치원 수, 교사, 학생 수 : 교육기관 별(초등, 중등, 고등)
- 인구 10만 명당 고등교육 학생 수
- 교육단계별 취학률
- 문맹률

- 교육비 지출
바. 문 화
  - 도서관
  - 도서발행
  - 원서의 언어별 번역도서 수
  - 라디오, 텔레비전 보급
  - 영화·연극 등 관람 빈도
  - 일간신문발행 및 구독
  - 스포츠, 레저 활동시간
  - 여행 빈도
  - 인터넷 가입자 수 및 이용시간

* 교육부문은 이 책의 3장에서 다루고 있으므로 이 장에서는 구체적인 분석을 하지 않으며 문화부문은 지표만을 나열하고 분석은 추후의 과제로 돌리기로 한다.

3. 삶의 질의 현황

본 절에서는 앞에서 제시한 각 지표들을 중심으로 선진국과 비교하여 현재 우리나라의 삶의 질 수준이 어느 정도에 도달해 있는지, 그리고 선진국과의 차이는 얼마나 되는지를 확인하고자 한다. 앞에서 제시한 것처럼 사회복지에 관련된 지표는 총괄적인 지표, 사회통합에 관한 지표, 사회적 욕구에 관한 지표로 나눌 수 있다.

그런데 앞에서 제시된 여러 지표들 중 사회통합에 관한 지표는 이 책의 제 4 장에서, 그리고 사회욕구지표와 관련된 분야들 가운데 교육분야는 이 책의 제 3 장에서 이미 다루었고, 문화분야는 정책기획위원

242

회가 시리즈로 계획한 다른 책(《정보화시대의 문화·여성》)에서 다루어지므로, 이 장에서는 총괄적인 부분과 사회욕구에 관한 나머지 4개 부분만을 분석할 것이다.

1) 총괄지표

〈표 5-1〉에서 알 수 있듯이 우리나라는 총국민소득에 대한 급여의 비율이 0.9%로 매우 낮으며 선진국에 비하여 1/6~1/10 정도에 불과하다. 이는 국가의 사회복지에 대한 투자가 매우 인색함을 보여주는 것이다. 국민들의 복지에 대한 요구가 증대할 것을 감안하면 앞으로 사회복지에 대한 과감한 투자가 있어야 할 것이다.

그러나 사회복지 재원의 상당부분이 주로 조세를 기반으로 하고 있기 때문에 사회복지에 대한 투자를 늘리는 것이 쉬운 것만은 아니다. 왜냐하면 국민들의 입장에서 조세에 대한 저항감이 발생하기 때문이다. 그러나 우리의 경우 국민들의 조세부담이 서구 선진국과 비교하여 결코 높은 편이 아니다. 〈표 5-2〉에서 볼 수 있듯이 우리나라 국민의 조세부담률은 20% 정도로 선진국에 비하여 10% 포인트 이상 낮은

〈표 5-1〉 GNP 대비 사회보장급여(Social Security Benefit)

국 가	%	국 가	%
일 본	10.0(92년)	프 랑 스	17.7(91년)
미 국	7.7(91년)	이탈리아	7.9(91년)
영 국	6.2(91년)	캐 나 다	9.1(91년)
독 일	10.8(91년)	한 국	0.9(94년)

출처 : 日本銀行國際局, 《國際比較統計》, 1994.
　　　UN, *National Acccounts*, 1994.
　　　보건사회부, 《94주요업무자료》, 1994.4.

〈표 5-2〉 조세부담률의 비교

(단위 : %)

	한국 1992	미국 1990	영국 1991	독일 1991	프랑스 1991	일본 1990
순조세부담률	19. 1	20. 5	30. 0	25. 4	24. 8	22. 4
사회보장부담률*	0. 9	8. 6	6. 5	13. 3	19. 4	9. 4
조세부담률	20. 0	29. 1	36. 5	38. 7	44. 2	31. 7

출처 : 한국은행, 《경제통계연감》, 1993. * 보험과 연금기여금
　　　 OECD, *National Accounts* 1960~1991, Paris, 1993.
　　　 _____, *Revenue Statistics* 1960~1991, Paris, 1992.

실정이다.

이러한 선진국과의 차이는 주로 사회보장세의 부담률에서 기인한다. 사회보장은 그 성격상 기여와 급여가 대체로 비례하므로 이 부문에서 국민의 조세부담에 대한 저항감을 줄이면서 국민의 부담을 증가시킬 수 있는 여지가 많다고 할 수 있다. 더욱이 조세저항을 완화시킬 수 있는 조세구조와 이에 대한 정책적 고려가 있다면 더욱 효과적으로 조세부담률을 증가시킬 수 있을 것이다.

2) 사회욕구 지표

(1) 소득 · 소비

〈표 5-3〉을 보면 우리나라는 1993년에 1인당 GNP가 7,513 달러로 세계 32위였다. 스위스와 일본이 3만 달러를 넘었고 나머지 대부분의 선진국들이 2만 달러 대에 놓여 있으며 호주, 뉴질랜드, 캐나다, 영국이 1만 5천 달러에서 2만 달러 사이에 위치하고 있다. 우리나라와 선진국가의 격차는 적게는 약 2배에서 많게는 약 5배의 차이를 보이고 있다.

244

〈표 5-3〉 1인당 GNP

(단위 : 달러)

국 가	1980	1985	1990	1992	1993
한 국	1,597	2,442	5,883	7,007	7,513
스웨덴	14,825	11,758	25,777	27,491	20,564
스위스	16,558	15,185	35,144	36,299	34,824
미 국	11,996	16,997	22,105	23,629	24,643
덴마크	12,632	10,876	24,042	26,293	25,098
캐나다	10,782	13,496	20,817	20,098	18,537
프랑스	12,390	9,430	20,887	22,763	21,150
노르웨이	13,639	13,701	24,240	25,540	23,251
호 주	10,189	9,881	16,519	16,066	15,429
독 일	13,273	10,237	23,964	27,629	26,025
뉴질랜드	7,065	6,581	12,276	11,596	12,127
일 본	9,137	11,322	24,125	29,795	34,103
영 국	9,568	8,210	17,183	18,299	16,396
싱가포르	4,688	7,160	13,579	17,514	20,470

출처 : 한국은행, 《세계 속의 한국 경제》, 1994.

한편 〈표 5-4〉에서 처럼 1인당 GDP를 비교해 볼 경우, 7,577달러로 선진국과의 차이는 GNP의 경우와 유사하게 나타나고 있다.

또한, 아시아 신흥공업국의 1인당 GDP가 대만이 10,342달러, 싱가포르가 19,534달러, 홍콩이 18,878달러로서 우리보다 높게 나타나고 있다.

종합적으로 볼 때, 이 지표는 국가가 사회복지나 기타 삶의 질을 높이기 위한 재정부담의 원천적인 능력을 보여주기 때문에 매우 중요하다고 할 수 있다. 실제로 다른 지표상에서 선진국과 차이가 나는 부분을 감소시키려면 경제의 안정적인 성장과 국민소득의 증가가 지속되어야 한다.

〈표 5-4〉 1인당 GDP(1993년)

(단위 :US달러)

국 가	1인당 GDP	국 가	1인당 GDP
일 본	33,903	한 국	7,577
미 국	25,009		7,053 (92년)
영 국	16,239	대 만	10,342
독 일	23,321	홍 콩	18,878
프 랑 스	21,818	싱가포르	19,534
이탈리아	17,460	호 주	16,203
캐 나 다	20,077	중 국	458
스 위 스	33,947	러 시 아	387 (92년)
네덜란드	20,264	사우디아라비아	7,607 (92년)
스 페 인	12,241	인도네시아	661 (92년)
스 웨 덴	21,454	말레이시아	3,340
브 라 질	2,618 (92년)	멕 시 코	3,728 (92년)

출처 : IMF, *International Financial Statistics*, 1994.
　　　日本銀行國際局, 《國際比較統計》, 1994.

그러나 문제는 지금까지 우리나라의 경우, 국가발전계획이 지나치게 경제의 성장에 초점이 맞추어져 왔다는 것이다. 이 부분에 대한 논의는 뒤에 나온다.

〈표 5-5〉를 보면 우리나라의 1인당 에너지 소비량은 2,495kg으로서 미국과 캐나다의 약 1/4, 뉴질랜드와 독일의 약 1/2, 네덜란드의 약 1/3정도를 소비하고 있다.

〈표 5-6〉은 1일 1인의 섭취열량이다. 우리나라는 2,840 cal로서 같은 동양인의 체격을 가진 일본(2,926 cal), 싱가포르(3,114 cal) 보다도 적고, 대부분의 서구국가들이 3,000 cal 이상을 섭취하고 있음을 고려하면 우리의 열량 섭취량은 선진국 수준과는 약 200~600 cal의 차이를 보이고 있다. 육류(특히, 소고기) 소비를 반영하는 단백질 섭취량의 경우 1인 1일 79g으로서 프랑스, 미국, 호주, 뉴질랜드와는 30g 이상

차이가 나고, 같은 동양권인 싱가포르(87g)나 일본(96g)보다도 적게
섭취하고 있다.

〈표 5-5〉 1인당 에너지 소비량(1990년)

국 가	1인당 에너지 소비량 (석탄량으로 환산 : kg)	국 가	1인당 에너지 소비량 (석탄량으로 환산 : kg)
한 국	2,495	스 위 스	3,924
일 본	4,164	영 국	5,000
싱가포르	5,607	프 랑 스	3,979
네덜란드	7,257	미 국	10,034
노르웨이	6,932	캐 나 다	10,337
독 일	5,576	호 주	7,629
스 웨 덴	4,746	뉴질랜드	5,039

출처 : 한국은행, 《세계 속의 한국 경제》, 1994.

〈표 5-6〉 1인당 1일 영양섭취량(1990년)

국 가	섭취열량 (cal)	단백질 섭취량(g)	국 가	섭취열량 (cal)	단백질 섭취량(g)
한 국	2840.3	79.0	스 위 스	3446.7	94.5
일 본	2926.3	95.6	영 국	3281.5	93.7
싱가포르	3114.3	87.1	프 랑 스	3618.3	112.8
네덜란드	3023.5	89.6	미 국	3680.1	111.1
노르웨이	3219.2	99.9	캐 나 다	3221.9	101.4
독 일	3465.4	102.9	호 주	3385.0	100.7
스 웨 덴	2961.2	93.7	뉴질랜드	3503.6	107.1

출처 : 한국은행, 《세계 속의 한국 경제》, 1994.

(2) 사회보장

① 소득보장

〈표 5-7〉에서 보는 바대로 연금에 대한 정부의 지출은 연금제도 중 행정비의 일부를 보조하는 데 머물고 있어 정부가 기여금의 일부를 떠맡는 서구 복지국가와는 많은 격차가 나고 있다.

엄격하게 평가한다면 94년까지 우리 정부의 지출은 거의 없었다고 할 수 있다. 95년의 경우 우리나라는 농어민연금 지원금으로 454,961 백만 원(95년 2/4분기 잠정 GNP 기준으로 0.39%), 국민연금 행정비 지원금으로 129백만 원(동일 기준으로 0.0001%), 군인연금 국고지원금으로 500,200백만 원(동일 기준으로 0.43%)을 지출함으로써 연금에 대한 정부지출이 조금씩 증가하고 있다(한국은행, 1995)[6].

〈표 5-7〉 연금에 대한 정부지출(1980년)

(GNP 기준 %)

국 가	연금에 대한 정부지출비	
	IMF 조사	OECD 조사
한 국	0.005*	
캐 나 다	3.5	4.4
프 랑 스	10.0	11.5
독 일	13.3	12.4
이탈리아	12.1	11.8
일 본	4.2	4.4
영 국	5.8	6.7
미 국	6.3	7.2

출처 : IMF, *Aging and Social Expenditures in the Major Industrial Countries*,
      1980~2025, Occasional Paper 47, 1986.
      *보건사회부, 《94 주요업무자료》, 1994. 4.

---

6) 한국의 GNP 규모에 대한 95년 2/4분기 잠정치 117,772.1* 10억 원.

〈표 5-8〉 실업·가족급여·기타 분야에 대한 정부지출비(1980년)

(GDP 기준 %)

국 가	실업	가족급여	기타(연금, 의료, 실업, 가족급여 제외한 것)
한 국	—	—	0.166*
캐 나 다	1.33	0.62	1.82
프 랑 스	1.70	3.80	3.90
독 일	1.50	1.20	4.60
이탈리아	0.50	—	2.50
일 본	0.30	—	1.00
영 국	0.50	1.30	3.90
미 국	0.60		1.40

출처 : IMF, *Aging and Social Expenditures in the Major Industrial Countries*, 1980~2025, Occasional Paper 47, 1986.

*보건사회부, 《94주요업무자료》, 1994. 4., 생활보호와 사회복지 서비스 지출 합계.

사회보장에 대한 정부지출이 상대적으로 미약한 상태는 실업 및 가족급여에서도 마찬가지이다. 〈표 5-8〉에서 보면 캐나다, 일본, 미국과 같은 자유시장경제지향성이 강한 국가들이 1~2%로서 우리보다 약 1.5% 포인트 정도 높지만, 복지수준이 높은 유럽국가들은 우리보다 약 4~4.5% 포인트 정도가 높다.

② 의료보장

〈표 5-9〉를 보면 의료보장에 대한 정부의 부담이 GNP의 0.35%로 선진국과는 약 4~6% 포인트가 차이가 나고 있으며 정부의 의료보장에 대한 역할이 매우 미미한 실정이다. 이는 국민의 건강을 거의 전적으로 개인들의 노력에 맡기고 있는 것으로 해석되는데, 국민의 건강이 국가경쟁력의 기본 요소라고 할 때 결코 간과할 수 없는 문제이다.

③ 주택 및 주거환경

〈표 5-10〉에서 제시된 것과 같이 우리나라의 주택보급률은 72.4%
로서 100%를 넘는 대다수의 선진국과 약 30% 포인트 정도의 차이를

〈표 5-9〉 의료보장(Medical Care)에 대한 정부지출(1980년)

(GNP 기준 %)

국 가	의료보호에 대한 정부지출비	
	IMF 조사	OECD조사
한국(1994) *	0.35	
캐 나 다	5.6	5.4
프 랑 스	6.7	6.1
독 일	6.1	6.5
이탈리아	5.9	6.0
일 본	4.8	4.6
영 국	5.8	5.2
미 국	4.5	4.1

출처 : IMF, *Aging and Social Expenditures in the Major Industrial Countries*,
1980~2025, Occasional Paper 47, 1986.
*보건사회부, 《94 주요업무자료》, 1994. 4., 의료보호와 의료보험의 합계.

〈표 5-10〉 주택보급률

국 가	연 도	주택보급률(%)	국 가	연 도	주택보급률(%)
한 국	1992	72.4	스위스	1980	111.1
일 본	1988	111.1	영 국	1991	104.0
싱가포르	1985	89.5	미 국	1990	109.6
네덜란드	1985	94.9	캐 나 다	1981	101.4
노르웨이	1980	103.8	호 주	1981	101.7
독 일	1987	100.2	뉴질랜드	1986	110.5
스 웨 덴	1980	104.9			

출처 : 한국은행, 《세계 속의 한국 경제》, 1994.

보이고 있고, 경쟁 국가인 싱가포르(89.5%)보다도 낮게 나타나 주택
보급문제가 상대적으로 심각함을 알 수 있다.

〈표 5-11〉에서 보듯이 우리나라의 가구당 인원 수는 3.8명으로 2.3
~3.1명 사이의 선구 선진국보다 많으며 싱가포르보다는 적고, 주택
당 방 수는 4개로 스위스, 영국, 프랑스와 비슷하며 캐나다, 호주, 미
국보다는 1~2개 정도 적다. 또한 방 1개당 인원 수의 경우, 우리나라
는 1.5명으로 0.5명에서 0.7명 정도인 서구 선진국에 비해서 국민들
이 비좁게 생활하고 있다.

상수도 보급률은 〈표 5-12〉와 같이 1990년도에 이미 93%에 도달
하였으며 비록 선진국과의 차이가 있었지만 이 차이는 현재시점에서는
거의 해소되었을 것으로 추정되므로 문제가 되지 않는다.

그러나 〈표 5-13〉에서 보듯이 하수처리시설 이용인구의 비율은
39.3%로 스웨덴(95%), 영국(87%), 스위스(90%), 캐나다(70%) 등에

〈표 5-11〉 주택규모

국 가	가구당 인원 수		주택당 방 수		방 1개당 인원 수	
	연 도	인원수	연 도	방 수	연 도	인원 수
한 국	1990	3.8	1990	4.0	1990	1.5
일 본	1990	3.1	1988	4.9	1988	0.7
싱가포르	1980	4.7	1980	2.6	—	—
네덜란드	1975	3.1	1992	3.8	1975	0.8
독 일	1991	2.3	1991	4.5	1978	0.6
스웨덴	1980	2.3	1992	3.9	1985	0.5
영 국	1991	2.5	1992	4.8	1988	0.5
프랑스	1990	2.6	1990	3.8	1978	0.8
미 국	1985	0.4	1985	5.3	1979	0.5
캐나다	1981	2.9	1981	5.6	1981	0.6
호 주	1981	3.0	1981	5.6	1981	0.5

출처 : 한국은행, 《세계 속의 한국 경제》, 1994.

〈표 5-12〉 상수도 보급률

국 가	연 도	보급률(%)	국 가	연 도	보급률(%)
한 국	1990	93	영 국	1990	100
일 본	1990	96	미 국	1990	100
독 일	1990	100	캐나다	1990	97
스웨덴	1990	100	호 주	1990	100

출처 : 한국은행, 《세계 속의 한국 경제》, 1994.

〈표 5-13〉 하수처리시설 이용인구의 비율

(단위 : %)

국 가	연 도	보급률(%)	국 가	연 도	보급률(%)
한 국	1990	39. 3	영 국	1990	87. 0
일 본	1987	42. 0	프 랑 스	1990	68. 4
노르웨이	1990	57. 0	미 국	1985	74. 0
독일(서독)	1985	85. 5	캐 나 다	1990	70. 0
스 웨 덴	1990	95. 0			

출처 : OECD, *Environmental Data*, Compendium 1993.
환경부, 《한국환경연감》, 1990, 제 3 호.

크게 못미치고 있어 위생에서의 위험과 환경오염의 가능성을 높이고 있다.

④ 교 통

〈표 5-14〉에서 보듯이 우리나라의 승용차 보급비율은 1,000명당 97 명으로서 선진국들과 약 200~400 대의 차이가 나고 있다.

하지만, 현재 우리나라 자동차 산업의 발전속도를 고려하면 앞으로 격차는 급속하게 줄어들 것으로 추정된다. 출근 소요시간의 경우 〈표 5-15〉에서 보듯이 측정시간 간격의 차이로 정확한 비교는 힘들지만, 프랑스의 경우 10분 미만이 36%, 독일은 20분 이하가 60%, 미국은

15분 이하가 36%로서 15분 미만이 28.2%인 우리나라 국민보다 출근 시간이 적게 소요되고 있다.

출근수단을 보면 우리의 경우 도보로 출근하는 경우가 선진국에 비하여 2배 이상이 되고 있다. 버스, 전철, 통근버스로 출근하는 비율도 56.8%로서 선진국보다 2배 이상 높고 자가용 출근은 4.8%로서 50%를 상회하는 선진국에 비하여 큰 차이가 나고 있다.

〈표 5-14〉 승용차보급 비율

국 가	연 도	보유대수(천대)	보급률(1,000 명당)
한 국	1993	4,271	97
영 국	1990	20,807	361
일 본	1990	34,924	283
프 랑 스	1990	23,550	415
독 일(구서독)	1990	30,685	485
이탈리아	1990	27,300	473
미 국	1990	143,550	573
캐 나 다	1990	12,622	475
싱가포르	1990	287	106

출처 : 통계청, 《한국의 사회지표》, 1994.

〈표 5-15〉 출근소요시간 및 교통수단

(단위 : %)

소요시간 및 출근수단		한 국	호 주	프랑스	독 일	스웨덴	미 국
		1987	1974	1977	1980	1978	1979
소요시간	계	100	100	100	100	100	100
	15분 미만	28.2	36.0	31.0	60.0	—	36.0
	15~29	27.7	56.0	64.0	37.0	—	58.0
	30~44	26.4	—	—	—	—	—
	45~59	5.7	—	—	—	—	—
	60~90	8.9	8.0	4.0	3.0	—	6.0
	90분 이상	3.1	—	—	—	—	—
출근수단	계	100	100	100	100	100	100
	도보	28.9	—	17.0	14.0	9.0	4.0
	버스	38.4	—	12.0*	18.0	23.0*	6.0
	통근버스	12.2	—	—	—	—	—
	전철	6.2	—	—	—	—	—
	기차	0.3	—	—	2.0	—	1.0
	자가용	4.8	—	49.0	53.0	68.0	88.0
	영업용택시	1.1	—	—	—	—	—
	자전거	4.7	—	14.0	9.0	0.0	1.0
	오토바이	2.3	—	—	—	—	—
	기타	1.1	—	8.0	4.0	—	—

주) 1) 일정사업장까지 출근하는 취업자(프랑스는 피용자)를 대상으로 함.
   2) 프랑스의 경우는 1~10분, 10~60분, 60분 이상이며, 서독은 20분 이
      하, 20~60분, 60분 이상, 나머지 외국은 1~15분, 16~60분, 60분 이
      상임.
   3) *는 버스, 전철, 기차의 합계.
   4) 외국의 경우는 자전거와 오토바이의 합계임.
   5) 기타에는 2개 이상의 교통수단을 사용하는 경우가 포함되어 있어서
      합계가 100을 초과하는 경우가 있음.
출처 : 통계청, 《사회지표》, 1991.
      OECD, *Living Conditions in OECD Countries*, 1986.

(3) 보건·의료

보건의료 부문을 첫째, 국민의 건강상태, 둘째, 국민의 건강상태에
부정적인 영향을 미치는 위험요인, 셋째, 보건의료제도의 세 부문으로
나누어 각 부문별로 사회지표를 선정하고 그 지표를 근거로 우리나라
와 OECD국가를 비교하기 위해 표를 작성하였다. 그 표에는 OECD국
가들의 평균치를 구하여 우리나라의 수치와 비교하였고, 또 그 비교를
더욱 용이하게 하기 위해 OECD 국가들 중에서 미국의 수치를 100점
으로 하는 백분위 가중치법을 이용하여 우리나라의 백분위 점수를 계
산하였다. 그리고 각 부문별로 총괄지표를 만들어 각 부문의 전반적인
우리나라의 수준을 고찰하고 OECD국가와의 격차를 살펴 보았다. 비
교대상 OECD 국가는 미국, 영국, 프랑스, 독일, 일본, 스웨덴 등
OECD 상위 6개국으로 이들 국가가 선정된 이유는 이들 6개국의 현재
수준이 서기 2005년의 우리나라의 목표수준이 된다는 가정을 했기 때
문이다.

① 국민의 건강상태 부문

국민의 건강상태를 나타내 주는 대표적 사회지표로 첫째, 기대수명,
둘째, 영아 사망률을 선정하였다. 건강상태에 대한 정의는 무수히 다
양하고 각 정의별로 선정될 수 있는 사회지표 또한 무수히 다양한 것
이 사실이지만, 가장 객관적이고, 자료수집이 용이하고, 그리고 국가
간 비교가 가능한 지표가 기대수명과 영아 사망률이라고 할 수 있으며
그 내용은 〈표 5-16〉, 〈표 5-17〉과 같다.

〈표 5-16〉의 수치는 1990년도의 수치이며 이 표에서 평균값은
OECD의 여섯 국가의 평균값이고 백분위 점수는 미국의 남자와 여자
수명을 각각 50점씩으로 하여 총 100점으로 했을 때, 각 국의 남자와
여자의 평균수명이 1년이 올라가면 1점이 올라간다고 가정하고 산출되
었다.

〈표 5-16〉 평균 기대수명

(단위 : 년)

국 가	남(M)	여(F)	백분위 점수	국 가	남(M)	여(F)	백분위 점수
미 국	71.8	78.5	100.0	프랑스	72.0	80.3	102.0
영 국	71.9	77.6	99.2	스웨덴	74.8	80.6	105.1
독 일	72.2	78.7	100.6	평균값	73.1	79.6	102.4
일 본	75.9	81.8	107.4	한 국	67.4	75.4	92.5

출처 : UN, 1990 *Demographic Yearbook*, 1992.

〈표 5-17〉 영아 사망률

(단위 : 천 명당)

국 가	영아 사망률	백분위 점수	국 가	영아 사망률	백분위 점수
미 국	8.9	100.0	프랑스	7.2	101.7
영 국	7.3	101.6	스웨덴	3.8	105.1
독 일	7.0	101.9	평균값	6.4	102.5
일 본	4.4	104.5	한 국	12.8	96.1

출처 : 보건복지부, 《보건사회통계연보》 제40호, 1994.

〈표 5-17〉의 수치는 1991년도의 수치이고 각국의 백분위 점수는 미국의 영아 사망률을 100점으로 했을 때, 영아 사망률 1명이 떨어지면 1점이 올라간다고 가정하고 산출되었다.

이상을 합쳐 건강상태 부문을 총체적으로 나타내면 〈표 5-18〉과 같다. 이는 국민의 건강상태 부문에서 선정된 두 개의 사회지표를 나타내는 〈표 5-16〉과 〈표 5-17〉에서 각 국의 백분위 점수를 모두 더하여 산출된 것이고, 백분위 점수는 미국의 200.0점을 100점으로 했을 때의 점수이다.

〈표 5-18〉에서 나타나듯이 우리나라 국민들의 건강상태는 비교대상인 OECD국가들에 비해 뒤쳐진다고 할 수 있다. 특히 우리나라의 기대수명이 비교대상국가에 비해 아직까지는 현저하게 떨어지는 것으로

〈표 5-18〉 건강상태 부문 종합지표

국 가	총괄지표	백분위 점수	국 가	총괄지표	백분위 점수
미 국	200. 0	100. 0	프랑스	203. 7	101. 9
영 국	200. 8	100. 4	스웨덴	210. 2	105. 1
독 일	200. 2	101. 3	평균값	204. 8	102. 4
일 본	211. 9	106. 0	한 국	188. 6	94. 3

나타났다.

② 국민의 건강상태에 부정적인 영향을 미치는 위험요인 부문

국민의 건강상태에 부정적인 영향을 미치는 위험요인은 무수히 많은 것이 사실이고 그 주요 인자 또한 사회환경이 변화해가면서 바뀌어 왔다고 할 수 있다. 그런데 이 부문에서도 자료수집의 용이성과 그 측정의 가능성을 기준으로 아래의 흡연율을 대표적 지표로 선정하였다. 아래 표의 수치는 1990년도의 수치이고, 백분위 점수는 미국의 남자, 여자 흡연율을 각각 50점으로 하고 그 두 수치를 합한 수치이다.

흡연율을 위험요인의 대표적 지표로 보았을 때 우리 국민의 건강상태에 부정적인 영향을 미치는 위험요인은 비교대상 OECD 국가들에 비해서 다소 크다고 할 수 있다.

지표상으로는 1990년 현재 독일, 일본, 그리고 프랑스가 우리보다 높은 것으로 나타나고 있어 선진화와 흡연율의 감소는 큰 상관관계가 없는 것으로 나타난다(〈표 5-19〉 참조).

한가지 지적할 사항은 현재 우리나라의 여성과 청소년 흡연이 경제력의 증가와 더불어 급증하고 있어 위험요인에 대한 노출 정도는 앞으로 더욱 심화되어 국민건강에 적잖은 부정적인 영향을 미칠 것으로 판단된다.

〈표 5-19〉 흡연율

(단위 : %)

국 가	흡연율(M)	흡연률(F)	백분위 점수
미 국	30. 0	24. 0	100. 0
영 국	36. 0	32. 0	86. 0
독 일	41. 1	33. 2	79. 7
일 본	60. 5	14. 3	79. 2
프 랑 스	49. 0	26. 0	79. 0
스 웨 덴	26. 0	30. 0	98. 0
평 균 값	40. 4	26. 0	98. 0
한 국	68. 9	3. 4	87. 0

출처 : 통계청, 《한국의 사회지표》, 1994.

③ 보건의료제도의 정부정책 부문

보건의료제도의 정부정책 부문을 나타내는 사회지표로 생각해 볼
수 있는 것은, 첫째, GDP 대비 보건의료비 투자율, 둘째, GDP 대비
공공보건의료비의 비중, 셋째, 인구 만 명당 의사 수 등을 들 수 있는
데, 이 중에서 첫번째 사회지표는 보건의료 부문에 대한 자원투입의
정도를 나타내며, 두 번째 지표는 보건의료 전달을 위한 정부개입의 정
도를 나타내는 투입요인에 해당하며, 세 번째의 사회지표는 공급 측면
을 나타내는 대표적인 지표라고 할 수 있다. 〈표 5-20〉, 〈표 5-21〉,
〈표 5-22〉는 이러한 세 지표를 나타낸 것이다.

〈표 5-20〉의 수치는 1992년도의 수치이고, 백분위 점수는 미국의
GDP 대비 보건의료비 투자율을 100점으로 했을 때 1% 증가시 1점이
올라간다고 가정하고 산출되었다. 한가지 유의할 점은 이 지표는 국가
간 의료제도의 차이를 전혀 고려하지 않기 때문에 높은 수치가 반드시
바람직하지는 않다는 것이다.

258

<표 5-20> GDP 대비 보건의료비 투자율

(단위 : %)

국 가	GDP대비 보건의료비투자율	백분위 점수	국 가	GDP대비 보건의료비투자율	백분위 점수
미 국	14.0	100.0	프랑스	9.4	95.4
영 국	7.1	93.1	스웨덴	7.9	93.9
독 일	8.7	94.7	평균값	9.0	95.0
일 본	6.9	92.9	한 국	5.4	91.4

출처 : OECD, *The Reform of Health Care*, 1992.
　　　명재일, 《국민의료비 추계》, 1994.

<표 5-21> GDP 대비 공공보건의료비의 비중

(단위 : %)

국 가	GDP 대비 공공보건의료비 비중	백분위 점수	국 가	GDP 대비 공공보건의료비 비중	백분위 점수
미 국	5.75	100.0	프랑스	7.32	115.7
영 국	6.17	104.2	스웨덴	7.20	114.5
독 일	6.68	109.3	평균값	6.37	106.2
일 본	5.07	93.2	한 국	0.63 (1.85)	48.8 (61.0)

출처 : OECD, *The Reform of Health Care*, 1992.
　　　명재일, 《국민의료비 추계》, 1994.

〈표 5-22〉 인구 만 명당 의사 수

(단위 : 명)

국 가	총 의사 수	만 명당 의사 수	백분위 점수
미 국	501,100	21.4	100.0
영 국	92,172	16.4	95.0
독 일	153,895	25.6	104.2
일 본	199,958	16.3	94.9
프 랑 스	173,116	31.9	110.5
스 웨 덴	21,596	26.4	105.0
평 균 값	190,306	23.0	101.6
한 국	51,516	11.9	90.5

출처 : WHO, 1991 *World Health Statistics Annual*, 1991.

예를 들어 미국의 높은 지표는 많은 자원이 보건의료 부문에 투입됨을 나타내며 그 투입된 자원의 상당부분이 낭비되는 미국 의료의 현실을 전혀 나타내지 못하고 있다. 즉, 위의 표에서 높은 수치는 많은 양의 자원투입을 의미하여 삶의 질의 수준이나 혹은 제도의 효율성과는 큰 관련을 갖는다고 보기 어렵다.

〈표 5-21〉의 수치는 1992년도의 수치이고, 백분위 점수는 미국의 GDP 대비 공공보건의료비의 비중을 100점으로 했을 때 0.1% 증가시 1점이 올라간다고 가정하고 산출되었다.

우리나라의 수치도 1992년의 통계이며 0.63%는 조세재정에 의한 공공보건의료비의 비중을 나타낸다.

괄호 안의 1.85%는 위의 공공보건의료비에 의료보험지출, 즉 의료보험에 대한 정부지원금을 합산한 경우의 비중에 해당한다. 의료보험 재원의 대부분이 개인이나 기업의 보험료에 해당되기 때문에 엄격한 의미에서 의료보험재정은 공공재원으로 분류하기 어렵다. 국가간 비교의 일관성을 위하여는 지표 48.8이 사용됨이 타당할 것이다.

〈표 5-22〉는 1990년도의 수치이고 한국의 총 의사 수에는 한의사 수

가 포함되어 있다. 백분위 점수는 미국의 만 명당 인구 수를 100점으로 했을 때, 의사 1명이 증가하면 1점이 증가한다고 가정하고 산출되었다.

이상을 종합하여 보건의료 부문에서 정부정책 부문의 총괄적인 지표를 구성하면 〈표 5-23〉과 같다.

이는 보건의료에의 정부정책 부문을 나타내는 세 가지 지표를 나타내는 〈표 5-20〉, 〈표 5-21〉, 〈표 5-22〉의 각국의 백분위 점수를 모두 합산하여 산출된 것이고, 백분위 점수는 미국의 300.0을 100점으로 했을 때 각국의 점수를 나타낸 것이다.

〈표 5-23〉에서 보듯이 우리나라의 보건의료에 대한 정부정책 부문은 다른 두 부문에 비하여 적어도 지표상으로는 OECD의 서구 선진국가들에 비해 많은 격차를 갖는 것으로 나타난다. 특히 두드러진 부문은 보건의료 전달에서 정부의 역할이 지나치게 위축되어 있다는 점이다. 공공부문의 취약성은 우리나라 보건의료의 가장 큰 특성에 해당하며, 보고되는 여러 가지 자료에 의하면 우리나라의 수준은 OECD의 선진국가뿐만 아니라 많은 개발도상국들보다도 훨씬 낮은 수준을 갖는 것으로 나타나고 있다.

〈표 5-23〉 종합지표

국 가	총괄지표	백분위 점수	국 가	총괄지표	백분위 점수
미 국	300.0	100.0	프랑스	321.6	107.2
영 국	292.2	102.7	스웨덴	313.5	104.5
독 일	308.1	93.7	평균값	302.7	100.9
일 본	281.1	107.2	한 국	230.7	76.9
				(242.9)	(81.0)

④ 보건의료 부문의 전체 종합지표

이제까지 보건의료 부문을 크게 국민의 건강상태 부문, 국민의 건강상태에 부정적인 영향을 미치는 위험요인 부문, 보건의료제도에의 정부정책 부문 등 세 부문으로 나누어 각 부문에서의 우리나라의 현 수준 평가와 OECD국가와의 격차를 알아보았다. 위의 세 부문을 포괄하는 총괄지표를 구해보면 아래〈표 5-24〉와 같다. 전체총괄지표는 보건의료 부문을 구성하는 세 부문의 각각의 총괄지표를 단순합산하여 산출한 것이고, 백분위 점수는 미국의 전체총괄지표인 600.0을 100점으로 했을 때 각국의 점수를 나타낸 것이다.

〈표 5-24〉를 통해서 알 수 있는 사실은 우리나라 국민들의 삶의 질적인 측면에서 중요한 한 부분이라 할 수 있는 보건의료 부문의 현재 수준이 OECD의 여러 국가들과 비교해서 많이 뒤져 있다는 점이다. 지표 선정에서 자의성이 지나치게 개입되었을 가능성을 배제하기는 어렵지만 결과로서의 총괄지표가 나타내는 바는 일반적인 예상에 크게 어긋나지 않는다는 점이다. 즉, OECD 선진국들은 제도의 상이함에도 불구하고 대체로 비슷한 수준에서 삶의 질을 향유하고 있음을 알 수 있다. 이들 국가에 비해서 우리나라의 보건의료 부문은 총괄적으로 현저히 뒤져있음을 알 수 있으며 따라서 선진화를 위하여는 보건의료부문에 대한 지속적인 개선과 노력이 필요함을 감지할 수 있다.

〈표 5-24〉 보건의료 부문의 전체 종합지표

국 가	전체종합지표	백분위점수	국 가	전체종합지표	백분위점수
미 국	600.0	100.0	프랑스	604.3	100.7
영 국	579.1	96.5	스웨덴	619.8	103.3
독 일	590.4	98.4	평균값	596.9	99.5
일 본	588.0	95.4	한 국	501.0	83.5
				(513.2)	(85.5)

(4) 환 경

① 각국의 환경오염물질 배출량

환경오염과 관련한 물질은 여러 가지가 있으나, 본 연구는 대기오염을 일으키는 가장 중요한 물질의 하나인 아황산가스와 처리문제로 심각한 사회문제를 야기하는 쓰레기의 배출량에 대해서만 분석을 실시하였다.

가. 각국의 단위면적당 아황산가스(SO_2) 배출량

한 나라의 대기오염 수준은 전체 배출량도 중요하지만 그 나라의 국토면적에 따른 자정능력에 따라 크게 달라진다. 따라서, 단위 면적당 배출량은 한 나라의 대기오염 수준을 논할 때 중요한 의의를 지닌다. 본 연구의 단위 면적당 아황산가스(SO_2) 배출량은 1989년부터 1991년까지의 평균 배출량을 국토면적으로 나눈 값을 표시하였고, 지표는 상위 7개국의 평균을 100으로 잡았을 때의 상대적 수치를 나타내었다.

〈표 5-25〉 단위면적당 아황산가스 배출량

(단위 : 톤 / Km^2)

국 가 \ 연 도	1989~91	지 표	국 가 \ 연 도	1989~91	지 표
미 국	2,251	40	스 웨 덴	289	5
영 국	15,053	269	캐 나 다	344	6
독 일	16,684	298	평 균	5,064	100
일 본	2,317	41	한 국	15,673	280
프 랑 스	2,292	41			

출처 : 환경부, 《한국 환경연감》, 1994.
    OECD, *OECD Environmental Data*, 1993.

우리나라는 단위 면적당 아황산가스 배출량의 수준에서 선진 7개국과 비교할 때 독일 다음의 두 번째로 많은 배출량을 기록하고 있는 것으로 나타났다.

이는 우리나라의 면적이 여타 선진국에 비해 작기 때문이며, 면적에 비해 많은 배출을 하고 있음을 보여주는 증거이다. 따라서, 아황산가스 배출을 줄일 수 있는 대책이 시급하다고 하겠다. 같은 배출량이라도 밀집되어 있는 좁은 지역에서 배출된다면 그 피해는 더욱 커질수 있기 때문이다.

나. 단위 총 생산당 아황산가스 배출량

〈표 5-26〉의 단위 총 생산에 따른 아황산가스 배출량은 1990년을 기준으로 하였으며, 지표는 상위 7개국의 평균을 100으로 잡았을 때의 상대수치를 나타내었다. 단위 총생산과 관련한 오염물질의 배출량은 그 나라의 산업구조의 특성이 오염관련산업과 얼마나 연관성이 있는가와 환경오염 저감을 위한 정부와 민간의 투자 및 정책방향을 암시하는

〈표 5-26〉 단위 총 생산별 아황산가스 배출량

(단위 : Kg / 1,000 US $ GDP)

국 가	배출량 (1990)	지 표	국 가	배출량 (1990)	지 표
미 국	4.7	142	스웨덴	1.4	42
영 국	5.1	155	캐나다	8.7	264
독 일*	1.0	30	평 균	3.3	100
일 본	0.6	18	한 국	6.4	194
프랑스	1.7	52			

*는 서독의 수치

출처 : 통계청, 《한국주요경제지표》, 1995. 2.

OECD, *OECD Environmental Performance Reviews*, 1993.

것으로 중요한 의의를 지닌다고 할 수 있다. 우리나라는 단위 총생산
별 아황산가스 배출량에서 캐나다에 이어 두 번째로 많은 배출을 하고
있는 것으로 나타났다. 이는 단위 총생산에 비해 환경에 대한 투자가
다른 나라에 비해서 부족하고, 우리나라의 산업이 공해를 유발하는 업
종과 관련이 있음을 보여주는 것이라고 해석할 수 있다.

한편 캐나다는 가장 높은 수치를 나타내고 있는데 이는 공해산업이
많거나 환경투자가 부족해서라기보다는 넓은 면적과 낮은 인구밀도로
인한 자연 자정능력이 크기 때문에 이를 환경관리에 이용하여 환경투
자가 상대적으로 적더라도 깨끗한 환경을 유지할 수 있기 때문인 것으
로 추정된다.

다. 폐기물 발생량

폐기물은 종류별, 발생원별 등 여러 가지 기준에 따라 분류할 수 있
다. 이번 연구에서는 인구 1인당 일반쓰레기 발생량과 단위 면적당 전
체 쓰레기 발생량을 기준으로 삼아 분석하였다.

㉠ 1인당 쓰레기 발생량

여기서는 가정이나 상가, 공공기관 등에서 발생하는 전체 일반 쓰
레기의 양을 총인구로 나누어서 1인당 쓰레기 발생량을 구하였다.

㉡ 단위 면적당 쓰레기 발생량

여기서는 공업, 광업, 농업, 연료생산, 일반쓰레기 등 모든 분야에
서 발생하는 전체 쓰레기 발생량을 국토면적으로 나눈 값을 구하였으
며, 지표는 상위 선진국의 전체 평균을 100으로 잡았을 때의 상대적
수치를 나타내었다.

〈표 5-27〉과 〈표 5-28〉을 종합하여 볼 때 우리나라는 인구 1인당
쓰레기 발생량에서 미국 다음으로 높은 것으로 나타나고 있다. 이것은

우리나라 국민이 상위 선진국들보다 경제규모가 커서라기보다 그동안 쓰레기 발생을 줄이고자 하는 정책과 의지가 없었기 때문인 것으로 해석할 수 있다.

한편, 단위 면적당 쓰레기 발생량에서는 상위 선진국들의 75% 수준을 나타내고 있는 것으로 조사되었는데, 우리나라는 다른 선진국들에 비해 국토 면적이 협소하고, 발생한 쓰레기를 처분하는 데 있어 매립지의 부족 등으로 인해 심각한 사회문제에 직면하고 있는 실정이므로, 전체 쓰레기의 발생을 줄일 수 있는 방향으로 산업구조 및 생활습관이 바뀌어야만 한다. 우리나라는 1995년 1월 1일부터 쓰레기 종량제를 전국적으로 실시하고 있다.

경제적 부담을 통해 쓰레기 배출량을 줄이고자 하는 이 제도는 주민의 소비행태 및 쓰레기 배출습관을 변화시켜 나가고 있으며, 그 결과 쓰레기 배출량은 종량제 실시 전보다 전국 평균 36% 정도의 감량추세를 보이고 있고, 재활용품은 분리수거 정착에 힘입어 평균 40% 정도 증가된 것으로 나타나고 있다. 또한 종량제 실시를 계기로 국민들의 일상생활에서 쓰레기를 줄이기 위한 분위기가 급속히 확산되고 있으며 많은 국민들이 쓰레기가 적게 나오는 상품구입을 선호함에 따라 제품의 생산 및 유통과정에서 쓰레기를 줄이는 연쇄 파급효과가 발생하고 있다.

따라서, 이러한 추세가 계속해서 유지될 수 있다면 우리나라의 국민 1인당 하루 쓰레기 발생량은 2001년에는 선진국과 비슷한 수준인 1.39Kg(507.39 Kg / 년)으로 유지될 것으로 전망된다.

〈표 5-27〉 각국의 1인당 연간 쓰레기 발생량

(단위 : Kg / 명)

국가\연도	1990	지 표	국가\연도	1990	지 표
미 국	721	161	스 웨 덴	374	83
영 국	348	78	캐 나 다	601	134
독 일	350	78	평 균	448	100
일 본	411	92	한 국	715	160
프 랑 스	328	73			

출처 : 환경부, 《환경백서》, 1994.

    OECD, *OECD Environmental Data*, 1993.

    OECD, *OECD Environmental Performance Reviews*, 1993.

〈표 5-28〉 각국의 단위 면적당 쓰레기 발생량

(단위 : 1,000 톤 / Km²)

국가\연도	1990	지 표	국가\연도	1990	지 표
미 국	1073.1	151	스 웨 덴	154.8	22
영 국	1189.4	167	캐 나 다	109.8	15
독 일[1]	444.7	62	평 균	711.7	100
일 본[2]	959.5	135	한 국	536.0	75
프 랑 스[3]	1050.9	148			

주 : 1) 농업부문에서 발생하는 쓰레기가 제외되었음.

    2) 1985년 자료.

    3) 연료생산에서 발생하는 쓰레기가 제외되었음.

출처 : 환경부, 《환경백서》, 1994.

    OECD, *OECD Environmental Data*, 1993.

② 각국의 환경오염 농도 수준

환경에 대한 오염물질의 배출을 투입의 요소로 본다면 환경농도는 그에 따른 결과의 의미로 해석할 수 있다. 물론 환경오염의 수준을 결정하는 요인은 무수히 많지만, 오염물질의 배출량은 가장 중요한 요인이다.

가. 주요 도시의 대기오염 수준

본 연구에서는 각국의 주요 도시의 아황산가스(〈표 5-29〉), 질소산화물(〈표 5-30〉), 입자상 물질에 대한 환경오염 농도 수준(〈표 5-31〉)을 비교하였다. 그러나 각 나라마다 오염물질 측정방법이 다른 경우가 있으므로 지표 비교에는 약간의 오차가 발생할 수 있음에 유의하여야 한다.

〈표 5-29〉 주요도시의 대기 중 아황산가스 농도

(단위 : $\mu g / m3$)

주요도시	연 도	1989~91	지 표
미 국	New York	37. 9	120
영 국	London	38. 8	123
독 일	Berlin	51. 8	164
일 본	Tokyo	25. 5	81
프랑스	Paris	41. 0	130
스웨덴	Stockholm	8. 0	25
캐나다	Montreal	17. 5	56
평 균		31. 5	100
한 국	Seoul	130. 9	416

출처 : 환경부, 《한국 환경연감》, 1994.
　　　OECD, *OECD Environmental Data*, 1993.

환경오염 농도는 1989년부터 1991년까지의 3년 동안의 농도를 평균한 값으로 나타냈고, 지표는 OECD 선진 7개국의 평균농도를 100으로 잡았을 때의 상대적 수치를 나타내었다.

㉠ 각종 대기오염 농도

세계 주요 도시의 아황산가스(SO_2), 질소산화물(NOx), 그리고 입자상 물질(*particulate*)의 농도는 다음과 같이 보고되고 있다. 우리나라는 아황산가스와 질소산화물의 농도 단위를 ppm으로 표시하고 있어서 다음의 공식에 의해 $\mu g / m^3$ 로 변환하여 다른 나라의 자료와 비교하였다.

$$\mu g / m^3 = ppm * \frac{분자량}{24.25} * 1,000$$

〈표 5-30〉 주요도시의 대기 중 질소산화물 농도

(단위 : $\mu g / m^3$)

주요 도시	연 도	1989~91	지 표
미 국	New York	77.9	143
영 국	London	74.0	136
독 일	Berlin	36.2	67
일 본	Tokyo	65.0	120
프랑스	Paris	45.8	84
스웨덴	Stockholm	25.5	47
캐나다	Montreal	56.2	103
평 균		54.4	100
한 국	Seoul	55.8	103

출처 : 환경부, 《환경백서》, 1990, 1991, 1992.
　　　OECD, *OECD Environmental Data*, 1993.

〈표 5-31〉 주요도시의 대기 중 입자상물질 농도

(단위 : $\mu g / m^3$)

주요 도시	연도	1989~91	지표
미 국	New York	51.0	102
영 국	London	16.0	32
독 일	Berlin	78.1	156
일 본	Tokyo	54.6	109
프랑스	Paris	29.7	59
스웨덴	Stockholm	80.6	161
캐나다	Montreal	41.6	83
평 균		50.2	100
한 국	Seoul	140.0	279

출처 : 환경부, 《환경백서》, 1994.

　　　OECD, *OECD Environmental Data 1993.*

ⓛ 주요 도시의 대기오염 농도 수준에 대한 총괄지표

앞에서 분석한 세 가지 물질에 대한 지표를 국가별로 합산하였으며, 이를 다시 3개 물질의 평균지표의 합인 300에 대한 100분위 규모로 환산하였다(〈표 5-32〉).

ⓒ 우리나라의 현 수준

아황산가스, 질소산화물, 입자상물질 등 주요 대기 오염물질의 농도를 근거로한 우리나라 서울의 대기 오염 농도 수준은 다른 선진국들에 비해 월등히 나쁜 것으로 나타났다. 특히 서울은 인구밀도가 다른 곳에 비해 아주 높기 때문에 실제로 받는 영향은 더 클 것으로 판단된다. 따라서, 수도 서울의 쾌적한 환경을 만들기 위한 다각적인 노력이 절실히 요구된다.

<표 5-32> 주요도시 대기오염 농도수준 총괄지표

주 요 도 시		지표의 합	총 괄 지 표
미 국	New York	365	122
영 국	London	291	97
독 일	Berlin	387	129
일 본	Tokyo	310	103
프랑스	Paris	273	91
스웨덴	Stockholm	233	78
캐나다	Montreal	242	81
평 균		300	100
한 국	Seoul	798	266

출처 : 환경부, 《환경백서》, 1994.
　　　　OECD, *OECD Environmental Data*, 1993.

나. 기타 환경오염 농도 수준

㉠ 산성비

산성비 농도는 1989~91년까지의 평균농도를 나타내었으며, 지표는
<표 5-33>과 같이 전체 국가의 평균을 100으로 잡았을 때의 상대적
수치를 나타내었다.

강우 중의 산성도는 대기오염도 특히, 아황산가스의 오염도와 밀접
한 관계가 있는데, 우리나라는 상위 선진국에 비해서 가장 높은 산성
도를 유지하고 있는 것으로 나타났다. 이는 우리나라의 아황산가스 배
출량이 다른 나라에 비해서 많은 것과 깊은 연관이 있을 것으로 여겨
지며, 따라서, 먼저 아황산가스의 배출을 줄일 수 있는 대책이 선행되
어야 한다고 생각한다.

〈표 5-33〉 각국의 산성비 농도

(단위 : ph)

주요 도시 / 연 도		1989~91	지 표
미 국*	Great Lakes	4. 5	98
영 국	Inverpolly	4. 9	107
독 일	Deuselbach	4. 6	100
일 본	Tokyo	4. 6	100
프랑스*	Vert-le-petit	4. 8	104
스웨덴	Rorvik	4. 3	94
캐나다	Great Lakes	4. 3	94
평 균		4. 6	100
한 국	Seoul	5. 3	115

출처 : 환경부, 《환경백서》, 1994.
    OECD, *OECD Environmental Data* 1993.
    *는 '89, '90, '91 자료 대신에 '86, '87, '88 출처를 각각 사용하였음.

ⓛ 각 국의 주요 하천의 BOD 농도

〈표 5-34〉의 BOD 농도는 1988~91년의 평균농도를 나타냈으며, 지표는 전체 국가의 평균을 100으로 잡았을 때의 상대적 수치를 나타내었다.

ⓒ 우리나라의 현재 수준

한강 수계는 크게 북한강, 남한강, 한강 본류로 나눌 수 있는데, 그동안 주요 오염지천의 꾸준한 개선추세에 힘입어 선진 상위 국가들과 거의 비슷한 오염수준을 나타내고 있다. 또한, 앞으로도 권역별 수질 보전대책에 따라 환경기초시설 설치 등 투자사업이 진행중에 있어 더욱 개선될 전망이다.

〈표 5-34〉 주요 하천의 BOD 농도

(단위 : mg / ℓ)

주요 도시	연 도	1988~1991	지 표
미 국	Mississippi	1.6	59
영 국	Thames	2.8	104
독 일	Rhine	3.1	115
일 본	Yodo	2.9	107
프랑스	Seine*	3.2	119
평 균		2.7	100
한 국	한 강	2.7	100

출처 : 환경부, 《환경백서》, 1994.

OECD, *OECD Environmental Data*, 1993.

*는 1985년 단일자료

③ 환경투자 및 환경산업

가. OECD 국가에 있어 정부의 환경연구개발 투자

환경 기술개발 투자의 경우 우리나라는 선진국에 비해 투자규모가
절대적으로 부족하다. 1993년 우리나라의 공공부문이 지출한 환경기
술 연구개발비는 184억 원(23백만 달러)으로 미국, 일본, 영국 등의 선
진국과 비교하면 1 / 10~1 / 30 에 불과한 극히 낮은 수준이다.

나. 환경산업

70년대부터 형성되기 시작한 환경산업은 환경문제가 심각해짐에 따
라 빠른 속도로 성장하고 있다. 세계의 환경산업은 〈표 5-36〉에서 볼
수 있듯이 연간 5~6%의 성장속도를 보이고 있어 2000년대에 가면
약 3,000억 달러 규모의 대규모 시장이 형성될 것으로 전망된다. 현재
세계 환경산업 총매출액의 약 90%는 OECD 국가들이 점유하고 있으

〈표 5-35〉 OECD 국가정부의 환경연구개발투자(1989)

국 가	환경연구개발비 (US$ 백만 달러)	GNP에 대한 비율(%)
미 국	420	0.008
영 국	95	0.011
독 일	420	0.035
일 본	150	0.005
프 랑 스	95	0.010
스 웨 덴	65	0.035
캐 나 다	50	0.009
평 균	185	0.016
한 국*	23	0.007

*한국자료는 1993년 기준
출처 : 환경부, 《환경백서》, 1994.
　　　OECD, *The OECD Environment Industry*. 1992.

〈표 5-36〉 세계의 환경시장 규모

(단위 : 억 달러, %)

국 가	1990	2000	연평균성장률
OECD	1,640	2,450	5.5
북 미	840	1,250	5.4
유 럽	540	780	4.9
아시아·태평양	260	420	6.2
Non-OECD	360	550	5.9
동구·구소련	150	210	4.0
기 타	210	340	6.8
계	2,000	3,000	5.5

출처 : OECD, *The OECD Environment Industry*, 1992.

〈표 5-37〉 OECD 국가의 환경산업

국 가	매출액 규모 (US $ 억 달러)	지 표*	국 가	매출액 규모 (US $ 억 달러)	지 표*
미 국	800	293	프 랑 스	120	44
영 국	90	33	캐 나 다	60	22
독 일	270	99	평 균	273	100
일 본	300	110	한 국**	38	14

* 각 국의 매출액 규모의 평균을 100으로 잡았을 때의 상대적 수치
** 1993년 기준
출처 : 환경부, 《환경백서》, 1994.
　　　OECD, *The OECD Environment Industry*, 1992.

며 그 규모는 앞으로 더욱 커질 것이다(〈표 5-37〉 참조). 한편 국내의 환경산업 업체는 환경오염 방지시설업 등 16여종에 9,000여 개가 있으며, 환경시장의 규모는 '93년에 약 3조 원 (38억 달러)에 이른 것으로 추정되며(표 5-37), '96년에는 약 6조원, 2001년에는 15조원으로 늘어날 것으로 전망하고 있다(《환경백서》, 1994).

다. 국내 환경기술의 국제적 수준

　미국, 일본과 같은 환경 선진국들은 제 1 세대 기술인 오염방지기술의 개발완료에 이어서 제 2 세대 기술인 청정기술의 개발에 박차를 가하고 있으며, 최근에는 제 3 세대 기술인 생명공학기술 등을 접목한 미래형 기술에도 관심을 기울이고 있다.

　우리나라의 환경기술 수준은 분야별로 선진국 기술수준을 100으로 볼 때 아래 〈표 5-38〉과 같은 수준으로 평가되고 있다. 수질오염 방지기술의 경우만 선진국의 60~80% 수준이고, 대부분의 환경기술은 선진국의 10~30% 수준에 불과하며, 우리나라 환경기술은 기술개발면에서 제 1 세대 기술인 배출시설에서 나오는 오염물질을 사후에 제거

<표 5-38> 우리나라의 환경기술 수준

구 분	기술수준 지표	구 분	기술수준 지표
① 환경생태기술		④ 청정기술	
• 환경위해성평가	10	• 저오염공정	20
• 생태계복원	10	• 자동차배출가스	30
		⑤ 해양보전기술	
② 수질오염 방지기술		• 환경오염방지	20
• 폐수탈질, 탈인	20	• 해양환경관리	30
• 난분해산업폐수	20	⑥ 폐기물처리기술	
• 수질정보종합관리	10	• 폐기물자원화	20
• 고도정수처리	60	• 특정폐기물처리	20
• 슬러지처리	60	• 폐기물소각	20
		⑦ 지구환경보전기술	
③ 대기오염방지기술		• 지구환경감시	10
• 배연탈황, 탈질	20	• 기후변화예측	10
• 연료탈황, 탈질	10	• 탄산가스제어	10
• 대기오염측정기술	10	• CFC대체기술	30
• 교통소음제어	20		
• 고효율집진기술	20		

출처 : 오호성, 《환경과 경제의 조화》, 조선일보사, 1995에서 재인용.

하는 사후처리 기술이 중심을 이루고 있다고 할 수 있다.

지금까지 제시한 지표들을 요약하면 현재수준 혹은 90년도를 전후한 시기를 기준으로 했을 때 선진국과 많은 차이가 나고 있다. 따라서 선진국으로 진입하기 위해서는 각 분야에서 많은 문제점을 극복하고 선진국보다 더욱 빠른 발전이 있어야 할 것으로 판단된다.

4. 삶의 질의 목표수준

1) 2005년의 목표수준

삶의 질을 향상시키기 위한 과제를 설정함에 있어 선결해야 할 중요
한 점은 목표를 설정하는 것이다. 왜냐하면 우리가 추구해야 할 목표
수준이 정해져야만 구체적인 과제가 도출될 수 있기 때문이다. 앞서
살펴본 것처럼 삶의 질이란 시대의 조건에 따라 내용이 달라진다. 현
재의 1인당 GNP 10,000달러 시대에서 삶의 질이란 2005년의 삶의 질
과는 내용이 다를 것이며 미래의 우리 모습을 어느 정도 예측하기 위
해서는 2005년에 우리가 도달하게 되는 수준과 비슷한 수준의 현재의
국가를 선정하여 그들의 삶의 질을 살펴볼 필요가 있다. 그리하여 이
절에서는 목표로서의 국가군을 선정하고 그것을 기준으로 각각의 영역
에서 필요한 과제를 탐색하고자 한다.

(1) 비교 국가군의 선정
한국이 2005년에 도달하리라고 생각되는 인구 및 경제적 상태를 추
정하여 우리와 유사한 모습을 보여주는 현재 시점의 선진국을 선정하
고 그 국가들의 사회복지지표를 살펴봄으로써 2005년에 우리가 도달
해야 할 사회복지 부문의 목표지표를 도출하고자 한다.

① 가 정
2005년에 우리가 도달하게 되는 인구규모와 경제규모의 추정을 위
해 우선, 두 가지를 가정한다. 첫째는 인구규모로 2005년의 우리나라
인구규모가 통계청의 추계인구와 거의 같을 것이고, 둘째는 경제규모
로 81~93년의 경제성장률을 기준으로 하여 2005년의 GNP 규모 및 1

인당 GNP를 추정(1994년 불변가격 기준)하고 무역 의존도는 90~94년
의 평균치가 지속된다고 가정한다.

이렇게 인구와 경제규모의 기준 변수를 한정하는 이유 중의 하나는
자원의 매장량, 국토의 면적, 전인구의 평균적 기술력 등 모든 요소를
고려할 경우, 비교 변수가 너무 많아져 실제로 유사한 국가군을 선정
하기가 현실적으로 불가능하기 때문이다. 또 다른 이유는 경제력이 삶
의 질의 물적 토대를 이룬다고 생각할 때, 그 토대의 1인당 평균몫을
기준으로 삼으려면 총인구 규모가 추정되어야 하기 때문이다.

② 2005년 추정치

앞의 가정을 전제로 실제 자료를 가지고 추정한 결과 2005년의 총인
구 및 경제규모는 다음과 같이 나타났다

가. 총인구

통계청의 추정자료에 의하면 한국의 2000년 인구는 46,789,000명,
2010년에 49,683,000명으로 추정하고 있다. 통계청의 인구추정치를
평균하여 계산하면 2005년의 인구는 2000년과 2010년의 평균치인
48,236,000명으로 산출된다.

나. 2005년 GNP규모 1인당 GNP의 추정

81~93년의 평균 경제성장률인 7.35%와 94년의 GNP인 375.5×10
억 달러를 기준으로 할 때 2005년의 GNP는 $(375.5 \times 10억)(1+0.0735)^{11}$
=819.29×10억 달러, 그리고 1인당 GNP는(819.29×10억 달러) /
48,236,000=16,985 달러로 추정된다.

다. 무역의존도(대 GNP기준)

90~94년의 평균치가 지속된다고 가정하면 수출의존도는 25.18%,
수입의존도는 27.08%가 될 것이다.

(2) 추정치와 유사 국가군

현재 시점에서 볼 때, 총인구, 1인당 GNP, 무역의존도를 기준으로 추정치와 유사한 국가군을 개략적인 수준에서 선정하기 위해, 다음과 같이 유사한 국가군을 요소별로 정리해 보았다(〈표 5-39〉〈표 5-40〉 〈표 5-41〉 참조).

그 결과 2005년의 한국은 현재 수준의 영국과 캐나다의 수준에 도달할 것으로 보인다. 총인구는 국토면적과 같이 급격하게 줄이거나 확대할 수 없는 요소이기 때문에 우리와 유사한 수준의 국가로 무리하게 제한할 필요는 없다고 판단된다.

1인당 국민소득의 경우 영국이 우리와 가장 유사한 수준에 있고 다음이 호주와 캐나다이다. 수출입 의존도는 캐나다가 우리와 가장 유사한 수준에 있고 다음으로는 스웨덴이다.

그러나 스웨덴은 1인당 국민소득에서 우리와 차이가 많이 나고 있기 때문에 도달 가능성에서 현실적이지 못하다. 따라서 두 요소를 종합적으로 고려해 볼 때 현재의 캐나다와 영국을 2005년의 우리 수준과 유사한 국가로 선정하는 것이 가장 현실적인 선택이라고 판단된다.

여기서는 앞에서 선정한 현재의 캐나다와 영국을 기준으로 할 때 현재 우리 수준과의 격차를 살펴보고 2005년도까지 각 지표에서 우리가 도달해야 할 수준을 탐색하고자 한다.

〈표 5-39〉 유사 국가군 총인구(1995년)

(단위 : 천 명)

국 가	총인구	국 가	총인구
한국(2005년 추정치)	48,236	프 랑 스	57,769
영 국	58,093	독 일	81,264
이탈리아	57,910	네덜란드	15,499
스 페 인	39,276	캐 나 다	28,537

〈표 5-40〉 유사 국가군 GNP 및 1인당 GNP(1993)

(경상가격)

국 가	GNP(10억 달러)	1인당GNP(달러)
한 국(2005년)	819. 29	16, 985
이탈리아	1, 223. 0(1992)	18, 065(1990)
스 웨 덴	179. 9	20, 564
영 국	948. 3	16, 396
네덜란드	307. 7	20, 111
일 본	4, 254. 9	34, 103
캐 나 다	532. 9	18, 537
호 주	272. 5	15, 429

〈표 5-41〉 유사 국가군 무역의존도(통관기준 : 1993)

국 가	수출의존도	수입의존도
한국(90~94평균)	25. 18	27. 08
캐 나 다	27. 2	26. 1
덴 마 크	27. 6	22. 7
영 국	19. 0	21. 7
스 웨 덴	27. 7	23. 7
스 위 스	24. 3	23. 5
독 일	22. 3	20. 4
핀 란 드	27. 9	21. 4
이탈리아	14. 8	15. 7

*수출입의존도는 수출입액을 GNP로 나눈 백분율

2) 총괄지표

GNP 대비 사회보장 급여는 91년 기준으로 영국이 6.2%, 캐나다가 9.1%였다. 따라서 현재의 0.9%에서 최소한 GNP의 5%는 되어야 한다. 이는 삶의 질의 세계화를 위한 대통령의 선언이 없었다 하더라도 현대 자본주의국가에서 삶의 질을 유지하거나 높이는 가장 중요한 수단이 사회복지 제도임을 고려하면 매우 중요한 과제이다.

그러기 위해서는 충분한 재원이 요구되는데, 조세부담률을 보면 영국이 36.5% 수준으로 20%인 우리보다 순조세에서 11% 포인트, 사회보장부담금(사회보장세)에서 약 5% 포인트의 차이를 보이고 있다. 앞으로 연금의 확대와 각종 사회보험의 적용범위가 확대될 것으로 예상하면 30% 정도의 조세부담률은 국민이 부담해야 할 것으로 생각된다.

3) 사회욕구 지표

(1) 소득·소비

1인당 GNP는 94년 불변가격으로 1만 7천에서 1만 8천 달러선이 되어야 하고 1인당 GDP 역시 1만 7천 달러 이상이 되어야 현재의 영국 수준에 도달하게 된다. 캐나다 수준이 되려면 약 2만 달러가 되어야 한다. 이를 위해 적어도 현재와 같은 성장률이 장기적으로 지속되고 점차 악화되어 가는 국제 무역환경에 대한 합리적인 적응 대책이 마련되어야 할 것이다.

1인당 에너지 소비는 영국이 우리보다 2배인 5,000kg이고 캐나다가 4배인 약 10,000kg인데 최소한 영국 수준까지는 도달해야 할 것으로 생각된다. 그리고 현재 우리나라의 국민 1인당 1일 섭취열량이 2,840cal인데, 영국과 캐나다 수준인 약 3,250cal로 섭취열량을 높이고 단백질 섭취량도 현재의 1일 1인 79g에서 약 100g으로 늘려야 할 것이다.

(2) 사회보장

① 소득보장

연금에 대한 정부지출을 최소한 GNP 대비 4%로 늘려야 80년의 캐나다 수준에 도달하게 된다. 아울러 우리나라의 경우 연금에서 농어민 연금에 대한 지원과 군인, 공무원, 교직원을 제외하면 일반인에 대한 지원은 거의 없는 편이다. 연금의 저축적 성격과 세대간 재분배 성격 외에 소득계층별 재분배를 고려한다면 재분배적인 국가부담의 역할이 있어야 할 것이다. 의료와 연금을 제외한 사회복지 서비스부분에 대한 정부지출은 GNP 대비 약 2%까지 늘려야 할 것으로 생각된다. 최근에 시민운동 단체에서 국민 최저선 운동을 벌이는 등 사회적 요구가 증대되고 있다. 적어도 헌법의 인간다운 생활을 할 권리를 고려한다면 이 부분에 대한 투자는 사회복지 분야에서 우선순위가 높다고 하겠다.

② 의료보장

영국은 정부지출과 국가의 총지출이 거의 같기 때문에(제도상의 특성 : NHS) 캐나다를 기준으로 하면 의료보장에 대한 정부지출은 GNP의 6%가 되어야 할 것으로 보인다. 그러나 우리의 의료가 시장원리에 의존하고 있는 만큼 국가는 재정지원은 물론 의료인력의 증가, 의료자원의 지역적 분배, 의료보험 운용의 합리성 제고 등 비재정적인 분야에서도 많은 과제를 안고 있다는 사실을 고려해야 할 것이다.

③ 주택 및 주거환경

영국과 캐나다의 주택보급률은 각각 104%, 101%이다. 이 수준에 도달하려면 우리나라는 현재의 72.4%에서 30% 포인트 정도의 보급률을 증가시켜야 한다. 또한 다른 지표를 보면, 우리나라는 1개의 방에 평균 1.5명이 기거하고 있는데 이를 캐나다와 영국 수준으로 하려면 1방당 0.5명으로 줄여야 지금보다 더 쾌적하게 생활할 수 있을 것이다.

상수도 보급률은 선진국의 100%와 큰 차이가 없으나 하수처리시설은 현재의 39% 이용인구 비율에서 거의 2배인 80%(영국과 캐나다 수준)가 되도록 많은 투자가 요구된다 이는 건강은 물론 환경적인 측면에서도 중요한 문제이다.

④교 통

승용차 보급비율은 93년 현재 1,000명당 97대에서 300대 내지 400대로 늘어야 영국 및 캐나다의 현재 수준에 도달할 것으로 보인다. 출근 소요시간은 자료의 문제로 영국과 캐나다가 제외되었기 때문에 호주, 프랑스, 독일을 기준으로 하면 우리나라는 15분 이내에 직장에 도착하는 비율이 최소한 10% 포인트 이상 적다. 가능하면 독일처럼 약 95%가 1시간 이내에 출근할 수 있도록 다각적인 노력이 요망된다. 출근 수단의 경우는 현재 한국의 도시여건상 선진국의 높은 자가용출근 비율을 기준으로 삼기는 곤란할 것으로 판단되고 오히려 원활하고 쾌적한 대중교통의 개발과 운영이 더 효과적일 수 있을 것이다.

(3) 보 건

건강상태를 기준으로 보면 〈표 5-18〉과 같이 미국을 100으로 평가했을 때 영국은 100.4이며 대부분의 OECD 상위국가가 100을 유지하고 있다. 반면 우리나라는 94.3에 머물러 있어 아직 우리 국민의 건강상태가 선진국 수준에 도달하지 못하고 있음을 보여주고 있다. 또한 GDP 대비 보건의료 투자율, GDP 대비 공공 보건의료비의 비중, 인구 만명당 의사수를 고려하여 정부정책의 점수를 계산하면 미국을 100으로 했을 때 영국이 97.4를 보이고 있으며 한국은 76.9로 매우 현격한 차이가 있음을 알 수 있다. 또한 그 차이가 건강상태보다 훨씬 크게 나타나고 있는데, 이는 우리나라의 경우 건강에 대한 부담이 상당부분 개인에게 부과되고 있음을 보여주는 것이다. 따라서 영국과 같

은 수준의 의료의 질을 누리려면 일차적으로 국가의 과감한 투자가 요
구된다(앞의 의료보장 부분 참조).

(4) 환 경

우리나라의 쓰레기 및 오염물질 배출량은 영국과 캐나다를 크게 상
회하고 있다. 우리 생활과 밀접한 〈표 5-27〉의 1인당 쓰레기 발생량
을 예로 들면 영국이 348kg / 명, 캐나다가 601kg / 명인데 반하여 우
리나라는 715kg / 명에 이르고 있다. 종량제의 실시에 따른 행정지도
의 강화, 환경의식의 고취 등을 통하여 일단은 캐나다 수준으로 낮추
고 장기적으로는 영국, 독일과 같은 상위수준에 도달할 수 있는 장기
계획이 필요하다.

대기오염의 경우 〈표 5-32〉에 나와 있듯이, 영국의 런던을 97로 했
을 때 캐나다의 몬트리올이 81이고 서울이 266으로 나타나고 있고, 산
성비의 농도(ph)도 또한 영국의 Inverpolly가 107, 캐나다의 Great
Lakes가 94인 반면 서울은 115를 보이고 있어(〈표 5-33〉) 서울의 대
기오염이 매우 심각함을 알 수 있다.

한편 국가의 환경연구개발투자를 비교해 보면 〈표 5-35〉에서 제시
되었듯이, 영국이 GNP의 0.011%, 캐나다의 0.009%를 투자하고 있
고 우리나라가 0.007%를 투자하고 있다. 이는 우리의 환경문제는 상
대적으로 심각해지고 있는데 그에 따른 정부의 투자는 오히려 더 미진
하다는 사실을 보여준다. 따라서 2005년까지 현재의 영국과 캐나다의
환경수준에 도달하려면 영국의 0.011% 이상의 투자가 요구될 것이다.

5. 정책과제

앞서 나온 제 4 절에서 우리는 2005년의 우리나라를 상정할 때, 제반 수준이 캐나다와 영국의 현재 삶의 질과 비슷해야 한다고 전제한 바 있다. 그렇다면 목표와 현 수준 사이의 격차를 메꾸기 위한 정책적 과제를 정리하는 것이 다음 단계의 작업이 된다. 하지만, 이러한 세부적인 과제는 국가 정책의 전반적인 기조내에서 이루어질 것이며, 따라서 여기서는 좀더 확대된 개념 범주에서의 정책과제를 모색하고자 한다. 그런데, 논리순서대로 하면 본 장의 2절 2)에서 처럼 정치·경제·사회 분야를 포함한 6개 부문의 정책과제를 제시해야 할 것이다. 그러나, 앞서 밝힌 것처럼 정치·경제부문은 정책기획위원회의 다른 책(《세계화를 지향하는 한국정치》; 《21세기 한국경제의 새로운 지평을 향하여》)에서 다루고 있고 사회분야는 이 책의 4장에서 구체적인 분석과 함께 정책과제가 제시되어 있으므로 제외한다. 따라서, 여기서는 사회복지, 의료·보건, 환경의 세 부문만 논의하고자 한다.

1) 사회복지 부문

⑴ 기본방향
현대 자본주의 국가에서 국민들의 삶의 질에 영향을 주는 가장 중요한 제도가 사회복지제도이다. 그럼에도 불구하고 우리사회는 아직도 경제성장만을 중시하고 서구에서 나타난 복지병을 강조하는 분위기가 지배적인 것 같다.

하지만 우리가 후발 주자로서 복지국가를 지향할 때의 장점은 서구의 문제점을 인식하면서 우리의 실정에 맞는 제도를 모색할 수 있다는 점이다. 이러한 측면에서 우리가 정책적으로 고려해야 할 점은 첫째,

국가의 경쟁력 차원에서 사회복지의 양적·질적 확대가 있어야 한다는 점이다. 왜냐하면 국가의 경쟁력을 상승시킨다는 것은 단순히 경제분야에서의 효율성만을 지칭하는 것이 아니라 정치·경제·사회의 모든 분야에서 경쟁력이 상승하는 것을 말하기 때문이다.

둘째는 경제적 능력을 고려한 사회복지 즉 경제와 사회복지의 적정한 균형점을 찾아야 한다는 것이다. 서구의 경험은 지나치게 복지에 투자를 한 경우에 경제가 침체될 수 있음을 보여주고 있다. 동시에 사회복지에 대한 투자를 확대할 수밖에 없는 자본주의 사회의 필연성 또한 보여주고 있으며 사회복지제도가 국민의 삶의 질에 대하여 분명히 기여하고 있음을 보여주기도 한다. 문제는 양자가 어느 점에서 균형을 찾는가 하는 것이다. 여기에는 국가마다 고유한 특성이 작용할 것이므로 일반화시키기는 곤란할 것으로 보인다.

셋째는 80년대 이후 서구에서 나타난 사회복지예산의 감축이 우리의 현실이 될 수 없다는 것이다. 서구 복지국가는 삭감할 부문이 있었다. 그만큼 사회복지에 많은 재원을 투자하고 있었기 때문이다.

그러나 한국은 투자가 너무 안되었기 때문에 오히려 문제가 되고 있다. 즉, 지나치게 사회복지에 재원을 투자한 서구는 사회복지를 기준으로 할 때 하향점에서 경제와 균형이 이루어진다면 우리의 경우는 상향점에서 균형이 이루어져야 하는 것이다.

(2) 세부 정책과제

① 사회복지 지출의 확대

앞에서 보았듯이 우리나라의 사회복지에 대한 투자는 매우 인색하다. 이는 국민들의 복지에 대한 요구가 증대될 것을 감안하면 중대한 문제라고 아니할 수 없다. 문제는 그 수준인데 GNP 대비 정부의 소득보장비가 91년 기준으로 영국이 6.2%, 캐나다가 9.1%였다. 따라서 우리나라는 현재의 1.5%에서 2005년에는 최소한 3%는 되어야 한다.

이는 삶의 질의 세계화를 위한 대통령의 선언이 없었다 하더라도 현대 자본주의국가에서 삶의 질을 유지하거나 높이는 가장 중요한 수단이 사회복지 제도임을 고려하면 매우 중요한 과제이다.

그런데, 사회복지에 대한 투자를 늘리려면 충분한 재원이 요구된다. 가장 중요한 재원은 역시 세금(특히 직접세)이라고 할 수 있다. 선진국의 조세부담률을 보면 미국 29.1%, 영국 36.5%, 독일 38.7%로 나타나고 있는데, 우리나라 국민의 조세부담률은 20% 정도로서 선진국에 비하여 10% 포인트 이상 낮은 실정이다. 이러한 선진국과의 차이는 주로 사회보장세의 부담률에서 기인한다.

조세부담률이 36.5% 수준인 영국을 기준으로 하면 20%인 우리보다 순조세에서 11% 포인트, 사회보장부담금(사회보장세)에서 약 5% 포인트의 차이를 보이고 있다. 따라서 앞으로 연금의 확대와 각종 사회보험의 적용범위가 확대될 것으로 예상하면 30% 정도의 조세부담률은 국민이 부담해야 할 것으로 생각된다.

그러나, 조세부담률을 늘리는 것이 쉬운 문제가 아니다. 왜냐하면 국민들의 입장에서 조세에 대한 저항감이 발생하기 때문이다. 따라서 누구나 동의할 수 있는 조세구조에 대한 정책적 배려가 요구된다.

② 소득보장

연금에 대한 정부의 지출은 연금제도 중 행정비의 일부를 보조하는 데 머물고 있어 정부가 기여금의 일부를 떠맡는 서구 복지국가와는 많은 격차가 나고 있고 '94년까지 우리 정부의 지출은 거의 없었다고 할 수 있다. 앞서 살펴본 것처럼 '95년의 경우 우리나라는 농어민연금 지원금으로 454,961백만 원(95년 2/4분기 잠정 GNP 기준으로 0.39%), 국민연금 행정비 지원금으로 129백만 원(동일 기준으로 0.0001%), 군인연금 국고지원금으로 500,200백만 원(동일 기준으로 0.43%)을 지출하고 있다. 이는 결국 GNP의 0.9%도 안되는 수치이다. GNP 대비 정부의 연금 지출비를 1980년의 서구의 수치와 비교해 보면 캐나다가 3.5%, 프랑스 10.0%, 영국 5.8%, 미국 6.3%, 이탈리아 12.1%로서 많은 격차가 있음을 확인할 수 있다. 한편 실업·가족급여·기타 분야에 대한 GNP 대비정부지출을 보면 캐나다, 일본, 미국과 같은 자유시장경제지향성이 강한 국가들은 1~2%로서 우리보다 약 1.5% 포인트 정도 높지만 복지수준이 높은 유럽국가들은 우리보다 약 4~4.5% 포인트 정도가 높다.

　이러한 선진국과의 격차는 연금이나 공적부조 분야에서 국민의 삶의 질에 대한 정부의 책임이 미약한 반면, 서구 선진국에 비하여 정부에 의한 역할증대의 여지가 많다는 사실을 의미한다. 삶의 질의 주요 수단이 사회보장제도라는 것을 감안하면 이 분야에서의 큰 격차는 앞으로의 국가과제를 설정함에 있어 중요한 의미를 갖는다고 할 수 있다.

　이런 맥락하에서 국가는 연금에 대한 정부 지출을 최소한 GNP 대비 1.5%로 늘려 적어도 50년의 캐나다 수준에 도달시켜야 한다. 아울러 우리나라의 경우 연금에서 농어민연금에 대한 지원과 군인, 공무원, 교직원에 대한 지원을 제외하면 일반인에 대한 지원은 거의 없는 편이다. 연금이 갖고 있는 저축의 성격과 세대간 재분배 성격 외에 소득계층별 재분배를 고려한다면 재분배적인 국가 부담의 역할이 있어야 할 것이다. 한편 의료·연금을 제외한 사회복지 서비스부분에 대한 정부지출은 GNP 대비 약 1%까지 늘려야 할 것으로 생각된다. 최근에 시민운동 단체에서 국민 최저선 운동을 벌이는 등 사회적 요구가 증대하고 있다. 적어도 헌법이 규정한 인간다운 생활을 할 권리를 고려한다면 이 부분에 대한 투자는 사회복지 분야에서 우선순위가 높다고 하겠다.

　이를 위해서는 현재 사회보장 차원에서 실시되고 있는 연금, 생활보호사업, 고용보험의 실업급여 등의 제도를 다음과 같은 방향으로 운영할 필요가 있다. 첫째, 적용대상을 확대해야 한다. 그리하여 많은

사람들로 하여금 소득상실의 위험에서 벗어날 수 있는 기회를 주어야
한다. 둘째, 급여수준을 최저생계비나 빈곤선에 도달할 수 있도록 현
실화시켜야 한다. 특히 생활보호사업의 경우 각별한 정책적 배려가 필
요하다. 셋째, 각종 제도의 재분배 기능을 강화해야 한다. 그래야만
상대적으로 빈곤한 계층이 안정적으로 소득상실의 위험에 대처할 수
있다.

③ 의료보장

의료분야를 보면 의료보장에 대한 정부의 부담이 GNP의 0.35%로
서 캐나다 5.6%, 프랑스 6.7%, 독일 6.1%, 영국 5.8%에 비해 약
4~6% 포인트의 차이를 보이고 있으며 정부의 의료보장에 대한 역할
또한 연금 및 공적부조와 마찬가지로 매우 미미하다는 사실을 알 수
있다.

우리의 목표는 영국보다는 캐나다가 적당할 것으로 보인다. 왜냐하
면 영국은 제도상의 특성(NHS)으로 인하여 의료비에 대한 정부지출과
국가의 총지출이 거의 같기 때문이다. 캐나다를 기준으로 하면 의료보
장에 대한 정부지출은 GNP의 3%가 되어야 할 것으로 보인다. 그러
나 우리의 의료가 시장원리에 의존하고 있는 만큼, 국가는 재정지원은
물론 의료인력의 증원, 의료자원의 지역적 분배, 의료보험 운용의 합
리성 제고 등 비재정적인 분야에서도 많은 과제를 안고 있다는 사실을
고려해야 할 것이다.

④ 주택보장 및 주거환경 개선

우리나라의 주택보급률은 72.4%로서 100%를 넘는 대다수의 선진
국과 약 30% 포인트 정도의 차이를 보이고 있고, 경쟁국가인 싱가포
르(89.5%)보다도 낮게 나타나 주택보급문제가 상대적으로 심각함을
알 수 있다. 우리나라의 가구당 인원 수는 3.8명으로서 2.3~3.1명
사이의 선구 선진국보다 많으며 싱가포르(4.7명)보다는 적다. 주택당

방 수는 4개로 스위스(4.0), 영국(4.8), 프랑스(3.8)와 비슷하며 캐나다(5.6), 호주(5.6), 미국(5.3) 보다는 1~2개 정도 적다. 또한 방 1개당 인원 수의 경우, 우리나라는 1.5명으로 0.5명에서 0.7명 정도인 서구 선진국에 비해서 많으며 전반적으로 국민들이 비좁게 생활하고 있다.

영국과 캐나다의 주택보급률은 각각 104%, 101%이다. 이 수준에 도달하려면 우리나라는 현재의 72.4%에서 30% 포인트 정도의 보급률을 증가시켜야 한다. 또한, 우리나라는 1개의 방에 대하여 1.5명이 기거하고 있는데 이를 캐나다와 영국 수준으로 하면 1방당 0.5명으로 줄여야 지금보다 쾌적하게 생활할 수 있을 것이다.

이를 위한 주택정책은 여러 가지 유형이 있을 수 있으나 가장 중요한 것은 공공임대형식의 주택 공급을 늘리는 것이다. 현재의 시장원리에 주택보급을 맡긴다면 저소득층의 내집마련은 거의 불가능에 가깝기 때문이다. 약 30% 정도 되는 무주택 서민의 경우 대부분이 비싼 전세집에서 살고 있는데 안전하고 쾌적하면서도 저렴한 서민형 공공임대주택을 늘려나가는 것이 바람직할 것으로 생각된다. 또한 단기적으로는 각종 주택금융지원과 조세지원 등의 수단도 병행하여 주택자금의 부담을 덜어주어야 할 것이다.

상수도 보급률은 1990년도에 이미 93%에 도달하였으며 비록 선진국과의 차이가 있었지만 이 차이는 현재 시점에서는 거의 해소되었을 것으로 추정되므로 문제가 되지 않는다. 그러나 하수처리시설 이용인구의 비율은 1990년 39.3%로서 스웨덴(95%), 영국(87%), 스위스(90%), 캐나다(70%) 등에 크게 못미치고 있어 위생에 있어 위험과 환경오염의 가능성을 높이고 있는 실정이다. 따라서 하수처리시설은 현재의 39% 이용인구비율에서 거의 2배인 80%(영국과 캐나다 수준)가 되도록 많은 투자가 요구된다. 더욱 중요한 점은 상하수도 문제는 국민의 위생과 환경의 보호라는 차원에서 접근해야 한다는 것이다. 따라

서, 노후된 상수도 시설의 개선과 하수처리시설의 효율화, 상수원의
보호 및 공해물질의 규제 등과 같은 정책이 병행되어야만 주택과 주거
에 관련된 국민의 삶의 질을 향상시킬 수 있을 것이다.

⑤ 교 통

우리나라의 승요차보급비율은 1993년 1,000명당 97대로 영국 361대
(1990년), 독일 485대(1990년), 미국 573대(1990년)인 선진국들과 약
200~400 대의 차이가 나고 있다. 하지만, 현재 우리나라의 자동차 산
업의 발전속도를 고려하면 격차는 줄어들 것으로 추정된다. 그러나,
출근소요시간의 경우 측정시간 간격의 차이로 정확한 비교는 힘들지만
1987년에 프랑스의 경우 10분 미만이 36%, 독일은 20분 이하가 60%,
미국은 15분 이하가 36%로서 15분 미만이 28.2%인 우리나라 국민의
출근시간이 상대적으로 길다는 사실을 알 수 있다.

이를 해결하기 위한 교통정책과제 특히 도시지역의 정책과제를 제
시하기란 쉽지 않다. 왜냐하면 도로의 정비나 지하철 건설의 속도보다
자동차수의 증대 속도가 훨씬 빠르기 때문이다. 그런데 국민의 소득증
대와 생활양식의 변화는 자동차의 구입을 더욱 늘릴 것으로 예상되며
이런 추세는 당분간은 제어하기 힘들 것이다. 따라서 바람직한 대안은
적어도 도시지역의 경우 대중교통의 이용률을 높이는 방향이 될 것이
다. 여기서 단순히 지하철의 노선 수와 차량의 증가, 버스의 증차만이
중요한 것이 아니다. 더욱 중요한 것은 일반 국민의 고급화 취향에 맞
추어 대중교통을 이용하고 싶도록 편리하고 쾌적하며 신속한 서비스체
제를 갖추는 것이다.

2) 보건 · 의료

현재의 OECD 수준이 우리나라가 서기 2005년에 도달할 삶의 질의 수준이라고 판단한다면 그러한 수준에 도달하기 위하여 우리는 여러 가지 정책수단을 강구하여야 할 것이다. 우리나라와 OECD 국가간에 존재하는 보건의료상의 가장 큰 차이는 앞선 지표의 비교에서 간접적으로 시사되었듯이 의료제도의 구성에 있다. OECD 국가의 대부분은 상당히 안정적이고 정리된 제도를 갖추고 있으며 제도상의 개혁이 진행되고는 있으나 제도의 기본구성은 변하지 않고 있다. 특히 OECD의 경우 제도의 기본구성이 안정적이라는 것은 그 구성원인 국민이 그러한 제도를 통하여 삶의 질을 상당부분 보장받고 있음을 의미한다. 어느 제도도 완전할 수는 없으며 따라서 어느 제도도 모든 국민에게 완벽한 수준의 삶의 질을 보장할 수 없다. 다만 OECD 선진국의 제도가 상대적으로 우수하다는 것이며 나름대로의 문제점은 안고 있을 것이나 우리나라가 선진화되기 위하여는 현재로서는 OECD 제도를 본받음이 가장 적합한 선택이다.

의료제도상의 개혁에 있어 정책방향은 크게 공공부문의 역할증대와 보험기능 확대의 두 가지로 나누어 볼 수 있으며 이들에 대한 좀더 구체적인 논의는 다음과 같다.

(1) 공공부문의 역할 증대

① 공공부문의 기능 강화

전체 보건의료 체계의 지렛대 역할을 하게되는 공공의료기관의 확충 및 기능 보강이 필요하다. 민간기관은 이윤추구를 목적으로 하는 기관인 만큼, 의료의 공익성 수행이라는 제도의 목표와 개별 의료기관의 이해와는 대부분의 경우에 마찰이 있게 된다. 이의 완충기능자로서,

292

국가의 보건목표를 책임있게 수행할 공공기관이 충분히 존재해야 한다. 이를 위해서는 정부의 보건부문에의 재정투자의 확대가 필수적이다. 예를 들어 공공의료기관은 민간에서 하지 않고 있는 포괄적 보건의료서비스를 제공함으로써 민간부문에 경쟁적 우위를 가질 수 있다.

실제로 세계 어느나라도 국민보건문제를 민간의료로 해결한 나라는 없다. 보건의료에 시장원리를 도입하여 국민의 기본욕구를 제대로 충족한 예도 없으며 설사 충족한다고 하여도 그것은 엄청난 비용을 수반하게 된다. 민간의료는 효율적 운영, 적극적인 서비스 제공, 경쟁의 혜택, 양질의 서비스, 고급기술 및 신기술 사용 등의 나름대로의 장점을 갖고 있다. 그러나 이러한 장점들은 균형을 이루는 공공의료가 있을 때 그 장점을 살릴 수 있다. 민간의료에 대응하는 공공의료가 없을 때에는 이러한 민간의료의 장점들은 오히려 대다수 소비자에게 불리하게 작용하여, 비용, 위험 및 고통의 증가, 그리고 의료접근도의 하락으로 나타나게 되며, 결과적으로 소수의 선택된 계층만이 혜택을 입게 되는 바람직스럽지 않은 제도를 만들게 된다.

② 민간의료에 대한 정부규제의 증가

시장원리에 따르는 민간의료가 보건의료 제도내에서 순기능을 수행하도록 만들려면 이들 민간의료에 대한 적절한 규제가 따라야 한다. 규제가 결여된다면 민간공급자들의 소비자 무지를 이용한 시장교란은 비효율의 가장 큰 원인이 될 것이다. 이는 현재에도 진행되고 있는 것으로 각종 과잉진료, 과다 및 허위청구, 불필요한 고가진료 등이 그것이다. 물론 민간의료 그 자체로서는 하등의 하자가 없다. 만일 보건의료에 시장의 실패가 없다면 민간의료는 오히려 양질의 의료, 보건의료부문의 활성화, 효율적인 의료서비스의 근원이 될 것이다. 그러나 소비자 무지와 불확실성에 기인한 보건의료의 시장실패는 민간의료의 이러한 이점을 사회가 향유하지 못하게 작용한다. 그래서 OECD 선진국은 민간의료에 대한 엄격하고도 필요한 규제를 시행함으로써 비교적 효율적이면서도 형평성을 추구하는 의료제도를 유지하고 있다. 우리 나라도 보건의료의 생산 및 배분에서 민간의료가 수행하는 제반 역할 에 대하여 정부가 지도하고 감독함으로써 무절제한 자원의 낭비를 줄 이고 동시에 사회의 소외계층이 갖는 의료욕구가 민간의료에 의하여 거부되지 않도록 하여야 한다.

③ 1차 보건의료 중심의 의료제도 구성

1차 보건의료는 적은 비용으로 보건의료의 산출물인 국민의 건강을 크게 증진시켜 줄 수 있기 때문에 OECD 선진국을 비롯한 많은 국가 에서 정책적으로 장려하고 있다.

현재 우리나라에는 1차 보건의료가 매우 취약하다. 우리나라에서 1 차 보건의료의 기능이 미약한 이유는 이를 담당할 인력이 제대로 육성 되어 있지 못하고, 이윤을 추구하는 민간의료가 보건의료를 주도하고 있으며, 지불보상제도는 1차의(一次醫)가 문지기로서 제역할을 하기에 부적절한 방식으로 이루어져 있기 때문이다.

1차 보건의료 중심의 의료제도를 우리나라에서 구성하기 위해서는 첫째, 현재의 가정의를 1차의로서 제역할을 할 수 있도록 지원하고 육 성하여야 할 것이며, 둘째, 의과대학 교육과정 역시 미래의 의료인들 이 지역사회내에서 1차의로서 충분히 제역할을 담당할 수 있도록 개편 되어야 할 것이며, 셋째, 지역사회 내에서 1차의가 명실상부하게 문지 기로서의 자기 역할을 할 수 있는 지불보상제도를 장기적으로 고려하 여야 하며, 넷째, OECD 선진국들과 마찬가지로 엄격한 환자후송체계 를 제도화하여야 한다. 그리고 1차의료의 단계에선 단지 질병에 대한 치료뿐만 아니라 예방·교육을 포함한 포괄적 서비스가 제공되어야 할 것이며, 형평성, 효율성, 그리고 남북한 통일을 대비한다는 차원에 서 양·한방의 협진체계도 적극 검토해야 할 것이다.

(2) 의료보험 기능의 확대

사회보험으로서 의료보험은 위험으로부터의 보장이라는 보험으로서의 기능과 능력에 따라 부담하고 필요에 따라 이용함으로써 사회통합력을 유지한다는 사회보장 제도의 하나로서의 기능을 동시에 부여받고 있다. 그러나 우리나라 의료보험 제도는 이 중 어느 역할도 원활히 수행하지 못하고 있다. 비급여, 특히 고가서비스에 대한 비급여와 높은 본인부담금은 위험에 대비한다는 의료보험의 보험기능을 무색하게 하고 있으며, 저소득층의 의료이용을 제한하고 있다. 조합방식으로 운영되는 현재의 체계로는 효율성도, 형평성도 이루어내기 어렵다.

의료보험은 우리나라 의료제도의 근간이 되는 제도인 만큼 국가 보건의료 정책의 제 원칙을 달성할 수 있는 방향으로 개편되어야 할 것이다. 개혁을 위한 기본방향은 첫째, 소비자 부담을 경감함으로써 의료이용을 확대하고 소비자 잉여를 증대하고, 둘째, 저소득층 및 사회소외계층의 보건의료 접근도를 제고하고 형평성을 증진시키는 것이다.

구체적인 개혁방안을 논하자면 다음과 같다.

① 사치성 서비스를 제외한 모든 의료서비스의 급여화

모든 의료서비스는 원칙적으로 의료보험의 급여대상에 포함하여야 한다. 비급여 대상 서비스는 성형수술과 같은 사치성 의료서비스에 국한하여야 한다. 즉 개인의 건강증진에 기여하는 모든 보건의료 및 관련 서비스는 값의 고하에 관계없이 일단 급여에 포함시켜야 한다. 의료보험의 가장 중요한 목적이 소득보호에 있기 때문에 값싼 간단한 처치보다는 오히려 값비싼 치료가 우선적으로 보험급여의 대상이 되어야 함에도 불구하고 우리나라는 반대이다.

고가장비 및 기타 비급여 항목의 급여화는 첫째, 국민의 의료비 부담감소로 인한 실질적인 소득보호기능의 제고가 가능하며, 둘째, 고가장비의 과다한 도입 및 사용을 억제하는 역할을 하게되며, 셋째, 고가 비급여 장비의 도입억제는 병원들의 왜곡된 의료관행을 해소하는 데 도움을 줄 것이며, 넷째, 급여화로 인한 경제적 부담의 경감은 특히 소외계층의 의료접근도를 높이는 역할을 할 것이다.

한편, 모든 서비스의 급여화는 병원들의 재정수지를 악화시킬 소지가 크며, 또한 의료보험 재정의 부담증가를 초래할 것이다. 의료기관의 수지악화에 대하여는 전체 의료 수가의 조정을 통하여 해결해야 하며, 수가의 인상과 급여범위 확대로 인한 의료보험 재정의 압박은 궁극적으로는 보험료율의 인상으로 이어질 것이다. 하지만, 첫째, 국민의 의료비 부담의 측면에서 볼 때에 급여화로 인한 환자부담의 감소가 보험료율의 인상에 따르는 부담증가를 충분히 상쇄할 것이기 때문에 모든 서비스의 급여화는 경제적 정당성을 가지며, 둘째, 보험료는 소득비례 혹은 누진성을 갖는 데 비하여 비급여로 인한 본인부담은 소득 역진성을 갖기 때문에 의료보험이 형평성을 추구한다면 본인부담보다는 보험료부담을 재원조달 방안으로 선택하는 것이 타당하다.

② 본인부담률의 인하와 소득계층에 따른 차등 본인부담률제의 시행

우리 의료보험의 본인부담률은 일부 외래의 경우는(산부인과) 60% 이상이 되며, 입원의 경우에도 법정 20%를 훨씬 초과하여 50% 선에 이르는 것으로 지적된다. 소득보호를 목적으로 하는 의료보험에서 가계의 소득보호가 되지 않고 있음은 물론이다. 높은 본인부담률은 소득 역진적이며 이로 인하여 저소득층이나 소외계층의 필요한 의료이용이 억제되는 모순을 가져다 준다.

선진 대부분의 국가에서 본인부담은 없거나 있더라도 소액에 그치고 있는 데 반하여 우리 의료보험은 의료보험의 실효성을 의심할 정도로 본인부담이 높은 수준이다. 본인부담은 인하되어야 하며 특히 소득계층에 따른 차등 본인부담제를 실시함으로써 저소득층이나 소외계층의 본인부담을 대폭 축소시켜야 한다.

③ 보험조합의 광역화 및 재정의 전국통합

417개로 나누어진 조합방식에서 관리운영의 효율화를 기대하기는 어려우며 비효율의 정도는 이미 많은 연구에서 지적되어 왔다. 조합방식에 따른 비효율과 비형평을 해소하기 위하여 보험조합의 지방자치단위의 광역화와 재정의 전국통합이 필요하다. '능력에 따라 부담하고 필요에 따라 이용'하는 사회보험의 원리는 통합된 재정구조를 통하여 더 잘 실현될 수 있다. 현재 4조 원이 넘는 의료보험 재정적립금을 모든 국민이 필요에 따라 사용할 수 있게 하는 가장 효과적인 방법은 재정의 전국통합이다. 경제학의 위험통합(risk-pooling) 효과가 커짐은 말할 필요가 없다.

3) 환 경

OECD 가입을 목전에 두고 있는 우리나라로서는 가입을 위한 환경부문의 준비가 단기적으로는 중요한 정책과제가 될 것이며, 장기적으로는 우리의 열악한 환경을 개선하고 더 이상의 파괴를 방지하기 위한 정책의 수립 및 집행이 주요과제가 될 것이다.

(1) 단기정책 과제

우리나라는 OECD의 가입을 추진하기에 이르렀으며, 1996년 말 가입을 목표로 'OECD 가입준비 실무대책 위원회'를 설치하여 정부차원에서 제반대책을 강구해 나가고 있다. 환경관련 국제협약이 대부분 선진국들의 모임인 OECD에서 먼저 논의되므로, 우리나라가 OECD에 정식으로 가입하게 되면 협약의 사전 형성과정에 능동적으로 참여하여 우리의 입장을 반영할 수 있을 것이고, 그 결과 환경과 관련한 통상문제의 국내영향을 최소화 할 수 있을 것이다. 이밖에도 선진국의 축적된 정보와 경험을 우리나라의 환경정책 및 제도에 응용하여 이들을 선진화 할 수 있으며, 이를 계기로 국내의 환경문제를 해결하는 데 큰 도움을 받을 수 있을 것이다.

　그러나 OECD에 가입하게 되면 OECD에서 요구하는 각종 의무사항을 준수해야 하는데 이는 국민경제에 큰 파급효과를 가져올 것이다. 따라서 국가경제에 대한 파급효과를 최소화하면서 OECD 가입조건을 수락할 수 있는 정책적인 배려가 사전에 있어야 한다.

　OECD 가입을 위한 의무사항에는 일반적 의무, 권고적 의무, 자유화 의무가 있다(이들 의무사항에 대한 자세한 설명은 "OECD 가입과 한국의 환경정책 개선방향", 한국 환경기술 개발원, 1994. 참조).

　본 연구에서는 OECD의 환경규정과 우리나라의 규정을 비교분석한 결과를 토대로, 이를 분야별로 현재의 수준에서 큰 무리없이 수락가능한 것(수락可), 많은 보완이 필요한 것(보완), 새로이 신설해야 하는 것(신설) 등 세 가지로 분류하여 그 결과를 살펴보았다.

　OECD 환경규정 71가지를 분석한 결과 수락가능한 것은 30개(42.3%), 보완이 필요한 것은 25개(35.2%), 신설해야 하는 것은 16개 (22.5%)로 나타났다(〈표 5-42〉 참조). 가장 수락가능성의 비율이 높은 분야는 폐기물 분야로 78.6 %를 나타냈는데, 이는 국내의 폐기물정책이 폐기물의 재활용 및 처리와 관련하여 그동안 꾸준히 제도보완을 해왔기 때문인 것으로 생각된다. 한편, 가장 낮은 수락률을 보인 분야는 화학물질 분야로 17.6%의 저조한 비율을 나타냈다. 화학물질 분야에서 수락 가능성이 낮은 이유는 광범위한 화학물질의 특성 및 독성 등에 관한 자료가 부족하고 이에 대한 정보교환 체계도 마련되어 있지 않기 때문인 것으로 풀이된다. 따라서, 무엇보다도 이 분야에 대한 제도보완이 시급하다. 환경정책 분야는 다른 모든 항목의 실천방향을 제시해주기 때문에 무엇보다도 중요한 부문이라고 할 수 있다. 그런데, 보완 및 신설에 해당하는 비율이 50%를 넘는 것으로 보아 그동안 우리나라의 환경정책이 선진국과 큰 차이가 있었음을 알 수 있다. 따라서 이들을 선진화하는 것이 남은 과제라 할 수 있다.

〈표 5-42〉 우리나라의 OECD 환경규정 이행 수준

(단위 : %)

분 야	수	우리나라 현황		
		수락可	보완	신설
환 경 정 책	17	6 (35. 3)	6 (35. 3)	5 (29. 4)
대기 · 에너지 · 소음	15	7 (46. 7)	5 (33. 3)	3 (20. 0)
수 질	8	3 (37. 5)	4 (50. 0)	1 (12. 5)
폐 기 물	14	1 (78. 6)	3 (21. 4)	0 (0)
화 학 물 질	17	3 (17. 6)	7 (41. 2)	7 (41. 2)
총 계	71	3 (42. 3)	25 (35. 2)	16 (22. 5)

(2) 장기정책 과제

세계의 환경보전정책의 흐름은 경제적 · 기술적 측면을 고려하면서 생활의 질을 향상시킬 수 있는 방향으로 추진되고 있다. 우리나라도 국내의 환경정책에 대한 전반적인 재검토를 통해 국제사회의 흐름에 부합하고 국내적으로는 가장 효과적으로 쾌적한 환경을 소유할 수 있는 방법을 모색하여야 한다.

① 환경개선 및 보존을 위한 공공부문 투자의 증대

앞의 지표비교에서 나타났듯이 우리의 환경은 열악한 상황이며, 경제성장의 불가피성과 자연조건의 불리함을 고려할 때 상당한 자원의 투입이 없이는 환경보존이나 환경개선은 기대하기 어려울 것이다. 그러나 환경개선을 위한 총 자원투입은 서구 선진국에 비하면 아직은 미미한 수준이며, 최근에 공공부문의 투자가 증가하고는 있으나 아직은 그 수준이 미약한 편이다. 환경규제를 통한 민간부문의 투자 유도도 중요할 것이나 시장실패가 두드러진 환경부문에서 공공부문의 환경투자 증대는 환경개선을 위한 전제조건이다. 중앙정부뿐만 아니라 지방

제5장 삶의 질 향상 : 복지정책 / 299

정부 수준에서의 환경예산 증액 및 투자증대는 21세기의 선진화된 한국을 위한 필요조건에 해당한다.

② 경제적 유인시책의 확대

직접규제는 환경오염을 일으킬 수 있는 오염원인자의 규모가 크고, 그 수도 비교적 적은 경우에 효과적이지만, 규제당국이 오염배출현황·생산공정·규제비용 등에 관한 많은 정보와 환경오염으로 인한 피해도 산정해야 하기 때문에 경제적 효율성의 증진이나 비용 최소화, 환경 목표달성 등에 있어 많은 문제점이 있다. 우리나라의 환경규제는 외형적으로는 오염자부담 원칙의 적용과 배출기준을 규정하는 '가격기능과 환경기준에 의한 규제방식'으로 전환해 가고 있지만, 아직도 직접규제 위주로 되어 있고 허용기준 설정의 과학적 근거 부족 및 획일적 운영으로 인해 기업들에게 경제적 인센티브를 갖게 할 동기부여를 하지 못하고 있으며, 결과적으로 환경질의 개선효과를 낳지 못하고 있다. 따라서, OECD에서 권장하는 '시장원리를 고려한 환경정책'의 개념을 국내의 환경정책에도 적극적으로 반영하도록 해야하며, 또한 기존의 경제적 유인제도들도 제도도입 목적에 맞도록 개선, 보완하여 오염유발자가 자발적으로 오염배출 저감노력을 하도록 유도해야 한다.

③ 비용·편익 분석의 활용

무역과 환경을 연계한 환경라운드나 OECD 가입에 따른 회원국 수준으로의 환경제도 선진화를 위해서 환경기준을 강화하는 것은 당연하다. 선진국의 경우 배출기준 설정시 환경기술의 발달정도와 함께 기준달성을 위한 사회적 비용까지도 고려하여 기준을 설정하고 있다. 환경규제제도의 선진화를 위해서는 환경규제의 기본원칙의 정립, 환경규제의 효율성, 환경기준설정의 과학화가 필요하다. 그러나 우리나라는 이에 대한 고려가 충분하지 못하다. 따라서 환경문제와 함께 우리 경제의 국제경쟁력 강화도 중요한 만큼 규제방식의 채택에 있어 비용이 가장 적게 들면서 정책효과가 큰 규제방안을 도입하는 것이 바람직하며, 이를 위해서 환경기준을 지키는 데 따른 사회적 총비용과 환경개선에 따른 사회적 편익을 비교하여 순편익이 극대화되는 선에서 기준을 설정하는 '비용·편익 분석' 방법을 도입하는 것이 필요하다. 비용·편익분석을 이용한 환경기준의 설정 및 정책도구의 개발은 많은 선진국에서 활발히 이루어지고 있다.

④ 환경기술 개발의 지원

환경문제의 해결은 기술개발에 달려있다고 해도 과언이 아니다. 또한, 국제사회는 제품 생산과정에서의 오염도 규제하려는 움직임을 보이고 있다. 따라서 환경 오염물질의 발생을 원천적으로 저감시킬 수 있는 기술과 발생 오염물질의 처리기술 개발을 위한 환경 기술개발에 정부는 많은 투자를 해야 한다. 앞의 자료를 통해서 이미 살펴보았지만, 현재 우리나라의 환경기술 수준은 수질분야의 몇 가지를 제외하면 선진국에 비해 많이 뒤떨어져 있는 것이 사실이다. 그러나 환경산업시장은 아직 성숙단계가 아닌 초기단계이며, 우리나라는 환경기술에 응용할 수 있는 잠재된 과학기술을 보유하고 있으므로 지금부터라도 꾸준히 노력한다면 가까운 시일내에 선진국들과 어깨를 나란히 할 수 있다고 생각한다. 일본을 비롯한 선진국들의 예에서 보듯이 이 분야에 대한 투자는 단지 환경오염문제의 해결 뿐 아니라 하나의 산업으로서 황금알을 낳는 새로운 시장이 될 수 있다는 것을 우리는 교훈으로 삼아야 한다.

6. 삶의 질의 전망

현재 우리의 물질적·객관적 삶의 질의 수준은 선진국에 비해 아직도 많은 분야에서 격차가 존재하고 있다. 하지만 그동안의 꾸준한 경제성장의 결과 그 차이는 점차 줄어들고 있다. 더욱이 소득 10,000 달러 시대의 삶의 질에 대한 요구는 점차 주관적이고 정신적인 차원으로 변화하기 시작했으며 그 내용은 1950년대의 서구와 유사하다고 할 수 있다.

서구의 경우 2차 대전 이후 서구 자본주의가 전에 없는 성장과 호황을 누리면서 서구 국가들의 소득수준은 급격하게 상승하였다. 그리고 2차 대전 전부터 성장해 온 각종 복지제도가 전후에 복지국가의 형태로 자리잡으면서 객관적·물질적 차원의 기본적 욕구의 문제는 어느 정도 해결되어 안정적인 삶을 누릴 수 있는 수준에 도달하였다. 그리하여 당시 서구 국민들의 관심은 각종 레저생활과 문화생활에 두어졌으며 이와 관련된 시설이나 프로그램들이 활성화되었다.

현재 우리나라의 삶의 질에 대한 요구도 물질적·생리적 욕구의 충족을 위한 객관적 측면으로부터 이제는 좀더 차원 높은 정신적·사회적·문화적인 욕구를 충족시키려는 주관적 삶의 질의 추구로 전환되어 가고 있다. 즉 안락하고, 편안하고 문화적인 생활, 그리고 이웃간에 인정이 교환되고 더불어 살아가는 사회분위기를 요구하고 있는 것이다. 이러한 변화는 60년대 이후에 경제가 꾸준하게 성장한 덕이다. 국민들의 소득이 상승하고 기본적인 욕구가 충족되면서 생활의 여유를 갖게 되었고 이제는 물적 욕구의 충족을 위한 노동과 함께 정신적 풍요를 위한 문화, 스포츠 등의 영역에 관심을 돌릴 수 있게 된 것이다.

현재의 발전속도가 유지되고 정치·경제·사회적으로 안정되어 민주적인 생활양식이 정착된다면 2005년에는 현재의 영국과 캐나다 수준의 삶의 질을 누릴 수 있을 것으로 전망된다. 특히, 앞서 제시한 각 분야의 정책적 실천과제가 달성된다면 우리나라는 현재의 무역규모 12위의 경제적 지표만이 아니라 정치·사회·문화적인 '삶의 질' 지표에서도 세계 15위 권내에 진입하는 실질적인 선진국으로서 자리잡게 될 것이다. 이를 위해서 정치적 지도자는 물론 국민 모두의 노력이 요구되며 새로운 시대에 나타나게 될 여러 문제점들에 대한 과학적인 예측과 해결책의 모색 또한 꾸준히 이루어져야 할 것이다.

〈김상균, 양봉민〉

참 고 문 헌

김상균.《현대사회와 사회정책》. 서울대학교 출판부. 1987.

경향신문. 1995. 10. 6.

노동부.《임금구조기본통계 보고서》. 1994.

대륙연구소.《세계화의식에 관한 국민 여론조사》. 1995. 6.

명재일.《국민의료비 추계》. 1994.

법무연수원.《범죄백서》. 1994.

백욱인. "계급별 생활상태 연구." 서울대학교 사회학과 박사학위논문. 1994.

보건복지부.《보건사회 통계연보》제 40 호(1994).

_____. "94 주요업무자료." 1994. 4.

오호성.《환경과 경제의 조화》. 조선일보사. 1995.

日本銀行國際局.《國際比較統計》. 1994.

장인협.《사회복지학개론》. 서울대학교 출판부. 1988.

전남진.《사회정책학강론》. 서울대학교 출판부. 1987.

치안본부.《'87외국범죄통계》. 1989.

통계청.《사회지표》. 각 연도.

_____.《세계와 한국》. 1995.

_____.《한국주요경제지표》. 1995. 2.

한국 사회복지 협의회.《세계화와 사회복지의 과제》. 제 8 회 전국 사회복지사
    대회자료. 1995.

한국은행.《경제통계연감》. 1993.

_____.《국민계정》. 1995.

_____.《세계 속의 한국경제》. 1994.

현대사회연구소.《국민 여론변화 추세분석》. 1989~1993, 1994.

_____.《국민 여론조사 보고서》. 1994.

현외성 외.《사회복지의 이해》. 유풍출판사. 1994.

환경부. 《한국 환경연감》 제 3 호. 1990.

_____. 《한국 환경연감》. 1994.

Andrews, F. M. *Social Indicators of Well-Being.* New York : Plenum Press. 1976.

ILO. *Yearbook of Labour Statistics.* 1994.

IMF. *Aging and Social Expenditures in the Major Industrial Countries,* 1980~ 2025. Occasional Paper 47. 1986.

OECD. *Environmental Data.* Compendium 1993.

_____. *Living Conditions in OECD Countries.* 1986.

_____. *National Accounts* 1960~1991. Paris. 1993.

_____. *The OECD Environment Industry.* 1992.

_____. *The Reform of Health Care.* 1992.

_____. *Revenue Statistics* 1960~1991. Paris. 1992.

Rescher, N. *Welfare : The Social Issues in Philosophical Perspective.* Pittsburgh : University of Pittsburgh Press. 1972.

UN. *National Acccounts.* 1994.

WHO. 1991 *World Health Statistics Annual.* 1991.

6장

결 론

 이 책에서 달성하고자 한 작업과제는 크게 두 가지였다.

 첫째는 현재 우리를 둘러싸고 진행되고 있는 세계사적 흐름의 변화들을 분명하게 인식하는 것이었다. 이러한 의도하에 변화의 실체, 본질, 특성, 진행방향, 그리고 변화의 추동력 등을 정확히 규정하고 이러한 변화들이 우리에게 미칠 수 있는 현재적, 잠재적 영향력을 분명히 규명하고자 하였다.

 두번째는 이러한 첫번째의 작업결과를 기초로 하여 우리의 삶의 방식을 설정하고자 하였다. 즉, 이러한 세계사적, 문명사적 변화의 격랑속에서 어떻게 하면 우리 한민족이 변화의 흐름들을 슬기롭게 대처, 극복하고 나아가 세계의 중심국가로 웅비할 수 있을까 하는 커다란 질문들에 대한 대답으로서 구체적인 실천철학과 전략들을 올바르게 설정하고자 한 것이었다. 한마디로 첫번째 작업이 우리민족에게 엄연한 현실로 주어지고 있는 상황과 실천의 토대를 객관적으로, 그리고 과학적으로 인식하고자 한 '현실과 관련된 세계화 노력'이라고 한다면, 두번째의 작업은 이러한 현실인식을 전제로 하여 우리의 목표와 발전전략을 구체적으로 설정하고자 한 '전략으로서의 세계화 작업'이라고 규정할 수 있을 것이다.

이와 같이 '객관과 주관', '현실과 목표', '상황과 전략'이라는 두 가지 상호 이질적이면서도 긴밀히 연관되어 있는 것들을 균형있게 사고하는 작업은 작금과 같은 격변의 시대에서는 너무나 중요한 작업이다. 왜냐하면 작금과 같은 격변의 시대는 과거 설정했던 발전전략이 더 이상 현실적인 함의를 가지지 못할 뿐만 아니라 새로운 발전전략의 준거틀로 삼아야 할 것에 대한 합의 역시 부재하기 때문이다.

따라서 이러한 상황하에서 현재의 시기를 지나치게 '객관적으로', '현실적으로', 그리고 '상황'만을 중심으로 하여 편향되게 바라본다면, 우리는 너무도 쉽게 현재를 비관적인 상태로 몰아넣게 된다. 이러한 현실인식과 관련된 상황은 마치 근대문명의 도입기에 많은 사회과학자들이 저질렀던 '조직화된 회의주의'(the organized skeptcism)를 다시 한번 떠올리게 한다.

이와 같은 회의주의가 인류 문명발전의 수레바퀴에 걸림돌이 되었던 것은 자명한 사실이었다. 실제로 현재의 상황을 비관적으로 보는 시각은 국내외를 막론하고 일정한 세력으로 존재하고 있는 것이 사실이며, 현재 한국에서 이루어지고 있는 일련의 '세계화 노력'에 대한 대다수의 의구와 비판들이 바로 이러한 맥락에서 이루어지고 있는 것으로 판단된다.

이와 같은 객관적 현실에 압도당한 회의주의적 편향과는 상반되는 인식의 방향이 바로 '주관', '목표', 그리고 '전략'만을 지나치게 강조하는 것이다. 전자의 편향이 비관주의적 현실인식과 수동적인 대응전략의 마련에 급급해지기 쉽다고 한다면, 후자와 같은 사고는 '현실가능성(feasibility)을 무시한 낙관주의'나 '국수주의에 의한 고립과 편협'에 빠지기 쉽다.

　일반적으로 객관적 상황을 정확하게 파악하지 않고 주관적인 목표만을 지나치게 강조한다면 소중한 정신적, 물질적 자원을 그릇되게 사용하게 되는 것은 말할 것도 없고, 현재와 같이 긴밀하게 연결되어 상호 중첩되어 있는 세계에서는 '자국의 이익'만을 강요하고 떼를 쓰는 국가로 낙인찍힐 수도 있다. 무엇보다도 이러한 주관주의적 인식하에 설정되는 비현실적인 목표설정이 우리 민족에게 가져다 줄 수 있는 최악의 가상 시나리오는, 한번 잘못 설정된 발전목표로 인해 현재의 국가별, 민족별로 이루어지고 있는 무한경쟁에서 우리는 낙오된다는 것이다. 더욱 우려되는 것은 작금의 세계체제 및 구조는 한번의 낙오를 경험한 집단이 다시 한번 더 도약할 수 있는 기회를 원천적으로 박탈하는 구조로 재편, 고착화된다는 것이다.

　우리는 과거 19세기 말과 20세기 초에 주어졌던 근대문명의 도입과 개방의 시기를 놓침으로 해서 현재에 이르기까지 수많은 어려움과 굴절을 겪었던 역사적 교훈을 기억하고 있다. 만일 작금의 시대적 상황을, 19세기 초 우리에게 위기와 도전의 기회를 동시에 안겨주었던 개항의 시기와 비교하여, 제2의 개항과 개방의 시기로 인식한다면, 우리는 지난 과거사를 통해 현재의 시기를 슬기롭게 극복할 수 있는 지혜를 얻을 수 있을 것이다.

　따라서, 지금의 상황에서 우리에 의해 설정되는 목표가 적절한가 아닌가가 바로 향후 21세기에 우리가 세계의 중심국가로 그리고 통일된 한민족으로 도약할 수 있느냐, 없느냐를 결정할 수 있을 것이다. 이러한 비약은 반드시 '객관적인 현실인식의 엄밀성'과 '단기적, 장기적 목표설정의 적절성'이라는 양날개를 균형있게 사용할 때만 가능하다고 생각한다.

　이와 같은 역사인식의 대전제 하에, 이 책에서는 변화하는 문명사의 조건에 가장 효과적으로 대응할 수 있는 우리의 발전전략으로 크게 세 가지 점을 강조하였다.

첫째는 '우리의 모든 잠재적, 현재적 자원을 극대화하는 것'이고, 둘째는 이를 실천할 수 있는 '제도적 틀의 구축'이며, 마지막으로 우리가 '생각하는 그리고 살아가는 방식에 대한 전면적인 성찰'을 제시하였다.

지난 시기의 문명사적 발전의 역사를 회고해 보면, 역사발전의 주체와 단위였던 '개별국가'들과 인류발전의 대표적 분야인, '이념 및 사상, 경제, 군사, 문화, 스포츠 등'의 사이에 일정 정도의 역할구분이 가능했었고, 각각의 발전주체들은 특정의 한 분야에 스스로를 특화함으로서 지구촌 사회에서 일정 정도의 경쟁력과 비교우위를 지녀왔던 것이 사실이었다. 이러한 배경하에서 우리 민족 역시 집중화, 통제화, 규격화 등을 주요내용으로 하는 불균형발전이론(theory of unbalanced growth)을 우리의 발전전략으로 설정하였었고, 그 결과 근대화과정을 성공적으로 단축시킴으로서 '후발국의 발전전략'이라는 분야에서 일정 정도의 비교우위를 누릴 수 있었다.

그러나 변화하는 시대는 이러한 패러다임이 더 이상 효과적으로 작동할 수 없는 형태로 구조화되고 있다. 개별국가라는 발전단위의 파괴와 아울러 가속화하고 있는 정보기술문화의 발달로 인해 발전영역간 역할구분의 파괴는 더 이상 기존의 비교우위국의 구분과 발전전략의 실효성을 무의미하게 만들고 있다. 세계화시대에는 '경제'대국, '문화'대국, '군사'대국, '스포츠'대국 등의 의미가 점점 퇴색되어가고 있고, 이제는 특정한 공동체의 우열을 판단하는 기준으로 해당 공동체의 제반 모든 부문을 총체적으로 평가받는, 즉, '일류 - 선진국'과 '이류 - 후진국'의 유형으로 재편되어 가고 있는 것이 엄연한 현실이다.

바로 이러한 현실인식이 우리로 하여금 발전전략의 구체적인 '제도적 틀의 구축'에 있어 '사회, 교육, 복지분야'를 우선적으로 고려하게끔 강제하고 있다. 왜냐하면, 앞서 지적한 바와 같이 그간 우리사회를 지배했던 패러다임은 압축적인 경제성장을 절대목표로 한 국가주도의

불균형 성장전략이었고 이와 같은 전략하에서는 사회, 교육, 복지의
문제는 부차적인 문제로 다루어질 수밖에 없기 때문이다.

이들 분야에 대한 낮은 우선순위 부여와 그 결과인 저성장과 왜곡은
두 가지 방향에서 현재의 발전전략을 재편하도록 요구한다. 그 하나는
과거의 패러다임이 가져다 준 현재의 부작용들이다. 경제성장 위주의
합리주의가 파괴한 공동체 의식과 윤리는 압축성장에만 기능적인 가치
와 교육을 재생산해 내었고, 이것들이 사회적 불평등과 결합, 증폭되
면서 한국사회는 총체적 난국의 상태로 접어들고 있다. 이 현상의 기
저에는 바로 이들 영역에 대한 저투자와 왜곡으로 인한 하부구조의 약
화문제가 잠복해 있었고 각종 사회적 문제의 빈발은 바로 이러한 불균
형적 하부구조가 더 이상 이 사회를 지지할 수 없는 한계치에 도달한
것을 알리고 있다. 다른 하나는 현재의 세계사적 변화의 동인이 우리
에게 요구하고 있는 것들에 대한 인식에서 도출된다. 현재 세계화가
우리에게 가장 크게 변화를 요구하고 있는 부분은 바로 사회, 교육,
복지부문이다.

먼저 생산성과 유연성, 공정과 자율이라는 세계화의 본질은 정치
적, 사회적, 경제적 분열과 갈등 그리고 반목을 줄이고 진정한 국민적
통합이 가능할 때만 이루어질 수 있다. 또한 국민적 통합 역시 권위주
의적인 방식이나 다양성을 무시하는 형태로 이루어질 수 없으며 이루
어져서도 안된다. 국민적인 통합은 법과 제도의 공정성, 자율적이고
자발적인 참여 그리고 소외계층에 대한 세심한 정책을 통해서 이루어
져야 하는 것이다.

뿐만 아니라 교육의 개혁은 세계화 전략의 핵심부분이다. 세계화의
본질이 바로 극소전자·정보화에 기초한 신과학기술의 전면적 등장이
며 제반 세계화 현상이 이와 관련하여 변화하는 삶의 제반 영역을 의
미하는 것과 다름 아니라면, 지금 우리에게 가장 절실한 것은 바로 이
러한 변화를 인식하는 능력, 변화에 적응하는 기술을 습득하고 함양하

는 것을 중점으로 한 교육의 세계화인 것이다.

결국 세계화의 흐름 속에서 우리가 구축해야 하는 발전전략의 제도 화는 지난 시대 우리에게 있어 가장 저성장하고 왜곡된 것을 가장 혁 신적으로 개혁하는 것과 다를 바 없다. 이것이 바로 지금 우리가 무엇 보다도 사회, 교육, 복지부문의 개혁에 주력해야 하는 이유이다.

마지막으로 이 책에서는 이러한 현실문제인식과 발전전략으로서의 제도화를 추진할 수 있는 토대로서 의식의 혁명을 제안하였다. 즉, '우리가 생각하는 방식, 그리고 살아가는 방식'에 대한 전면적인 성찰 과 함께 발상의 전환을 강조하였다. 이러한 문제의식의 제기에는 두 가지 배경적 상황이 존재한다. 지난 세기 우리의 문명사를 지배해 왔 었던 것은 기능주의적 체계론, 결정론, 구조주의, 기술중심의 패러다 임이었다. 이러한 패러다임 속에서는 변화의 주체를 개인보다는 집단 에 두었고, 변화의 수단 역시 주관적인 의식의 힘보다는 객관적 실 체인 '제도와 구조'에 두는 경향이 컸었다. 즉, 과학기술의 혁명을 기 초로 한 평균적인 집단이성의 힘을 신뢰하는 시대가 바로 근대의 시기 였던 것이다.

그러나 세계화의 시대로 규정되는 작금의 시대는 이러한 평균이성 의 힘이 아니라 개별적인 인간들의 다양성과 자율성, 그리고 창의성이 존중되고 발휘될 수 있는 개별감성의 시대로 점점 전환되어 가는 것으 로 보인다. 따라서 현재 우리에게 요구되고 있는 사회조직의 원리는 집합주의적 목표설정에 의한 '사회화와 통제'가 아니라 개별 구성원들 의 자율과 창의성을 극대화할 수 있는 '조절과 균형'인 것이다. 결국 이러한 과정은 개개의 구성원들이 가지고 있는 삶의 방식, 생각하고 행동하는 방식에 대한 존중과 아울러 이것들에 대한 각자의 성찰을 유 도하고 자극하는 효과적이고 효율적인 방식과 원리에 대한 집단적 차 원의 사고를 필요로 할 것이다.

의식혁명의 두 번째의 배경으로서, 현재 우리의 발전역사와 상황을 지적하고 싶다. 그간의 불균형적인 성장의 결과에도 불구하고 우리는 일정 정도의 물질적 자원을 확보하는 데 성공한 것은 사실이다.

우리의 지난 근대사를 돌이켜 볼 때, 급속한 산업화와 이념적 분절, 그리고 전쟁으로 파괴된 공동체적 질서의 붕괴과정 속에서 솔직히 우리는 스스로의 삶을 성찰할 수 있는 정신적, 물질적 여유를 갖지 못하였다. 적어도 80년대 초반까지는 개인적 차원에서 '생존'하기에 급급했던 것이 사실이었고, 80년대를 접어들면서 일정 정도의 경제적 성취와 함께 갖게된 삶의 여유가 이제 겨우 자신이라는 인식범위를 넘어 가족, 친지 등으로 확대되고 있는 것이다. 80년대 말과 90년대 초까지 우리사회의 가장 큰 병폐 중의 하나로 지적되었던 것이 바로 '가족 이기주의'였던 것을 상기해 보자. 아울러 90년대 초반 이후 지방화시대가 도래하면서 이제 우리는 지역간, 집단간 갈등이 분출되는 상황에 직면하고 있고 어떻게 하면 이것들을 효과적으로 해결할 수 있을지에 대한 지혜를 필요로 하고 있다. 이러한 상황의 기저에는 산업화에 의해 가능했던 일정 정도의 물질적 여유가 가져다 준 다양한 욕구의 충돌들을 지역적 집단적 수준에서 자연스럽게 해결할 수 있는 공동체적 합의기제의 부재가 맞물려 잠재하고 있는 것이다.

그렇다면 앞으로 우리의 생각과 사고의 방향은 어떠해야 하며 어떠한 삶의 원리들을 견지해야 하는가? 당연히 자신과 자신의 가족, 생활지역의 인식경계를 넘어서 공동체로서의 자신의 존재를 성찰하는 단계로 전화되어야 할 것이다. 즉 양적인 인식에서 질적인 인식으로 전환하여야 하고 이러한 질적인 인식의 중심에는 개별 구성원의 삶의 질의 극대화와 바람직한 공동체의 규범과 질서의 마련이 중심개념으로서 설정되어야 한다. 이러한 규범과 질서는 자신의 삶과 타인의 삶을 동시에 소중히 여길 수 있는 '공존의 철학' 위에 건설되어야 한다.

이러한 사고와 행위의 방향이 바로 그간의 근대화가 지속적으로 강화해왔던 우리의 공동체파괴 과정을 거꾸로 회복해 나가는 과정이며,

312

세계화시대가 요구하는 하부구조가 튼튼한 건강한 사회, 누구나 살아
보고 싶어하는 수준높은 교양국가인 것이다. 뿐만 아니라, 우리는 어
느 정도 이러한 공동체적 질서회복에 대한 자신감과 자원을 가지고 있
다. 무엇보다도 우리는 지난 시기 경제성장이 가져다 준 일정 정도의
물질적 기반이 존재하고 있으며 역설적으로 이러한 급속한 경제성장
과정에서 아직 파괴되지 않은 우리 고유의 정신적, 문화적 유산이 존
재하고 있다. 결국 이러한 맥락에서 우리에게 요구되는 것이 바로 우
리 자신의 살아가는 방식에 대한 전면적인 성찰이며 동시에 우리의 공
동체적인 유산을 현재의 상황에 슬기롭게 적용, 재생산할 수 있는 지
혜인 것이다.

이 책을 마무리하는 시점에서 다시 한번 더 강조하고 싶은 것은 현
재의 시기가 결코 우리 민족에게 있어 단순히 절대절명의 위기로서만
파악해서는 안된다는 것이다. 오히려 우리는 이 기회를 통하여 우리에
게 주어진 두 가지 과제를 동시에 달성할 수 있는 절호의 기회로서 활
용하여야 하는 것이다. 그 첫번째 과제는 '미완성의 근대화를 완성하
는 것'이다. 이는 그간의 압축성장 과정 속에서 불균형과 왜곡으로 점
철되었던 사회의 제반분야를 균형있게 회복하는 동시에 파괴된 공동체
적 유산을 복원, 접목하는 것이다. 이러한 작업들이 완성될 때 진정으
로 우리는 근대화를 완성하는 것이다.

두번째는 '통일된 세계 중심국가로의 도약'이다. 이는 그간의 우리나
라에 주어졌던 세계의 인식, 즉 '근대화에 성공한 후발국가'에서 탈피
하여, 세계의 흐름과 방향을 주도적으로 이끌어가는 지도국가로서의
도약을 의미하는 것이다.

대개의 경우, 주어진 과제와 문제를 성공적으로 해결할 수 있는가
아닌가는 던져진 과제에 대해 얼마나 훌륭한 질문과 문제제기를 할 수
있는가에 전적으로 달려 있다. 지금까지 이 책을 통해서 이루어진 일
련의 노력들이 우리에게 주어진 두 가지 민족사적 과제를 달성하는 데

있어 가장 훌륭한 해답을 이끌어 내는 좋은 문제제기 *(good question)* 로
자리매김할 것을 확신한다.

〈김 상 균〉

필자 약력

(가나다 순)

김상균 영국 애버딘대학교 대학원 사회정책과정 박사
서울대학교 사회복지학과 교수, 정책기획위원회 위원(現)
《현대사회와 사회정책》 등.

김태현 고려대학교 대학원 가정학 박사
성신여자대학교 가정관리학과 교수, 한국가족상담·교육연구소 소
장, 정책기획위원회 위원(現)
《노년학》,《한국가족문제 - 진단과 전망》(공저),《고령화 사회의 위
기와 도전》(공저) 등.

문용린 미국 미네소타 대학원 교육심리학 철학박사
서울대학교 교육학과 교수, 교육개혁위원회 위원, 정책기획위원회
위원(現)
《신세대의 이해 : 그들의 의식과 유형》,《도덕교육론》,《정의(情
意)의 교육》 등.

송 복 서울대학교 대학원 정치학 박사
연세대학교 사회학과 교수, 정책기획위원회 위원(現)
《한국사회의 갈등구조》,《조직과 권력》,《열린사회와 보수》 등.

양봉민   미국 펜실베니아 주립대학교 경제학 박사

서울대학교 보건대학원 경제학과 교수, 정책기획위원회 위원(現)

《위기의 보건의료》, 《환경주의 경영과 환경산업》, *Medical Technology and Inequity in Health Care, Health Policy and Planning* 등.

한경구   미국 하버드대 인류학 박사

강원대 인류학과 교수(現)

《공동체로서의 회사》, 《일본·일본학 : 현대 일본연구의 쟁점과 과제》, 《문화인류학의 역사》 등.

나남신서 474

삶의 질 향상을 위한 길잡이

1996年 6月 30日 발행
1997年 1月 15日   2쇄

編　　者 : 金 尙 均
發 行 人 : 趙 相 浩

發 行 處 : **나 남출판**

137-070 서울시 서초구 서초동 1364-39 지훈빌딩 501호
전화 : (02) 3473-8535(代)
FAX : (02) 3473-1711
은행지로번호 : 3005028
등록 : 제 1-17호

ISBN 89-300-3474-8　　　　　　　　값 9,000원

나남커뮤니케이션스 ⑦

나남신서

나남출판사의 책은 쉽게 팔리지 않고 오래 팔립니다

1997. 1

나남출판 서울시 서초구 서초동 1364-39 지훈빌딩 501호   TEL: 3473-8535(~7) FAX: 3473-1711

나남커뮤니케이션스 ⑧

나남신서 　　나남출판사의 책은 쉽게 팔리지 않고 오래 팔립니다 　　1997. 1

나남출판 　서울시 서초구 서초동 1364-39 지훈빌딩 501호 　TEL: 3473-8535(~7) FAX: 3473-1711

나남커뮤니케이션스 ⑨

1997. 1

사회비평신서

나남출판 서울시 서초구 서초동 1364-39 지훈빌딩 501호 TEL : 3473-8535(~7) FAX : 3473-1711